融媒体技术

（第2版）

温怀疆　史惠　章化冰　姜燕冰　何光威　邹雪兰 ◎ 编著

清華大學出版社

北京

内 容 简 介

本书以融媒体中心广电传媒类节目的采集、制作、播发、传输、覆盖、监测、接收与重现为主线，将全书分成5篇——基础与概念篇、制作与播发篇、存储与检索篇、传输与覆盖篇、融合与创新篇，共12章。

本书汲取相关图书的优点，并结合近几年的实践和教学经验，在原有传统广播电视技术的基础上进行了一些探索和创新，增添了不少广电媒体融合方面的新技术与新方案，以开阔读者视野，如融媒体、云计算、大数据、人工智能、ChatGPT、大模型、元宇宙、虚拟现实、基于内容的检索技术、NGB-W、物联网技术、超高清电视技术、裸眼3D电视技术以及无人机航拍技术等。

本书内容涉及面较广，但主要侧重一些知识和概念的导入，摆脱大量公式推导，简化内容，适用于传媒类院校的普通类和艺术类学生作为导引课来学习、参考，也可作为广电传媒类刚入职的新员工的入门读物。

图书在版编目(CIP)数据

融媒体技术 / 温怀疆等编著 . -- 2 版 . -- 北京 : 清华大学出版社 , 2025. 3.
ISBN 978-7-302-68315-5

Ⅰ . G206.2

中国国家版本馆 CIP 数据核字第 2025RC4575 号

责任编辑：袁金敏
封面设计：杨玉兰
责任校对：申晓焕
责任印制：曹婉颖

出版发行：清华大学出版社
      网　　址：https://www.tup.com.cn，https://www.wqxuetang.com
      地　　址：北京清华大学学研大厦 A 座　　　邮　　编：100084
      社 总 机：010-83470000　　　　　　　　邮　　购：010-62786544
      投稿与读者服务：010-62776969，c-service@tup.tsinghua.edu.cn
      质 量 反 馈：010-62772015，zhiliang@tup.tsinghua.edu.cn
印 装 者：三河市天利华印刷装订有限公司
经　　销：全国新华书店
开　　本：185mm×260mm　　　印　　张：22.25　　　字　　数：473 千字
版　　次：2016 年 9 月第 1 版　　2025 年 5 月第 2 版　　印　　次：2025 年 5 月第 1 次印刷
定　　价：89.00 元

产品编号：105455-01

第2版前言

本书根据《融媒体技术》（2016年出版）近8年的实际使用情况，在与融媒体相关领域的技术进步的基础上进行了较大幅度的改版。在修订过程中，着重对以下几方面进行修订和补充。

（1）本书在内容设计中有机地融入党和国家领导人对融媒体建设指示意见、政府工作报告以及中共二十大文件等对融媒体建设的方针政策，同时融入辩证唯物主义的世界观和方法论的相关内容。

（2）拓展充实了第1章，改写了1.6节，增加了人工智能、ChatGPT、大模型、元宇宙等与融媒体传播相关的技术介绍。

（3）改编了第2章，精简了2.2节。

（4）改编了第3章，精简了3.1节、3.3节、3.4节。

（5）精简了第5章，改编了5.4节、5.5节。

（6）精简改编了第9章和第10章。

（7）将原第11章"融合应用"和第12章"融合创新"两章进行大幅度修改整合。

（8）修订了原书中的部分错误和表述不够准确的地方。

（9）修改了每章后面的思考题。

本书由浙江传媒学院温怀疆教授和中国传媒大学南广学院何光威教授共同起草策划，由温怀疆、史惠、章化冰、姜燕冰、何光威、邹雪兰共同编写，第1～4和9～11章由温怀疆编写，第5、7章由史惠编写，其中5.4节由2024届中广班李文彧同学协助编写，第6章由章化冰编写，第8章由邹雪兰、姜燕冰编写，第12章由何光威编写。为保证质量，书稿在作者之间进行了相互审阅，全书由温怀疆整理、统稿。由于融媒体是新生事物，定义尚不全面也不明确，目前国内外这方面还处于研究阶段，因此相关教材很少，而本书中提出了不少创新的观点和思想。在本书编写过程中，参考了一些相关期刊的论文，以及网上论坛的一些未留名的高手手记，在此一并表示感谢。

根据《声学名词术语》的国家标准和《现代汉语词典》（第7版）的解释：那些听起来有声调（韵感）的声音，是具有某些排列规律的、离散的线状频谱的声音，称为"音频"；而那些听不出韵调高低的频谱连续的声音，称为"声频"，故本书中使用"声频"一词。

温怀疆

于浙江传媒学院

2025年1月

融媒体是全媒体功能、传播手段乃至组织结构等核心要素的结合、汇聚和融合，是信息传输渠道多元化下的新型运作模式。在媒体融合势态下，传统媒体将与互联网、移动互联网等新兴媒体传播渠道有效地结合，实现资源共享、集中处理，能衍生出多种形式的信息产品，多渠道广泛地传播给受众。

本书作者多年来在浙江传媒学院和中国传媒大学南广学院从事"广播电视技术概论"、"声视频技术概论"和"媒介技术概论"等课程的教学工作，根据教学反馈和学生们的迫切需要，在对融媒体技术进行系统梳理的基础上，结合这几年的科研积累和实际教学经验编写了本书。内容主要侧重一些知识和概念的导入，注重逻辑性、系统性和概念内涵的准确性、权威性。因此，本书经过任课老师对内容的取舍后可用于传媒相关专业的普通类和艺术类学生的学习。本书的特点是以广播电视节目的采集、制作、存储、播发、管理、传输、覆盖、监测、接收与重现为主线，在介绍传统广播电视传媒技术的基础上，融入了媒体融合方面的新技术和新方案，用于开拓读者视野。如因特网、云计算、大数据、虚拟现实、在线包装技术、基于内容的检索技术、TVOS、NGB云平台、NGB-W、DCAS、OTT、云技术、移动多媒体覆盖、同步数字广播、裸眼3D电视技术、大屏显示技术以及无人机航拍等。

本书包括基础与概念篇、制作与播发篇、存储与检索篇、传输与覆盖篇和融合与创新篇5篇，共12章，从融媒体概念、电声基础、电视基础开始，沿着广播电视的制作生产、传输发射流程对现代广播电视传媒技术进行介绍，内容涉及声频和视频的主要特性、数字声频和视频的主要压缩技术、广播电视中心概况、声频和视频主要设备、电视节目的制作技术与方式、电视播控技术、媒体存储、管理、检索技术、声频广播的发射覆盖、数字声频广播的发射与覆盖、电视广播的传输与覆盖以及一些融合媒体技术的新理论与新实践等。

本书由浙江传媒学院温怀疆高工/副教授和中国传媒大学南广学院何光威高工/副教授共同起草策划。由温怀疆、何光威、史惠（浙江传媒学院）、段永良（中国传媒大学南广学院）共同编著，其中温怀疆、何光威、史惠任主编，段永良任副主编。第1、11章由何光威、温怀疆编写，第2、9、10、12章由温怀疆编写，第3、4、7、8章由史惠编写，第5章由史惠、何光威编写，第6章由史惠、段永良编写。为保证质量，书稿在作者之间进行了相互审阅，书中有20多幅CAXA插图由浙江传媒学院13通信专业的徐琼翔同学绘制，本书配套PPT由浙江传媒学院14通信专业的姚文洁同学负责制作。全书由温怀疆整理、统稿。在本书的编写过程中不仅参考了一些相关期刊的论文，而且也参考了网上论坛的一些未留名的高手手记，在此一并表示感谢。

本书可供高等学校传媒类普通专业和艺术类专业教学使用，也可作为媒体行业入职人员岗位培训的教材和传媒从业人员的参考资料。

作者

于浙江传媒学院与中国传媒大学南广学院

2016年6月

目　录

基础与概念篇

制作与播发篇

第6章　电视中心节目播控系统 …………………………… 190

存储与检索篇

传输与覆盖篇

融合与创新篇

基础与概念篇

第1章　融媒体及相关技术基础

随着网络信息技术的发展和普及，人类社会已经进入融合媒体时代。近年来，我国几大主流媒体（如央视、新华社等）均积极转变发展思路，努力突破传统媒体的束缚，先后成立了网络电视传播平台，这预示着传统媒体（如广播、电视）将发生革命性转变。"**传统媒体和新兴媒体不是取代关系，而是迭代关系；不是谁主谁次，而是此长彼长；不是谁强谁弱，而是优势互补**[①]。"在融合媒体时代的挑战下，我国传统广播电视传媒面临前所未有的挑战，为了能够符合时代发展的需求，改革不能只采取零碎化的改变、调整，而是要以融合媒体技术为基础，对传统广播电视进行重新定位，不断强化传统广播电视媒体的传播形式、品牌塑造、内容互动等，从而构建一个新型的广播电视融合媒体时代。

1.1　融媒体

现代传播技术的不断进步，使得媒体形式呈现出新的发展变化和趋势：传播内容、传播媒介、传播功能全面融合渗透，为此人们常使用一个概括词——"全媒体"来代称。目前，学术界对于全媒体的概念还未正式提出一个统一的标准。图1-1为全媒体中各媒体之间的关系。

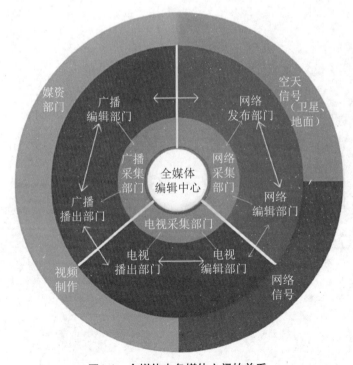

图1-1　全媒体中各媒体之间的关系

---

① 引用自2019年1月25日，习近平总书记在中共中央政治局第十二次集体学习时的讲话。

"融媒体"不是一个独立的实体媒体，而是一个把广播、电视、互联网的优势互相整合、利用，在人力、内容、宣传等方面进行全面整合，实现"资源通融、内容兼融、宣传互融、利益共融"，并使其功能、手段、价值得以全面提升的一种新型媒体宣传理念和运作模式，图1-2为融媒体与传统媒体、新兴媒体的关系。

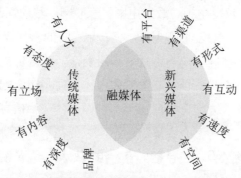

图1-2 融媒体与传统媒体、新兴媒体的关系

融媒体的概念又是在全媒体的基础上进一步发展和形成的，它们有联系也有区别，一般认为"全媒体"是基础，"融媒体"是目的，"融媒体"注重各介质之间的"融"，即打通介质、平台，再造新闻生产与消费各环节的流程，如图1-3所示。

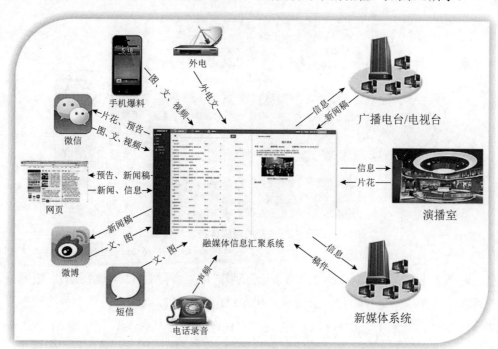

图1-3 融媒体多渠道资源汇聚

1.1.1 相关概念

媒体（Media）一词来源于拉丁语Medius，音译为媒介，意为两者之间。媒体是指传播信息的媒介，是人们用来传递信息与获取信息的工具、渠道、载体、中介物或技术手段。也可以把媒体看作实现信息从信息源传递到受信者的技术手段。媒体有两层含义，一是承载信息的物体，二是存储、呈现、处理、传递信息的实体。

（1）传统媒体：主要指电视、广播、报纸、周刊（杂志）四类。

（2）新兴媒体：在新的技术支撑体系下出现的媒体形态，如数字杂志和报纸、数字广播和电视、手机短信、移动电视、数字电影、互联网、移动互联网等。

（3）融媒体：广播、电视、报刊等与基于互联网的新兴媒体有效结合，借助多样化的传播渠道和形式，将新闻资讯等广泛传播给受众，实现资源通融、内容兼融、宣传互融的新型媒体。融媒体不是一个独立的实体媒体，而是一个把广播、电视、互联网的优势互相整合的新媒体解决方案。目前认为，融媒体是一种信息共享，依据媒介属性进行信息传播的新型媒体。它与"全媒体"的不同之处在于，"融媒体"不仅包括"全媒体"所追求的技术层面的融合，还包括内容、组织架构、人员配置、管理运营等层面的融合。根据《电视台融合媒体平台建设技术白皮书》的定义：融合媒体是全媒体功能、传播手段乃至组织结构等核心要素的结合、汇聚和融合，是信息传输渠道多元化形势下的新型运作模式。融媒体目前并不是一个个体概念，而是一个集合概念。图1-4为基于广电业务的融媒体技术平台架构。

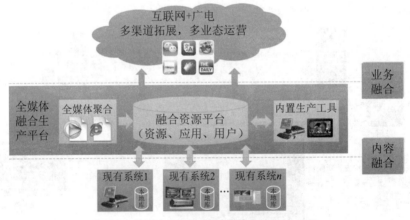

图1-4　基于广电业务的融媒体技术平台架构

（4）全媒体：信息采用文字、声音、影像、图像和网页等多种媒体表现形式，利用广播、电视、出版物、报纸、网站等不同媒介形态的业务融合，通过融合的广电网络、电信网络以及互联网进行传播，最终实现用户以电视、计算机、手机等多种终端多屏互动地融合接收，实现5W，即任何人（Who）在任何时间（When）、任何地点（Where）在任何终端（What），均能够准确、及时地获得任何想要（Want）的信息。这是媒体融合过程中早期形式的一个过渡概念。

1.1.2　融媒体的特征

融媒体是新旧媒体结合的产物，是充分利用媒介载体，把广播、电视、报纸等既有共同点，又存在互补性的不同媒体，在人力、内容、宣传等方面进行全面整合，实现

"资源通融、内容兼融、宣传互融、利益共融"的新型媒体。在媒体融合态势下，传统媒体将与互联网、移动互联网等新兴媒体传播渠道有效结合，实现资源共享、集中处理，能衍生出多种形式的信息产品，多渠道广泛地传播给受众。

融媒体是内容和服务结合的产物，在网络技术飞速发展的今天，融媒体利用大数据技术丰富了信息传播内容，同时也可以根据用户需要提供高质量服务。所以，媒体传播覆盖面更广泛，无论是信息的产生处理，还是对传统媒体平台的利用，融媒体都是对传统媒体的升级和转型。

融媒体的主要特征有业务特征、运营特征和技术特征。

1. 业务特征

（1）实时传播、海量传播。

（2）充分开放、充分竞争。

（3）一体化发展。

（4）品质上追求专业权威。

（5）具备即时采集、即时发稿的报道机制。

（6）量身定做、精准传播。

（7）具备多媒体化的展示方式。

2. 运营特征

（1）实现从频道到平台的转变。

（2）实现从内容到产品的转变。

（3）实现从观众到用户的转变。

（4）实现从单网向多网、多终端、多业务的转变。

3. 技术特征

（1）节目数量大，并且以结构化、非结构化、半结构化文件呈现。

（2）节目制作方式更加精细，制作手段更加多样化。

（3）信息传播体现出社交化、移动化、视频化的趋势。

（4）融合媒体相关业务对资源的共享时效、检索时效、展现方式、权限控制等提出了更高的要求。

融媒体信息还具有交互性、实时性、协同性、集成性的特征。

1）交互性

由于融媒体时代下多种媒体形式共存，信息传播者和接收者均可以实现信息的传递、控制、编辑。融媒体的交互性，不仅能让使用者按照自己的意愿解决问题，还可以借助这种沟通方式提高工作效率。这一特点是传统广电媒体不具备的。

2）实时性

融媒体下的媒体信息的实时性主要是指在人的感官系统允许的条件下实现媒体信息交互，也就是像面对面一样，声频、影像均实现连续性传播。融媒体技术系统融合了通信网络的分布性、计算机技术的交互性和广播电视媒体的真实性。

3）协同性

由于各种媒体的传播、发展都具有各自的规律性，因此若要在多种媒体之间保持协调一致，则需保证各媒体能有机配合。融媒体技术融合了多种媒体传播技术，可在空间、时间等方面实现多种媒体协调，由此保证所有媒体信息传播的协同性。

4）集成性

媒体信息的集成性表现在完全覆盖图像、图形、文本、文字、语音、视频等多种媒体信息，但融媒体体现的不是"跨媒体"时代的媒体间的简单连接，而是全方位融合——网络媒体与传统媒体乃至通讯的全面互动、网络媒体之间的全面互补、网络媒体自身的全面互融。总之，融媒体的覆盖面、技术手段、媒介载体、受众传播面等都是最全的。

1.1.3 融媒体的融合模式

融媒体是一个集合的概念，根据融合模式可分为以下几种。

1. 平台化模式

以中央广播电视总台、《人民日报》社、新华社为代表的国家级媒体机构纷纷建立媒体资讯聚合分发及服务平台，尤其是2019年上线的央视频，提出打造"账号森林"的目标，除了有大量媒体机构入驻外，还邀约、集成了不少社会合作者的各类视频账号，实现了PGC（Professional Generated Content，专业生产内容）、UGC（User Generated Content，用户输出内容）和PUGC（UGC和PGC结合的内容生产模式）的合流。湖北广播电视台打造的政务新媒体云平台"长江云"也属于这种模式。

2. 全媒体布局模式

湖南卫视提出"以我为主"的融合理念，以湖南广电的母体资源为支撑，进行全媒体的布局。2020年7月，芒果超媒股份有限公司的市值已经达到千亿元以上。

3. 产业融合模式

如广东的南方财经全媒体集团，整合了南方报业传媒集团和广东广播电视台两家传媒单位旗下优质的财经媒体资源和经营性资产，也获得了当地政策资金的大力支持。它们以彭博社为对标，提出要建设成为一家财经通讯社，同时还要利用金融服务打造成一个文化金融控股集团。

4. 跨介质整合模式

以大连新闻传媒集团、天津海河传媒中心为代表。2018年8月，大连市将大连报业集团、大连广播电视台、大连京剧院、大连舞美设计中心、团市委宣传教育中心等11家单位整合到一起，组建了大连新闻传媒集团。2018年11月，由天津日报社、今晚报社、天津广播电视台整合的天津海河传媒中心正式成立。

5. 多元经营模式

以纸媒最为常见，像浙报集团、成都商报都是典型的代表。到2016年，报业多元化经营的产业已经涉及160多个领域，很多报社的非报产业经营收入比重已经达到报社经营收入的一半以上。这方面，纸媒比广电走得远、走得快。

6. 本地化服务模式

以苏州电视台为代表，将"无线苏州""城市服务"与电视栏目进行深度结合，把电视媒体的品牌力和公信力转化为城市服务品牌，从而实现媒体的跨界融合和服务转型；同时还以"无线苏州"为模板，复制到多个城市，与全国40多个城市结成联盟，共同打造"城市服务信息云平台"。

7. TMT模式

将Technology（科技）、Media（媒体）、Telecom（通信）三大领域融合发展。这一模式在国外有更多尝试，例如，有线电视运营商康卡斯特向媒体和互联网行业拓展，谷歌由互联网行业向媒体和通信行业拓展，AT&T由通信行业向媒体和互联网行业拓展。国内传统媒体方面，山东广播电视台和海信集团达成合作，海信集团OTT智能电视云平台"聚好看"上建立了"山东广播电视台"专区，内容与硬件绑定，双方共享内容资源、数据分析、用户画像等。

就目前的发展阶段来看，以上模式大多处于探索和尝试阶段，未来仍然存在一定的不确定性。虽然有些模式已经在商业或媒体影响力等方面取得了阶段性成果，但也不是放之四海而皆准的，孰好孰坏还有待进一步观察。

1.1.4 媒体融合的发展

1. 理念形成初步启动期（2013—2015年）

2013年8月19日，习近平同志在全国宣传思想工作会议上指出，**"要加快传统媒体和新兴媒体融合发展，充分运用新技术新应用创新媒体传播方式，占领信息传播制高点。"**

2014年8月18日，中央全面深化改革委员会第五次会议审议通过了中共中央《关于推动传统媒体和新兴媒体融合发展的指导意见》。

2. 认识深入整体推进期（2016—2018年）

2016年2月19日，习近平同志在党的新闻舆论工作座谈会上指出，**"随着形势发展，党的新闻舆论工作必须创新理念、内容、体裁、形式、方法、手段、业态、体制、机制，增强针对性和实效性。""要推动融合发展，主动借助新媒体传播优势。"**

习近平同志在2018年8月21日召开的全国宣传思想工作会议上强调，**"要扎实抓好县级融媒体中心建设，更好引导群众、服务群众。""我们必须科学认识网络传播规律，提高用网治网水平，使互联网这个最大变量变成事业发展的最大增量。"**

2018年11月14日，中央全面深化改革委员会第五次会议审议通过了《**关于加强县级融媒体中心建设的意见**》。

3. 媒体融合纵深发展期（2019—2023年）

2019年1月25日，习近平同志在中共中央政治局第十二次集体学习时强调：**"推动**

媒体融合发展、建设全媒体成为我们面临的一项紧迫课题。""推动媒体融合发展，要坚持一体化发展方向，通过流程优化、平台再造，实现各种媒介资源、生产要素有效整合，实现信息内容、技术应用、平台终端、管理手段共融互通，催化融合质变，放大一体效能，打造一批具有强大影响力、竞争力的新型主流媒体。"

2019年3月16日，习近平同志在《加快推动媒体融合发展 构建全媒体传播格局》中指出："推动媒体融合发展、建设全媒体成为我们面临的一项紧迫课题。要运用信息革命成果，推动媒体融合发展，做大做强主流舆论，巩固全党全国人民团结奋斗的共同思想基础，为实现'两个一百年'奋斗目标、实现中华民族伟大复兴的中国梦提供强大精神力量和舆论支持。"

2020年9月26日，中共中央办公厅、国务院办公厅印发了《关于加快推进媒体深度融合发展的意见》。

2020年11月3日，《中共中央关于制定国民经济和社会发展第十四个五年规划和二〇三五年远景目标的建议》发布，明确提出"**推进媒体深度融合，实施全媒体传播工程，做强新型主流媒体，建强用好县级融媒体中心**"。我国媒体融合发展到了新阶段，标志着全面布局互联网、中央省市县协同发展的开始。

2022年8月16日，中共中央办公厅、国务院办公厅印发的《"十四五"文化发展规划》中提出加快推进媒体深度融合发展。

2023年3月5日，第十四届全国人大《政府工作报告》首次提出"**扎实推进媒体深度融合。提升国际传播效能**"。

1.1.5 媒体融合的意义

媒体融合是新时代国家的重大战略需求，党的二十大报告指出：**加强全媒体传播体系建设，塑造主流舆论新格局。健全网络综合治理体系，推动形成良好网络生态**。

要运用信息革命成果，推动媒体融合向纵深发展，做大做强主流舆论，巩固全党全国人民团结奋斗的共同思想基础。

要深刻认识新形势下加强和改进国际传播工作的重要性和必要性，下大气力加强国际传播能力建设。

1.1.6 融媒体及其技术的发展趋势

1. 融媒体的发展趋势

1）融媒体将成为社会操作系统

随着传播环境的多元化，融媒体在人类社会、物质世界、信息世界以及虚拟世界之间的媒介耦合作用愈发明显。

随着传播形态的进化，各类网络不断发展，并向终端延伸，依托于网络的融媒体传播无处不在、无所不及。

融媒体的发展促进了社会关系重构，加速了社会组织形态的重造和产业结构的重塑，从而成为社会的操作系统，如图1-5所示。

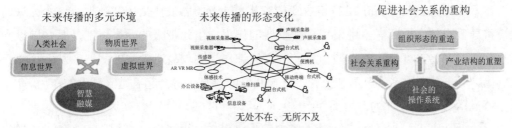

图1-5 融媒体的社会操作系统角色

2）融媒体将成为治国理政的重要抓手

融媒体起到了宣传政策、通达民意的作用，是国家治理、社会治理的新要求、新主体、新方式和新场景。国家治理包括国家层面的全国性公共产品提供、跨区域协调职能以及省市层面的信息上行下达、重大项目实施、产业创新、协调发展和监督指导考核。基层治理主要表现为县、区级的社会治理，是治理的微观表现，其最主要的特征是直接面向广大民众。

融媒体利用现代网络手段，把社会主义核心价值观日常化、具体化、形象化和生活化，使每个人都能感知它、领悟它，把它内化为精神追求，外化为实际行动。

3）融媒体将成为数字经济的重要组成部分

数字经济是一个经济学概念，是人类通过大数据的识别、选择、过滤、存储、使用，引导、实现资源的快速优化配置与再生，实现经济高质量发展的经济形态。数字经济主要研究生产、分销和销售都依赖数字技术的商品和服务，给包括竞争战略、组织结构和文化在内的管理实践带来了巨大的冲击。

数字经济的技术层面体现在大数据、云计算、物联网、区块链、人工智能、5G通信等新兴技术上；其应用层面的典型代表主要有"新零售""新制造"等。

如图1-6所示，数字经济产业主要包括内涵产业（ICT产业、数字传媒产业和网络平台产业）和外延产业（数字化赋能产业），要使媒体经济效益大幅提升，需要媒体生产要素产品化、生产形式工具化和生产规模工厂化。

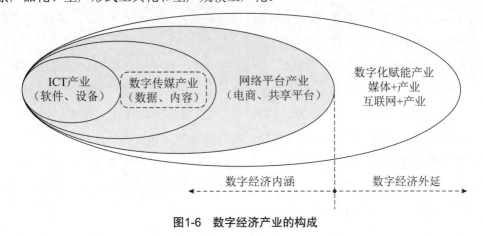

图1-6 数字经济产业的构成

4）融媒体将在国际竞争中发挥重要作用

截至2023年10月，世界人口达到了80.6亿，社交平台用户达到了49.5亿，约占全世界总人口六成。数据规模将在2025年达到175ZB，日增10亿条社交传播数据。这个庞大的规模将导致媒体在国际竞争中发挥极其重要的作用，由此带来的后果可能是某些国家利用网络黑客，将深度伪造的虚假信息、不良信息作为进攻敌对国家的武器，从而使媒介武器化。从未来的国家竞争形态上看，进攻武器的媒介化将会起着越来越大的作用。

5）AI将深入融媒体的方方面面

AIGC（AI Generated Content，人工智能生成内容）也叫生成式AI，就是用人工智能来生成内容，它可以用输入数据生成相同或不同类型的内容。

智慧媒体内容可计算，触达规律可解释，用户需求可侦测，传播效果可导控。

2. 融媒体技术的发展趋势

融媒体技术是用于融媒体内容采集、存储、制作、播出、分发、传输、接收等环节的各种技术的统称。

融媒体技术涉及计算机应用技术、通信技术、信息与网络技术等，整合了云计算、大数据、人工智能、5G技术和互联网等新技术，促进了媒体生产的集约化、数字化和智能化。具体来说，融媒体未来发展趋势表现在如下几方面。

（1）互联网将起到越来越重要的作用。互联网的兴起，改变了人们快速获得信息的途径和方法，为人工智能、大模型、大数据、区块链等技术的广泛应用奠定了基础，必将推动广播电视融媒体内容选题、素材集成、编辑制作、媒资管理等环节的智能化发展。

（2）数字视频新媒体拥有广阔的发展前景和空间。传统媒体向融媒体拓展的一个重要方向就是包括网络视频、数字电视、手机电视、户外显示屏在内的各种视频媒体。视频新媒体的发展将催生更多的内容提供方式和信息服务形式变革，促进整个传媒业的融媒体发展进程。

（3）媒体融合由浅入深，从"物理变化"趋向"化学变化"。注重多种传播手段并列应用的全媒体新闻将发展为多种媒体有机结合的融合新闻；各种媒体机构的叠加、组合将发展为真正有利于融合媒介运作的新型机构组织；全媒体记者将与细分专业记者分工合作；媒介机构也将在新的市场格局中寻找新的自身定位和业务模式，构建适应全媒体需要的产品体系和传播平台。

（4）随着媒体进程的不断发展，在融合的同时，各种媒介形态、终端及其生产也将更加专业化并进一步细分。一方面表现在媒体形态的分化，如广播电视分化为网络电视、手机电视等更丰富的产品形态。同时，媒体终端的多样化也会带来传播网络的分化，如手机媒体、电子阅读器、网络电视、数字电视等分别依赖不同的传输网络。另一方面，媒体生产流程的细分更专业。在融媒体时代，由于生产复杂度的提高，更有可能导致产业流程的专业分工和再造，出现信息的包装及平台提供者走向专业化的趋向，如数字报纸、电子杂志、手机媒体领域等。

（5）5G为融媒体发展提供了技术基础。5G技术的三大应用场景——增强型移动宽带、低时延高可靠连接、海量低功耗连接被广泛应用于超高清视频、VR直播、超高清转播等方面，将以高速率、低时延、大连接等特点满足融媒体的各种业务场景。

（6）人工智能能实现融媒体的智能处理、识别、分析、生成、传输等功能，在融媒体内容生产、分发传输、监测监管等领域的应用也在持续深化。以人工智能推荐算法优化的字幕、主播、虚拟现实以及无障碍播报等技术将进一步推动融媒体平台的智慧化发展。

（7）融媒体技术是一种增加媒体表现形式的方法，但是并不会从根本上改变媒体的本质属性。虚拟现实、传感器、增强现实、生物媒体等技术，以及定制化生产、个人云平台、人和物的协同将成为未来媒体技术的发展方向。

1.2 因特网

当今世界，正在经历一场更大范围、更深层次的科技革命和产业变革。互联网、大数据、人工智能等现代信息技术不断取得突破，数字经济蓬勃发展，各国利益更加紧密相连（2018年11月7日，习近平致第五届世界互联网大会的贺信）。

因特网源自英文的Internet，它的含义广义上看就是"连接网络的网络"。这种将计算机网络互相连接在一起的方法称为网络互联。作为专有名词，它所指的是全球公有、使用TCP/IP通信协议的计算机系统。因此，下面先简单介绍一下计算机。

1.2.1 计算机的组成

计算机由硬件系统和软件系统两部分组成。计算机硬件系统由中央处理器（Central Processing Unit，CPU）、存储器、输入设备、输出设备组成。

1. 硬件系统

1）中央处理器

中央处理器是计算机的运算控制中心，计算机所有数据的加工处理都是在CPU中完成的，它的性能直接决定计算机的运算处理能力。

2）存储器

存储器分为内部存储器和外部存储器。内部存储器简称内存，计算机要执行的程序、要处理的信息和数据，都必须先存入内存，才能由CPU取出进行处理。

内存一般分为随机读写存储器（Random Access Memory，RAM）和只读存储器（Read Only Memory，ROM）两种。

（1）内部存储器。

ROM中存储的数据只能读出，保存的数据在断电后不会丢失，因此经常用来保存基本输入/输出系统BIOS，这是一个对输入/输出设备进行管理的程序。

RAM中存储的数据可以随时读出，也可以随时写入新数据，或对原来的数据进行修改。RAM的缺点是断电以后存储的所有数据都将丢失。高速缓冲存储器（cache）存储了频繁访问的RAM位置的内容及这些数据项的存储地址。

当RAM的访问速度低于微处理器的速度时，常使用高速缓冲存储器。

（2）外部存储器。

外部存储器的特点是存储容量大、价格较低，所存储的数据在计算机断电后也不会丢失，主要有软盘、硬盘、光盘和数据磁带等。

硬盘分区实质上是对硬盘的一种格式化，然后才能使用硬盘保存各种信息，常见的分区格式有FAT16、FAT32、NTFS。

FAT16分区格式是MS-DOS和早期的Windows 95操作系统中常见的磁盘分区格式，采用16位的文件分配表，最大能支持2GB的分区，最大可管理2GB的分区，但每个分区最多只能有65525个簇（簇是磁盘空间的配置单位）。随着硬盘或分区容量的增大，每个簇所占的空间将增大，从而导致硬盘空间的浪费。FAT32分区格式采用32位的文件分配表，使其对磁盘的管理能力有了极大的增强，可以支持大到2TB的分区。FAT32有一个优点：在一个不超过8GB的分区中，FAT32分区格式的每个簇容量都固定为4KB，与FAT16相比，可以大大减少磁盘的浪费，提高磁盘的利用率。但由于文件分配表的扩大，运行速度比采用FAT16格式分区的磁盘要慢。

NTFS是一个可恢复的文件系统。在NTFS分区上用户很少需要运行磁盘修复程序。NTFS支持对分区、文件夹和文件的压缩。NTFS采用更小的簇，可以更有效率地管理磁盘空间。NTFS分区格式的优点是安全性和稳定性极其出色，在使用中不易产生文件碎片。

3）输入/输出设备

输入设备就是把数据送入计算机的设备，它接收用户的程序和数据，并转换成二进制代码，送入计算机的内存中存储起来，供计算机运行时使用。输入设备有键盘、鼠标、扫描仪、手写笔等。

输出设备就是把经过计算机处理的数据以人们能够识别的形式进行输出的设备。就如同人的眼睛可以看、耳朵可以听、嘴巴可以讲、手可以写字一样，输入／输出设备是计算机与外界沟通的桥梁。输出设备有显示器、打印机、绘图仪、音箱等。

2. 计算机软件

计算机软件分为系统软件、支撑软件和应用软件。系统软件由操作系统、实用程序、编译程序等组成。操作系统实施对各种软硬件资源的管理控制。实用程序是为方便用户所设，如文本编辑程序等。支撑软件有接口软件、工具软件、环境数据库等，能支持用机环境，提供软件研制工具。支撑软件也可以认为是系统软件的一部分。应用软件是用户按其需要自行编写的专用程序，它借助系统软件和支援软件来运行，是软件系统的最外层。

计算机的硬件是载体，软件是灵魂。软件可以理解为可运行的思想和内容的数字化，各领域都有自己的软件；硬件在数字域有相同的特征或者功能，完成对信息的处理、传输、存储。计算机的价值主要体现在软件，软件的核心是算法，一个好的算法可以优化硬件资源。硬件与软件在功能上可以相互补充和部分替代；具有软件功能、硬件形态的部件称为固件。图1-7所示为计算机组成示意图。

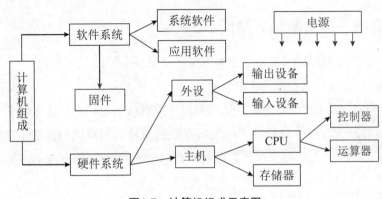

图1-7 计算机组成示意图

1.2.2 计算机网络的几个概念

计算机网络是将地理位置不同，且有独立功能的多个计算机（主机）系统利用通信设备和线路（通信子网）互相连接起来，借助功能完善的网络软件（协议），实现网络资源共享和信息传递的系统。

计算机网络向用户提供的最重要的功能有两个，即连通性和共享性。

（1）连通性：计算机网络使上网用户之间可以交换信息，好像这些用户的计算机都可以彼此直接连通一样。

（2）共享性：即资源共享。可以是信息共享、软件共享，也可以是硬件共享。

C/S（Client/Server）结构即客户端和服务器结构。C/S架构也可以看作胖客户端架构。因为客户端需要实现绝大多数的业务逻辑和界面展示。这种结构中，作为客户端的部分需要承受很大的压力。

B/S（Browser/Server）结构即浏览器和服务器结构。它是随着Internet技术的兴起，对C/S结构的一种变化或者改进的结构。在这种结构下，用户工作界面通过浏览器来实现，极少部分事务逻辑在前端实现。

网关是在采用不同体系结构或协议的网络之间进行互通时，用于提供协议转换、路由选择、数据交换等网络兼容功能的设施。

局域网（Local Area Network，LAN）是在一个局部的地理范围内，将各种计算机、外部设备和数据库等相互连接起来组成的计算机通信网。

虚拟局域网（Virtual Local Area Network，VLAN）是一种将局域网设备从逻辑上划分（注意，不是从物理上划分）成一个个网段，从而实现虚拟工作组的新兴数据交换技术。

网络地址转换（Network Address Translation，NAT）属于广域网（Wide Area

Network，WAN）技术，是一种将私有地址转换为合法IP地址的转换技术，被广泛应用于各种类型的Internet接入和各种类型的网络中。NAT不仅完美地解决了IP地址不足的问题，而且还能够有效地避免来自网络外部的攻击，隐藏并保护网络内部的计算机。

1.2.3　互联网、因特网和万维网

互联网、因特网和万维网都是互连的网络，是必须分清的三个概念。

1. 互联网

互联网（internet，首字母i小写）是将两台计算机或者是两台以上的计算机终端、客户端、服务端通过计算机信息技术手段互相联系起来，人们可以与远在千里之外的朋友相互发送邮件、共同完成一项工作、共同娱乐。

2. 因特网

因特网（Internet，首字母I大写）是以TCP/IP网络协议连接各个国家、地区、机构计算机网络的数据通信网，它将数万个计算机网络、数千万台主机互联在一起，覆盖全球，是全球最大的电子计算机互联网，也称"国际互联网"。它的前身是1969年12月开通的ARPANET网（阿帕网，美国国防高级研究计划局），是一个信息资源极其丰富的计算机互联网络。

3. 万维网

只要应用层使用的是HTTP协议的因特网，就称为万维网（World Wide Web，WWW）。

互联网包含因特网，因特网包含万维网，凡是由能彼此通信的设备组成的网络就叫互联网。所以，即使仅有两台计算机，不论用何种技术使其彼此通信，也叫互联网。因特网是由上千万台设备组成的互联网，它使用TCP/IP协议，使不同的设备可以彼此通信。但使用TCP/IP协议的网络并不一定是因特网，局域网也可以使用TCP/IP协议。

1.2.4　因特网的主要特性

因特网采用分组交换技术（Packet Switching Technology），又称为包交换技术，将用户传送的数据分成一定的长度，每部分叫作一个分组，通过传输分组的方式传输信息。每个分组的前面有一个分组头，用以指明该分组发往的地址，然后由交换机根据每个分组的地址标志，将其转发至目的地，这一过程称为分组交换。

因特网使用TCP/IP，又名网络通信协议，是因特网最基本的协议，也是因特网实现国际互联的基础，由网络层的IP协议和传输层的TCP协议组成。TCP/IP定义了电子设备如何连入因特网，以及数据如何在设备之间传输的标准。协议采用4层的层级结构，每一层呼叫它的下一层提供的协议来完成自己的需求。通俗地讲，TCP负责发现传输的问题，一有问题就发出信号，要求重新传输，直到所有数据安全正确地传输到目的地，而IP给因特网的每一台联网设备规定一个地址。

因特网通过路由器将各个网络连起来。交换机将各个计算机连起来组成局域网，路由器将各个交换机连起来，也就是将局域网连起来，组成城域网、广域网。

因特网上的每台计算机都必须给定一个唯一的IP地址。

1.2.5 因特网的构成

1. 因特网的逻辑结构

从网络设计者的角度来看，因特网是由分布在世界各地的计算机网络相互连接而成的全球性的网络；从使用者的角度来看，它是一个信息资源网。图1-8所示为因特网的逻辑结构。

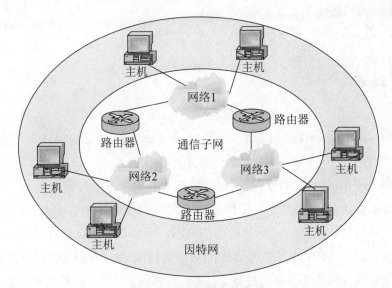

图1-8　因特网的逻辑结构

因特网是由大量主机通过连接在单一、无缝的通信系统上而形成的一个全球范围的信息资源网，接入因特网的主机既可以是信息资源及服务的提供者（服务器），也可以是信息资源及服务的消费者（客户机）。

2. 因特网的组成部分

因特网由硬件和软件两部分组成。

（1）硬件部分主要包括通信线路、路由器和主机。

①通信线路包括有线和无线两类，通常用"数据传输速率"和"带宽"来衡量通信线路的传输能力。

②路由器负责路由选择和存储转发，是因特网中最为重要的设备。

③服务器与客户机：统称为"主机"，服务器是信息的提供者，客户机是信息的消费者。

（2）软件部分主要指信息资源。信息资源主要包括文本、声音、图像或视频等信息类型。

1.2.6　因特网的接入

按传输介质的不同，因特网的接入可以分为电缆接入、光纤接入以及无线接入。

1. 电缆接入

1）通过电话网拨号接入

用户计算机和ISP（Internet Service Provider，因特网接入服务供应商）处的远程访问服务器（Remote Access Server，RAS）通过调制解调器（Modem，俗称"猫"）与电话网相连，如图1-9所示。

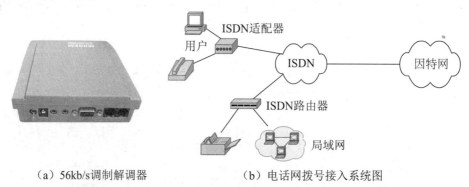

（a）56kb/s调制解调器　　　　（b）电话网拨号接入系统图

图1-9　电话网拨号接入

这种拨号上网是以前使用最广泛的因特网接入方式，主要有两种：一种方式是个人计算机经过调制解调器、电话线和公用电话网连接，网络传输速率较低，最大为56kb/s，上网过程中不能接打电话。另一种方式称为ISDN，即窄带综合业务数字网，与综合业务数字网连接，信息传输能力较强，最高传输速率为128kb/s，电话线路不受影响，这两种方式由于网络传输速率较低且费用较高，目前已经被淘汰。

2）利用ADSL接入

ADSL（Asymmetric Digital Subscriber Line，非对称数字用户线）是目前常用的一种因特网接入方式，如图1-10所示。

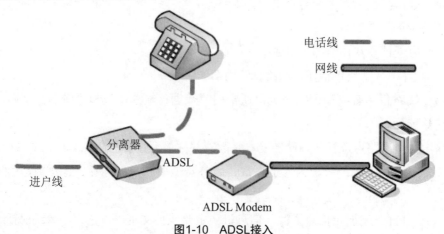

图1-10　ADSL接入

ADSL的非对称性表现在交换局端到用户端（ADSL调制解调器）下行速率和用户端

到交换局端上行速率不同。高速下行信道向用户传送数据、视频、声频信息及控制、开销信号，在5km的范围内，传输速率一般在1.5~9Mb/s，低速上行信道包括通向网络的控制开销信号，传输速率一般在16~640kb/s。

ADSL需要的电话线资源分布广泛，具有传输速率高、使用费用低、无须重新布线和建设周期短的特点。

3）混合光纤同轴电缆接入

混合光纤同轴电缆（Hybrid Fiber Coax，HFC）是广电有线网络经常采用的一种接入方式，采用非对称的数据传输速率，下行速率要大于上行速率。上行速率一般为120Mb/s左右，下行速率一般为800~1000Mb/s，如图1-11所示。

HFC接入的特点是速率高，且接入主机可以24小时在线；缺点是采用共享式的传输方式，网上的用户越多，每个用户实际可使用的带宽就越窄。

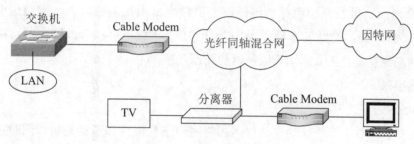

图1-11　HFC接入系统图

4）局域网接入

局域网通过路由器或Modem接入因特网，通过代理服务器可以满足局域网中每个用户接入因特网的需求，如图1-12所示。用户通过代理服务器上网还可以隐藏自己，不用直接与目标计算机打交道，提高了上网的安全性。

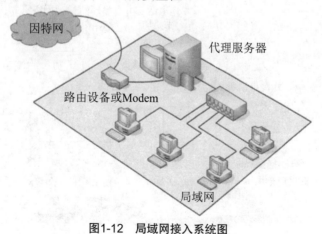

图1-12　局域网接入系统图

2. 光纤接入

光纤接入是指局端与用户之间完全以光纤作为传输媒体，如图1-13所示。光纤接入可以分为有源光纤接入和无源光纤接入。光纤用户网的主要技术是光纤传输技术。根据光纤深入用户区域的程度，可分为光纤到路边（Fiber To The Curb，FTTC）、光纤到楼（Fiber To The Building，FTTB）、光纤到家（Fiber To The Home，FTTH）等。

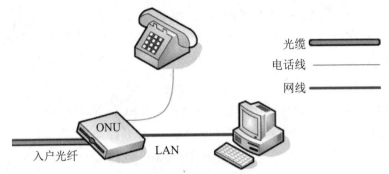

图1-13　光纤接入

光纤通信不同于有线通信，后者是利用金属媒体传输信号，光纤通信则是利用透明的光纤传输光波。虽然光和电都是电磁波，但频率范围相差很大。一般通信电缆最高使用频率约为10^7Hz，光纤工作频率为10^{14}~10^{15}Hz。因此光纤接入能够向用户提供100~1000Mb/s的高速带宽，主要适用于因特网的高速互联。

3. 无线接入

1）4G/5G接入

使用具备4G/5G功能的移动电话接入因特网，下载资料和通话是可以同时进行的。4G/5G具有实时在线、按量计费、快捷登录、高速传输、自如切换等优点，是移动电话接入因特网的接入技术之一，如图1-14所示。

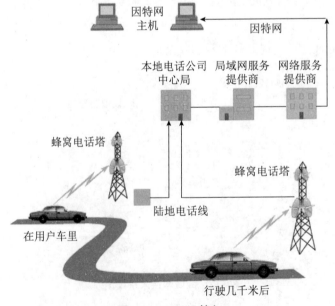

图1-14　4G/5G接入

2）WiFi接入

用户在接入网络的计算机中安装无线网卡，通过接入访问点连接网络，可实现数据共享和因特网接入，如图1-15所示。曾经用过的WiFi有802.11b（WiFi 1）、802.11a（WiFi 2）、802.11g（WiFi 3）、802.11n（WiFi 4）和802.11ac（WiFi 5），目前正在或将要推进的有802.11ax（WiFi 6）和802.11be（WiFi 7）。

无线接入访问点

网络服务器

无线局域网

图1-15　WiFi接入

1.2.7　IPv4协议

1. OSI七层模型

OSI七层模型从下到上分别为物理层、数据链路层、网络层、传输层、会话层、表示层和应用层。

（1）物理层：定义了为建立、维护和拆除物理链路所需的机械、电气、功能和规程特性，其作用是使原始的数据比特流能在物理媒体上传输。

（2）数据链路层：在物理层提供比特流服务的基础上，建立相邻节点之间的数据链路，通过差错控制使数据帧（Frame）在信道上无差错地传输，并完成各电路上的动作序列。

（3）网络层：在计算机网络中进行通信的两台计算机之间可能会经过很多数据链路和很多通信子网。网络层的任务就是选择合适的网间路由和交换节点，确保数据及时传送。

（4）传输层：两台计算机通过网络进行数据通信时，第一个端到端的层次，具有缓冲作用。当网络层服务质量不能满足要求时，它将服务加以提高，以满足高层的要求；当网络层服务质量较好时，它只用进行很少的工作。

（5）会话层：其主要功能是组织和同步不同的主机上各种进程间的通信（也称为对话）。会话层负责在两个会话层实体之间进行对话连接的建立和拆除。

（6）表示层：为上层用户提供共同的数据或信息的语法表示和变换，即提供格式化的表示和转换数据服务。数据的压缩和解压缩、加密和解密等工作都由表示层负责。

（7）应用层：开放系统互联环境的最高层，为操作系统或网络应用程序提供访问网络服务的接口。应用层协议包括Telnet、FTP、HTTP、SNMP等。

2. TCP/IP的层次模型

TCP/IP的层次模型分为四层。

TCP/IP的最高层相当于OSI的5～7层，该层中包括所有的高层协议，如常见的文件传输协议FTP、电子邮件SMTP、域名系统DNS、网络管理协议SNMP、访问WWW的超文本传输协议HTTP等。

TCP/IP的次高层相当于OSI的传输层，该层负责在源主机和目的主机之间提供端到端的数据传输服务。这一层主要定义两个协议：面向连接的传输控制协议TCP和无连接的用户数据报协议UDP。相对于IP协议，UDP唯一增加的功能是提供协议端口以保证进程通信。许多基于UDP的应用程序在局域网上运行得很好，而一旦到了通信质量较低的互联网环境，可能根本无法运行，原因就在于UDP不可靠。因此，基于UDP的应用程序必须自己解决可靠性。UDP的优点在于其高效率。因为UDP没有连接过程，对传输不进行确认，因此一些对效率要求较高、传输数据量特别小的应用，或者数据量大、但是传输信道质量好（如光纤信道）的应用，UDP使用得较多。

TCP/IP的第二层相当于OSI的网络层，该层负责将分组独立地从信源传送到信宿，主要解决路由选择、阻塞控制及网际互联问题。这一层上定义了互联网协议IP、地址转换协议ARP、反向地址转换协议RARP和互联网控制报文协议ICMP等。

TCP/IP的最底层为网络接口层，该层负责将IP分组封装成适合在物理网络上传输的帧格式并发送出去，或将从物理网络接收到的帧卸装，取IP分组传递交给高层。这一层与物理网络的具体实现有关，自身并无专用的协议。网络接口层涉及通信信道上传输的原始比特流，它提供传输数据所需要的机械、电气性能及过程等手段，提供检错、纠错、同步等措施，使其对网络层显现一条无错线路，并且进行流量调控。图1-16所示为TCP/IP协议族。

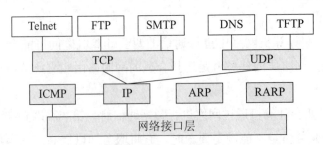

图1-16　TCP/IP协议族

3. IPv4编址

IP协议规范的部分内容规定了IP地址的结构。这个结构为每个主机和路由器接口提供32位二进制逻辑地址，其中包括网络部分与主机部分。

为方便书写及记忆，一个IP地址通常采用0~255的4个十进制数表示，数之间用句点分开。这些十进制数中的每一个都代表32位地址的其中8位，即所谓的8位位组，称为点分表示法。

按照原来的定义，IP寻址标准并没有提供地址类，为了便于管理，后来加入了地址类的定义。地址类的实现将地址空间分解为数量有限的特大型网络（A类），数量较多的中等网络（B类）和数量非常多的小型网络（C类），每类均规定了网络标识和主机标识在32位中所占的位数。这三类IP地址的表示范围如下。

A类地址：0.0.0.0～127.255.255.255。

B类地址：128.0.0.0～191.255.255.255。

C类地址：192.0.0.0～223.255.255.255。

另外还定义了特殊的地址类，包括D类（用于多点传送）和E类，通常指试验或研究类。

D类地址：224.0.0.1～239.255.255.254。

D类地址第一个字节以1110开始，用于多点播送，D类地址称为组播地址，供特殊协议向选定的节点发送信息使用。这些地址并不用于标准的IP地址。相反，D类地址指一组主机，这些主机作为多点传送小组的成员而注册，多点传送小组和电子邮件分配列表类似。

E类地址，如果第一个8位位组的前4位都设置为1111，则地址是一个E类地址。这些地址的范围为240~254，这类地址并不用于传统的IP地址，有时用于实验室或研究。

IP地址分为公有地址和私有地址。公有地址由世界各地区的权威机构InterNIC（Internet Network Information Center）负责管理和分配。这些IP地址分配给注册并向InterNIC提出申请的组织机构。私有地址（Private Address）属于非注册地址，专门为组织机构内部使用。以下为留用的内部私有地址：

A类地址：10.0.0.0~10.255.255.255。

B类地址：172.16.0.0~172.31.255.255。

C类地址：192.168.0.0~192.168.255.255。

子网掩码是在IP地址的某个网络标识中，可以包含大量的主机，如A类地址的主机标识域为24位，B类地址的主机标识域为16位，而在实际应用中不可能将这么多的主机连接到单一的网络中，这将给网络寻址和管理带来不便。为解决这个问题，可以在网络中引入"子网"的概念。

将主机标识域进一步划分为子网标识和子网主机标识，通过灵活定义子网标识域的位数，可以控制每个子网的规模。将一个大型网络划分为若干个既相对独立又相互联系的子网后，网络内部各子网便可独立寻址和管理，各子网间通过跨子网的路由器连接，这样能提高网络的安全性。

子网掩码中的二进制位构成了一个过滤器，利用子网掩码可以判断两台主机是否在同一子网中。子网掩码与IP地址一样，也是32位二进制数，不同的是它的子网主机标识部分全为0。若两台主机的IP地址分别与它们的子网掩码相"与"后的结果相同，则说明这两台主机在同一网中。

MAC（Medium/Media Access Control）地址是厂商生产的网络设备的物理地址，对于每一台设备是唯一的，该地址定义了计算机间的网络连接，通常记录在网络接口卡上的硬件上。

ARP即地址解析协议，其任务是把IP地址转化为物理地址，这样就消除了应用程序需要知道物理地址的必要性。

MAC地址绑定可以防止内部IP地址被非法盗用，增强网络安全，当绑定机器要发送数据包时，接收数据包的设备如果检测到IP与对应的MAC地址不相符，就会自动丢弃该数据包。

网络层设备（例如路由器等）使用网络地址代表本网段内的主机，大大减少了路由器的路由表条目。

对于没有子网的IP地址组织，外部将该组织看作单一网络，不需要知道内部结构。例如，所有到地址172.16.×.×的路由被认为同一方向，不考虑地址的第三和第四个8位分组，这种方案的好处是减少路由表的项目。但这种方案无法区分一个大的网络内不同的子网网段，网络内所有主机都能收到在该大的网络内的广播，会降低网络的性能，也不利于管理。

1.2.8　IPv6协议

1. IPv6协议的产生

IPv6是互联网工程任务组（Internet Engineering Task Force，IETF）设计用于代替IPv4的下一代IP协议，由128位二进制数表示。IPv4使用32位地址，理论上可以容纳43亿个不同地址。但采用A、B、C三类编址方式后，可用的网络地址和主机地址的数目大打折扣，以致IP地址已于2011年2月3日分配完毕，其中北美占3/4，约30亿个，而人口最多的亚洲只有不到4亿个；中国互联网络信息中心（CNNIC）发布的《第37次中国互联网络发展状况统计报告》指出，截至2015年12月，我国IPv4地址数量为3.37亿个，拥有IPv6地址20594块/32。地址不足，严重制约了中国及其他国家互联网的应用和发展。要解决IP地址耗尽的问题，有以下3个措施。

（1）采用无类别域间路由编址（Classless Inter-Domain Routing，CIDR），使IP地址的分配更加合理。

（2）采用网络地址转换NAT方法，以节省全球IP地址。

（3）采用具有更大地址空间的新版本的IP协议IPv6。

IPv4是非连接的协议，即独立地传输每个信息分组报文，报文中指定起始地址和目的地址，其目标是尽力传送每个分组报文。每个分组报文既没有标记为属于哪个流，或哪个连接，也没有进行编号。尽力传送的非连接的IPv4协议的优点是容易实现，开销小，缺点是难以有效地支持服务质量（Quality of Service，QoS）。为了克服IPv4这些缺点，在IPv6中，网际协议做了修改。

（1）IPv6采用128位编码，相对于IPv4，增加了296倍的地址空间。这样几乎可以不受限制地提供IP地址，从而确保端到端连接的可能性。表1-1给出IPv4和IPv6的可用地址空间。与IPv4一样，IPv6一样会造成一定数量的IP地址浪费，因此准确地说，使用IPv6的网络并没有$2^{128}-1$个能利用的地址。

表1-1　IPv4和IPv6的可用地址空间

版本	可用地址空间
IPv4	4,294,967,296
IPv6	340,282,366,920,938,463,607,431,768,211,456

如果说IPv4实现的只是人机对话，那么IPv6则扩展到任意事物之间的对话。IPv6不仅可以为人类服务，还将服务于众多的硬件设备，它将无时不在、无处不在地深入社会每个角落，是实现物联网的核心技术之一。

（2）IPv6使用更小的路由表。IPv6的地址分配一开始就遵循聚类（Aggregation）的原则，这使得路由器能在路由表中用一条记录（Entry）表示一片子网，大大减小了路由器中路由表的长度，提高了路由器转发数据包的速度。

（3）IPv6增加了增强的组播（Multicast）支持以及对流的支持（Flow Control），这使得网络上的多媒体应用有了长足发展的机会，为服务质量（QoS）控制提供了良好的网络平台。

（4）IPv6加入了对自动配置（Auto Configuration）的支持。这是对DHCP协议的改进和扩展，使得网络（尤其是局域网）的管理更加方便和快捷。

（5）IPv6具有更高的安全性。在使用IPv6网络时，用户可以对网络层的数据进行加密，并对IP报文进行校验，极大地增强了网络的安全性。

（6）IPv6支持长期演进。

2. IPv6编址

1）地址表达方式

IPv6采用128位表示IP地址，并取消了广播地址。

IPv6地址用×:×:×:×:×:×:×:×表示，其中×是一个4位十六进制数。由于地址太长，IPv6地址允许用"空隙"表示一长串零，也称为零压缩（Zero Compression）法，即一连串连续的零可以为一对冒号所取代，如2000:0:0:0:0:0:0:1等同于2000:1；0:0:0:0:0:0:128.10.2.1使用零压缩即可用128.10.2.1表示。

2）地址种类

IPv6数据报的目的地址可以是以下三种基本类型地址之一：单播（Unicast），就是传统的点对点通信；多播（Multicast），是一点对多点的通信；任播（Anycast），是IPv6增加的一种类型。多播的目的地址是一组计算机，但数据报在交付时只交付其中的一个，通常是距离最近的一个。IPv6将实现IPv6的主机和路由器均称为"节点"。IPv6地址是分配给节点上面的接口。一个接口可以有多个单播地址。一个节点接口的单播地址可用来唯一标识该节点。IPv6将128位地址空间分为两部分，第一部分是可变长度的类型前缀，相当于IPv4地址中的网络地址；第二部分是地址的其余部分，其长度也是可变的，标识单个接口或一组接口，如图1-17所示。

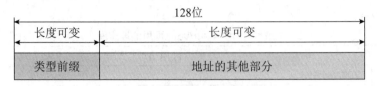

图1-17　IPv6地址空间分配

内嵌IPv4地址格式。为了实现与IPv4的兼容，便于IPv4的升级和平滑过渡，IPv6定义了内嵌IPv4的地址格式。前缀为0000 0000是保留一小部分地址与IPv4兼容，因为必须考虑到IPv4和IPv6将会长期同时存在，而有的节点不支持IPv6。因此数据报在这两类节点之间转发时必须进行地址转换，转换关系如图1-18所示。

图1-18　IPv4映射的IPv6地址

1.2.9　IPv4向IPv6过渡

在使用时，IPv4嵌入TCP/IP组件的许多层和许多应用程序中，如果要实现向IPv6切换，那么使用IP的各个应用、驱动程序和TCP栈就不得不进行改变。这会涉及数以百万行代码的改动。这么多的生产商不可能在一个特定的时间范围内改变它们的代码。这也意味着IPv4和IPv6必定会共存相当长的时间。IETF已经设计了三种策略，使过渡时期更加顺畅，分别是双协议栈、隧道技术和首部转换。IETF推荐所有的主机在完全过渡到IPv6之前使用双协议栈；换言之，一个站点必须同时运行IPv4和IPv6，直到整个因特网都使用IPv6。当两个使用IPv6的计算机要彼此通信，但其分组要通过使用IPv4的区域时，就要使用隧道技术这种策略；要通过这样的区域，分组就必须具有IPv4地址；因此当进入这种区域时，IPv6分组要封装成IPv4分组，当分组离开这个区域时再去掉这个封装，为了清楚地表示IPv4分组携带了IPv6分组，其协议值被置为41。当因特网的大部分系统已经过渡到IPv6，但某些系统仍使用IPv4时，首部转换就成为必要。发送端希望使用IPv6，但接收端不能识别IPv6，这种情况使隧道技术无法工作，因为这个分组必须是IPv4格式才能被接收端识别。

1.3　云计算

云计算（Cloud Computing）的概念是由Google公司在2006年正式提出来的，云计算的目的就是把计算能力变成像水电等公共服务一样，随用随取，按需使用。目前业内对云计算还没有统一定义，根据美国国家标准技术研究院（NIST）的定义，云计算是一种新型模式，它将计算任务分布在大量计算机构成的资源池上，使各种应用系统能够根据需要获取计算能力、存储空间和信息服务。

云计算是网格计算（Grid Computing）、分布式计算（Distributed Computing）、并行计算（Parallel Computing）、效用计算（Utility Computing）、网络存储（Network Storage）、虚拟化（Virtualization）、负载均衡（Load Balance）等传统计算机技术和网络技术发展融合的产物。

1.3.1 云计算的技术特点

（1）弹性服务：服务规模可快速伸缩，以自动适应业务的负荷变化。

（2）资源池化：资源以共享资源池的方式统一管理。利用虚拟化技术，将资源分享给用户，资源的放置、管理与分配策略对用户透明。

（3）按需服务：以服务的形式为用户提供应用程序、数据存储、基础设施等资源，并可以根据用户需求自动分配资源。

（4）服务计费：可根据资源的使用情况对服务计费。

（5）泛在接入：用户可以利用各种终端设备随时随地通过网络访问云计算服务。用户对于IT专业知识的依赖度较低，用户终端的处理负担也较低。

1.3.2 云计算的基本构架

云计算的核心是将计算资源、存储资源、网络资源以虚拟化和自动化的方式通过网络呈现，但是除了技术实现手段外，更多地体现为一种商业模式。从用户体验角度出发，云计算包括基于基础设施的服务（Infrastructure as a Service，IaaS）、基于平台的服务（Plantform as a Service，PaaS），以及基于软件的服务（Software as a Service，SaaS）三种服务模式，它们之间的关系如图1-19所示。

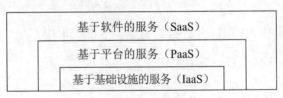

图1-19 云计算服务模式示意图

（1）IaaS：基于基础设施的服务，提供整个信息处理的基础架构，包括计算资源、存储资源、网络资源等基础的云服务，典型应用是Salesforce online CRM。

（2）PaaS：基于平台的服务，提供可弹性调度的平台服务层，为不同业务应用提供标准化的应用工具和服务，类似于操作系统层次的服务与管理，典型应用是Google App Engine。

（3）SaaS：基于软件的服务，提供面向业务的系统化解决方案，就是大家熟悉的软件即服务。事实上SaaS概念的出现要早于云计算，只不过云计算的出现让原来的SaaS找到了自己更加合理的位置。SaaS强调按需使用付费，典型应用是Amazon AWS。

1.3.3 云计算的核心技术

云计算核心技术是虚拟化，所谓虚拟化是将硬件、操作系统和应用程序一同装入一个可迁移的虚拟机档案文件中。

虚拟化前软件必须与硬件相结合，每台计算机上只有单一的操作系统镜像，每个操作系统只有一个应用程序负载，虚拟化后每台机器上有多个负载，软件相对于硬件独立，如图1-20所示。

云计算以虚拟化为基础，采用分布式计算和存储，结合优化的硬件，通过集群化运维管理系统，实现计算、存储、网络等资源的动态分配及部署，真正实现"按需取用"。虚拟化能通过资源共享和分时共享技术提高系统资料利用率。

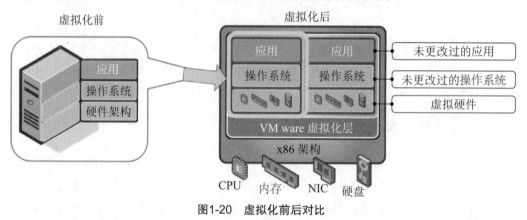

图1-20 虚拟化前后对比

1.4 大数据

在广电传媒领域内广泛存在大数据，如电视节目、电视互动业务、用户流动分析中的应用等，下面介绍有关大数据的基本知识。

1.4.1 大数据的定义

大数据指无法在可承受的时间范围内用常规软件工具进行捕捉、管理和处理的数据集合，是需要新处理模式才能具有更强的决策力、洞察发现力和流程优化能力的海量、高增长率和多样化的信息资产。

在维克托·迈尔-舍恩伯格及肯尼斯·库克耶编写的《大数据时代》中，大数据是指不用随机分析法（抽样调查）这样的捷径，而是对所有的数据进行分析处理。大数据的4V特点为Volume（海量）、Variety（多样）、Velocity（高时效）、Veracity（低真实性），如图1-21所示。

1. Volume

根据IDC做出的估算，数据一直在以每年50%的速度增长，也就是说每两年就增长一倍（大数据摩尔定律）。这意味着人类在最近两年产生的数据量相当于之前产生的全部数据量，2024年全球将总共拥有160ZB的数据量，到2028年，数据量将达到384.6ZB。

2. Variety

大数据由结构化和非结构化的数据组成，其中有10%的结构化数据和90%的非结构化数据，它们与人类信息密切相关。非结构化数据类型多样，主要有邮件、视频、微博、位置信息、链接信息、手机呼叫、网页点击以及长微博等。

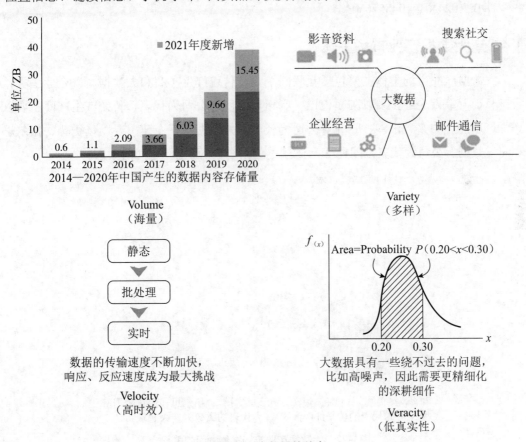

图1-21　大数据的特点

3. Velocity

从数据的生成到消耗，时间窗口非常小，可用于生成决策的时间非常少。

人们每分钟发送290万封电子邮件，每分钟向Youtube上传60小时视频，每天在Twitter发送1.99亿条微博，3.44亿条消息，每天在Facebook发出40亿条信息。

4. Veracity

价值密度低，商业价值高。以视频为例，在连续不间断的监控过程中，可能有用的数据仅有一两秒，但是具有很高的商业价值。

1.4.2 数据的换算

数据的最小基本单位是字节（B），按顺序从小到大为Byte、KB、MB、GB、TB、PB、EB、ZB、YB、NB、DB，关系如下：

1B=8b 1KB=1024B

1MB=1024KB=1048576B，1GB=1024MB=1048576KB

1TB=1024GB=1048576MB，1PB=1024TB=1048576GB

1EB=1024PB=1048576TB，1ZB=1024EB=1048576PB

1YB=1024ZB=1048576EB，1NB=1024YB=1048576ZB

1DB=1024NB=1048576YB

1.4.3 大数据产业市场主体

大数据产业市场主体主要包括互联网企业、传统IT生产商和大数据新兴企业三类，我国目前互联网企业主要以阿里巴巴、腾讯、百度等公司为代表，传统IT生产商主要以华为、联想、中兴、浪潮、曙光等公司为代表，大数据新兴企业主要以亿赞普、拓尔思和海量数据等公司为代表。图1-22所示为大数据产业市场主体之间的关系。

以阿里巴巴、腾讯、百度为代表的互联网企业

以华为、联想、中兴、浪潮、曙光等为代表的传统IT厂商　　以亿赞普、拓尔思、海量数据等为代表的大数据新兴企业

图1-22 大数据产业市场主体之间的关系

1.4.4 大数据的特点

大数据的特点还有以下几方面。

（1）多源异构：描述同一主题的数据由不同的用户、不同的网站产生。网络数据有多种不同的呈现形式，如声视频、图片、文本等，导致网络数据格式上的异构性。

（2）交互性：不同于测量和传感获取的大规模科学数据，微博等社交网络兴起导致大量网络数据具有很强的交互性。

（3）时效性：在网络平台上，每时每刻都有大量新的网络数据发布，网络信息内容不断变化，导致了信息传播的时序相关性。

（4）社会性：网络上用户根据自己的需要和喜好发布、回复或转发信息，因而网络数据成了对社会状态的直接反映。

（5）突发性：有些信息在传播过程中会在短时间内引起大量新的网络数据与信息的产生，并使相关的网络用户形成网络群体，体现出网络大数据以及网络群体的突发特性。

（6）高噪声：网络数据来自众多不同的网络用户，具有很高的噪声。

1.4.5　大数据技术

大数据技术主要包括大规模并行处理（MPP）数据库、数据挖掘网络、分布式文件系统、分布式数据库、云计算平台和可扩展的存储系统。

大数据技术分为整体技术和关键技术两方面。

1. 整体技术

整体技术主要有数据采集、数据存取、基础架构、数据处理、统计分析、数据挖掘、模型预测和结果呈现等。

2. 关键技术

大数据处理关键技术一般包括大数据采集、大数据预处理、大数据存储及管理、大数据分析及挖掘、大数据展现和应用（大数据检索、大数据可视化、大数据应用、大数据安全等）。

（1）大数据采集技术：数据采集是通过RFID（Radio Frequency Identification，射频识别技术）、传感器以及移动互联网等方式获得各种类型的结构化及非结构化的海量数据。

大数据采集一般涉及大数据智能感知层和基础支撑层。

①大数据智能感知层：主要包括数据传感体系、网络通信体系、传感适配体系、智能识别体系及软硬件资源接入系统，实现对结构化、半结构化、非结构化的海量数据的智能化识别、定位、跟踪、接入、传输、信号转换、监控、初步处理和管理等。必须着重攻克针对大数据源的智能识别、感知、适配、传输、接入等技术。

②基础支撑层：提供大数据服务平台所需的虚拟服务器，结构化、半结构化及非结构化数据的数据库及物联网网络资源等基础支撑环境。重点攻克分布式虚拟存储技术，大数据获取、存储、组织、分析和决策操作的可视化接口技术，大数据的网络传输与压缩技术，大数据隐私保护技术等。

（2）大数据预处理技术：大数据预处理主要完成对已接收数据的抽取、清洗等操作。

①抽取：因获取的数据可能具有多种结构和类型，数据抽取过程可以将这些复杂的

数据转化为单一的或者便于处理的类型，以达到快速分析处理的目的。

②清洗：大数据中的数据，并不全是有价值的，有些数据并不是用户所关心的内容，而有些数据可能是完全错误的干扰项，因此要对数据进行过滤"去噪"，从而提取出有效数据。

（3）大数据存储及管理技术：大数据存储与管理要用存储器把采集到的数据存储起来，建立相应的数据库，并进行管理和调用，要解决大数据的可存储、可表示、可处理、可信任及有效传输等几个关键问题。

（4）大数据分析及挖掘技术：数据分析及挖掘技术是大数据的核心技术。主要是在现有的数据上进行基于各种算法的计算，从而起到预测的效果，实现数据分析的需求。

数据挖掘就是从大量的、不完全的、有噪声的、模糊的、随机的实际应用数据中，提取隐含在其中的、人们事先不知道的但又是潜在有用的信息和知识的过程。

（5）大数据展现与应用技术：大数据技术能够将隐藏于海量数据中的信息挖掘出来，从而提高各领域的运行效率。在我国，大数据重点应用于以下三大领域：商业智能、政府决策、公共服务。

1.4.6　大数据在媒体中的应用

大数据在媒体中的应用，可以深刻改变媒体的原有形式，主要有以下几种方式。

1. 改变新闻采编方式

记者在采访过程中随时录下所需的声频数据，并且在声频数据末尾输入特殊的"符号"，其后通过专业的数据提取平台提取相关数据并加以分析，由计算机后台按照一定的编写模式撰写稿件，在得到记者确认后提交稿件库。

2. 提升媒体信息的二次价值

所谓二次价值，主要涉及两方面，其一是指对数据的重复使用所能产生的额外的经济效益；其二是指在对数据的二次利用过程中对整个媒体的战略布局等产生深刻影响的作用。

信息的二次利用最易产生经济效益的方式就是授权其他媒体进行转发，但在目前知识产权保护不完善的情况下，这种二次利用的价值不高。信息二次利用的真正价值在于通过对庞大的数据库进行分析、整合，从而预测出市场走向。

3. 大数据促进纸质媒体、网络平台融合

纸质媒体作为一种以文字为载体的传播媒介，有着可以保存、流传的特征，便于对数据进行分析，实现价值的二次挖掘。但由于大数据时代是在云计算等大存储量数据的基础之上发展起来的，纸质媒体如果希望自身的数据能够得到大量的、快捷的分析和利用，首先应该完成由传统编辑平台向"电子平台"的转变，然后利用电子平台的大数据分析能力实现对新闻事件的分析、预测功能。

对于网络媒体而言，虽然可在网络平台获取海量数据，但信息源的不可靠性严重阻

碍其在大数据时代的发展。而报纸等媒体虽然近年来遭受公信力下降的诟病，但与网络媒体相比，其数据的可靠性仍处在较高水平。

4. 大数据促进电视媒体、网络平台融合

电视媒体虽然具有强烈的画面冲击感以及新闻的时效性等天然优势，但近几年随着网络视频的发展，逐渐出现收视率下降的趋势。在大数据时代，在媒体行业内，或许电视媒体受到的冲击最大。因此，电视媒体谋求与网络媒体的融合发展势在必行。

有些电视台已经预见到转型势在必行，正在摸索"多屏融合"的合作方式，即电视机、计算机、手机等平台相互合作，进行视频资源的共享。

1.5 虚拟现实

虚拟现实（Virtual Reality，VR）技术又称"灵境技术""虚拟环境""赛伯空间"，在它基础上还诞生了AR（Augmented Reality，增强现实）、CR（Cinematic Reality，影像现实）和MR（Mixed Reality，混合现实）等。

1.5.1 虚拟现实的定义

虚拟现实技术是一种综合应用计算机图形学、人机接口技术、传感器技术以及人工智能等技术，制造逼真的人工模拟环境，并能有效地模拟人在自然环境中的各种感知的高级的人机交互技术。

虚拟现实系统包含操作者、机器、软件及人机交互设备四个基本要素，其中机器是指安装了适当的软件程序，用来生成用户能与之交互的虚拟环境的计算机，其中保存大量图像和声音的数据库。人机交互设备则是指将虚拟环境与操作者连接起来的传感与控制装置。人机交互设备将视觉、听觉、触觉、味觉、嗅觉等各种感官刺激传达给操作者，使人的意识进入虚拟世界。目前已经开发出来的，在视觉方面有头盔式立体显示仪等，如图1-23（a）所示；听觉方面有立体音响；触觉、位置感方面有"数据手套""数据服装"等，如图1-23（b）所示，以及一些语音识别、眼球运动检测等装置，未来还会开发出模拟味觉和嗅觉的设备，那时虚拟现实将更加真实。

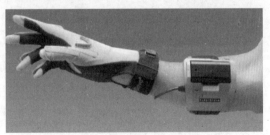

（a）数据头盔　　　　　　　　　（b）数据手套

图1-23　人机交互设备

1.5.2　基本特征

美国科学家Burdea G和Philippe Coiffet在1993年的世界电子年会上发表了一篇题为*Virtual Reality System and Application*（虚拟现实系统与应用）的文章，文中提出一个"虚拟现实技术的三角形"，指出虚拟现实技术具有的三个突出特征：沉浸感（Immersion）、交互性（Interaction）、构想性（Imagination），这就是虚拟现实的3I特性，如图1-24所示。

（1）沉浸感（Immersion）：又称临场感，指用户感到作为主角存在于模拟环境中的真实程度。

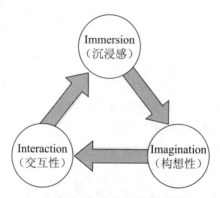

图1-24　虚拟现实的3I特性

（2）交互性（Interaction）指参与者对虚拟环境内物体的可操作程度和从环境中得到反馈的自然程度。

（3）构想性（Imagination）指用户沉浸在多维信息空间中，依靠自己的感知和认知能力全方位获取知识，发挥主观能动性，寻求解答，形成新的概念。

此外一些学者还提出了多感知性（Multi-Sensory），它是指除了一般计算机技术所具有的视觉之外，还有听觉、力觉、触觉、运动感，甚至包括味觉、嗅觉等。

1.5.3　系统构成和实现过程

1. 系统组成

任何虚拟现实系统构成都可以划分为以下6个功能模块，如图1-25所示。

（1）检测模块：检测用户的操作命令，并通过传感器模块作用于虚拟环境。

（2）反馈模块：接收来自传感器模块的信息，为用户提供实时反馈。

（3）传感器模块：一方面接受来自用户的操作命令，将其作用于虚拟环境；另一方面将操作后产生的结果以相应的反馈形式提供给用户。

（4）控制模块：对传感器进行控制，使其对用户、虚拟环境和现实世界产生作用。

（5）3D模型库：现实世界各组成部分的3D表示，并由此构成相应的虚拟环境。

（6）建模模块：获取现实世界各组成部分的3D数据，并建立它们的3D模型。

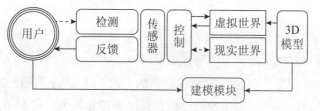

图1-25　虚拟现实系统构成

2. 实现过程

利用计算机技术生成逼真的、具备视、听、触、嗅、味等多种感知的虚拟环境，借助计算机生成一个3D空间，将用户置身于该环境中，借助轻便的多维输入/输出设备（如跟踪器、头盔显示器、眼跟踪器、3D输入设备和传感器等）和高速图形计算机，使用户产生一种身临其境的感觉，去感知和研究客观世界的变化规律。

1.5.4　支撑技术

虚拟现实的支撑技术有计算机图形学、人工智能、人机交互技术和传感技术。它们之间的关系如图1-26所示。

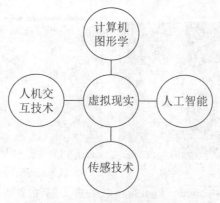

图1-26　虚拟现实支撑技术之间的关系

（1）计算机图形学是一种使用数学算法将二维或三维图形转化为计算机显示器的栅格形式的科学。

（2）人工智能是研究、开发用于模拟、延伸和扩展人的智能的理论、方法、技术及应用系统的一门新的科学技术。

（3）人机交互技术是指通过计算机输入/输出设备，以有效的方式实现人与计算机对话的技术。

（4）传感技术是关于从自然信源获取信息，并对其进行处理和识别的一门多学科交叉的现代科学与工程技术。

1.5.5　关键技术

虚拟现实的关键技术主要涉及以下几方面。

1. 建模技术

虚拟环境建模的目的在于获取实际三维环境的三维数据，并根据其应用的需要，利用获取的三维数据建立相应的虚拟环境模型。

虚拟环境的建模是整个虚拟现实系统建立的基础，主要包括三维视觉建模和三维听觉建模，视觉建模包括几何建模、物理建模、运动建模和行为建模。

1）几何建模技术

几何建模描述了虚拟对象的形状（多边形、三角形、顶点和样条）以及它们的外观（表面纹理、表面光强度和颜色）。

几何模型一般可分为面模型和体模型两类。面模型用面片来表现对象的表面，其基本几何元素多为三角形；体模型用体素来描述对象的结构，其基本几何元素多为四面体。

几何建模通常采用的方法有人工几何建模和自动几何建模，人工几何建模主要利用软件进行人工设定和导入，其工作量大，效率低；自动几何建模主要通过三维数字化仪进行自动扫描，其工作效率相对高，图1-27所示为Polhemus FastScan 3D扫描仪进行的自动几何建模。

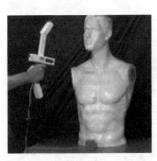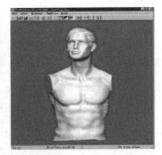

（a）原始状态　　　　　　（b）数据处理后的模型

图1-27　Polhemus FastScan 3D扫描仪进行的自动几何建模

完成几何建模后是照亮场景，使对象能够被看见。场景的光照可分为局部光照和整体光照。局部光照的常用方法有Gouraud明暗处理和基于法向量插值的Phong明暗处理。整体光照模型中采用的一种方法是模拟对象的辐射度。

纹理映射是在图形流水线的光栅化阶段执行的一种技术，其目的是更改对象模型的表面属性，如颜色、漫反射率和像素法向量等。

2）物理建模技术

虚拟现实系统的物理建模是基于物理方法的建模。典型的物理建模方法有分形技术和粒子系统等。

（1）分形技术：可以描述具有自相似特征的数据集。自相似结构可用于复杂的不规则外形物体的建模。该技术首先被用于河流和山体的地理特征建模。

（2）粒子系统：由大量称为粒子的简单元素构成，每个粒子具有位置、速度、颜色和生命周期等属性，这些属性可根据动力学计算和随机过程得到。粒子系统常用于描述火焰、水流、雨雪、旋风、喷泉等现象。

3）运动建模技术

对象位置包括对象的移动、旋转和缩放。在VR中，不仅要设计绝对的坐标系统，还要涉及每一个对象相对的坐标系统。碰撞检测是VR技术的一个重要应用，在运动建模中经常使用。

4）行为建模技术

行为建模技术处理物体的运动和行为的描述，使虚拟环境随位置、碰撞、缩放和表面变形等的变化而动态产生变化。

行为建模方法主要有基于数值插值的运动学方法与基于物理的动力学仿真方法。

（1）运动学方法：通过几何变换，例如物体的平移和旋转等来描述运动。在三维计算机动画中，一种方法是利用插值方法设计中间帧，另一种方法是用户给定物体运动的轨迹样条，由样条来驱动动画。

（2）动力学仿真方法：动力学仿真中一个重要的应用是对运动的控制，常见的控制方法有预处理方法与约束方法。

2. 场景调度技术

场景调度技术是在不降低场景显示质量的情况下，尽量简化场景物体的表示，以减少渲染场景的算法时间，降低空间复杂度，并同时减少绘制场景物体所需的设备资源和处理时间。

1）基于场景图的管理

场景图是一种将场景中的各种数据以图的形式组织在一起的场景数据管理方式。

2）基于绘制状态的场景管理

基于绘制状态的场景管理的基本思路是把场景物体按照绘制状态分类，对于相同状态的物体只设置一次状态，并始终保存当前状态列表。

3）基于场景包围体的场景组织

对单个物体建立包围体，再在包围体的基础上对场景建立包围盒层次树，形成场景的一种优化表示。

4）场景绘制的几何剖分技术

几何剖分技术是将场景中的几何物体通过层次性机制组织起来，灵活使用，快速剔除层次树的整个分支，并加速碰撞检测过程。

3. 碰撞检测技术

碰撞检测技术的基本任务是确定两个或多个物体彼此之间是否有接触或穿透，并给出相交部分的信息。碰撞检测技术是随着人们对场景真实性的要求逐步发展起来的，只要场景中两个物体在移动，就必须判断是否与其他物体接触。碰撞检测技术分为面向凸体的碰撞检测、基于一般表示的碰撞检测、基于层次包围体树的碰撞检测和基于图像空间的碰撞检测。

1）面向凸体的碰撞检测

面向凸体的碰撞检测算法大体又可分为基于特征的碰撞检测算法和基于单纯形的碰撞检测算法两类。

（1）基于特征的碰撞检测算法主要通过判断两个多面体的顶点、边和面之间的相互关系进行二者之间的相交检测。所有基于特征的方法基本上源自Lin-Ganny算法。但是该算法无法判断是否刺穿，更不能求出刺穿深度。

（2）基于单纯形的碰撞检测算法又称为GJK算法，这类算法除了可以检测两物体是否相交，还能返回刺穿深度。

2）基于一般表示的碰撞检测

对于不同的模型表示方法，人们研究出了针对特定的具体模型的算法，例如CSG表示模型、面向参数曲面、面向体表示模型等。

3）基于层次包围体树的碰撞检测

物体的层次包围体树可以根据其所采用包围体类型的不同来加以区分，主要包括层次包围球树、AABB层次树、OBB层次树、k-dop层次树、QuOSPO层次树以及混合层次包围体树。

4）基于图像空间的碰撞检测

该技术通过移动图形硬件的剪裁平面，判断平面上的每个像素是否同时在两个实体之内来确定物体是否相交。

4. 特效技术

常用的特效技术可以分为以下3类：过程纹理模型、基于分形理论的算法模型和基于动态随机生长原理的算法模型。

5. 交互技术

传统的人机交互仅通过鼠标键盘，情景不会随着人们的主观意志而转移。随着科技的发展和人们对这方面的更高要求，人机交互得到了迅猛发展。近年来，数字头盔、数字手套等复杂传感设备应运而生，为人们带来了意想不到的惊喜。现在人们可以走进场景，化虚为实，将自己与虚拟场景融为一体。三维交互技术与语音识别、语音输入技术成为重要的人机交互手段。

1.5.6 VR技术的演进

1. AR技术

AR（Augmented Reality，增强现实）技术是通过在真实世界中叠加虚拟元素，将现实世界与虚拟世界相结合。AR技术通过感知和追踪真实世界的环境，然后在用户的感知中将虚拟对象、图像或信息叠加在现实场景中。

AR技术可以通过多种方式实现，包括使用智能手机、平板电脑、AR眼镜或头戴设备等。这些设备通常使用摄像头、传感器和计算能力来感知用户环境，并将虚拟内容与真实场景进行融合。

通过AR技术，用户可以看到与真实世界互动的虚拟元素。例如，在AR应用中，用户可以通过摄像头在真实环境中观察到虚拟角色、三维模型、信息标记或其他图像效果。这些虚拟元素可以与真实环境进行交互，如在演播室的主持人身边放置虚拟物体，在墙上显示虚拟绘画等，如图1-28所示。

AR技术在多个领域有广泛应用，包括媒体、游戏、教育、医疗、设计、娱乐和商业等。

图1-28　AR演播室场景

VR和AR的区别如下。

简单来说，VR中看到的场景和人物全是假的，是把人的意识代入一个虚拟的世界。AR中看到的场景和人物一部分真、一部分假，是把虚拟的信息带入现实世界中。

1）交互区别

VR设备：因为VR是纯虚拟场景，所以VR设备多用于用户与虚拟场景的互动交互，常用设备如位置跟踪器、数据手套（5DT之类的）、动捕系统、数据头盔等。

AR设备：由于AR是现实场景和虚拟场景的结合，所以基本需要摄像头，在摄像头拍摄的画面基础上，结合虚拟画面进行展示和互动。

2）技术区别

类似于游戏制作，VR创作出一个虚拟场景供人体验，其核心是计算机图形学的各项技术的发挥和应用。人们接触最多的就是应用在游戏上，可以说是传统游戏娱乐设备的一个升级版，主要关注虚拟场景是否有良好的体验。VR设备往往是浸入式的，典型的设备是头戴显示器。

AR应用了很多计算机视觉的技术。AR设备强调复原人类的视觉功能，例如自动识别跟踪物体，而不是靠人手动指出；自主跟踪并且对周围真实场景进行3D建模，而不是用户打开Maya软件，照着场景做一个极为相似的。典型的AR设备是普通移动端手机，升级版如Google Project Tango。

2. MR技术

MR（Mix Reality，混合现实）技术是虚拟现实技术的进一步发展，该技术通过在虚拟环境中引入现实场景信息，在虚拟世界、现实世界和用户之间搭起一个交互反馈的信息回路，以增强用户体验的真实感。在功能上全息透镜是要优于头戴显示器，如图1-29所示，用户可以戴着全息透镜进行摩托车设计，也可以对着虚实结合的场景讲述将来的天气情况。

（a）MR演播室预报天气　　　　　　（b）用MR技术设计摩托车

图1-29　MR技术的工作场景

VR是纯虚拟数字画面，AR虚拟数字画面加上裸眼现实，而MR是数字化现实加上虚拟数字画面。从概念上来说，MR与AR更为接近，都是一半现实一半虚拟影像，但传统AR技术运用棱镜光学原理折射现实影像，视角不如VR视角大，清晰度也会受到影响。MR技术结合了VR与AR的优势，能够更好地将AR技术体现出来。

3. CR技术

CR（Cinematic Reality，影像现实）技术是Google公司投资的Magic Leap公司提出的概念，主要为了强调与VR和AR技术的不同，同样，其自认为与MR也不同，实际上理念是类似的，均是模糊物理世界与虚拟世界的边界，所完成的任务、所应用的场景、所提供的内容，与MR产品是相似的。

CR技术的核心在于，通过光波传导棱镜设计。Magic Leap眼镜从多个角度将画面直接投射于用户视网膜，从而达到"欺骗"大脑的目的。也就是说，有别于通过屏幕投射显示技术，通过这样的技术，实现更加真实的影像，直接与视网膜交互，解决了全息透镜视野太窄或者眩晕等问题。说到底，CR技术是MR技术的不同实现方式而已。

1.5.7　应用领域

虚拟现实作为一项新的技术，将对人们的生活、工作产生重大影响，如飞行模拟、医学虚拟、战场虚拟等。

1. 飞行模拟

飞行模拟是虚拟现实技术应用的先驱。通过模拟器训练飞行员是一条有效的途径，同时，飞行模拟器可以作为一种试验器材，对飞机的操纵性、稳定性和机动性进行测试和评定，更容易分析飞机气动参数的修改对飞行品质的影响，图1-30为虚拟现实在航天飞行中的应用。

图1-30　飞行模拟场景

2. 医学虚拟

虚拟现实可用于教学、复杂手术过程的规划、在手术过程中提供操作和信息上的辅助、预测手术结果等。此外，远程医疗服务也是一个很有潜力的应用领域。还可以用于医学心理学，尤其是在与心理失调有关的恐惧和忧虑疾病方面，如图1-31所示。

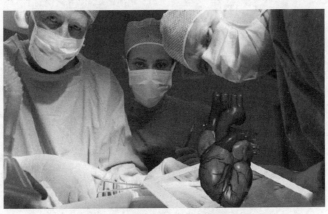

图1-31　虚拟现实应用于医学方面

3. 战场虚拟

战场虚拟既可以通过建立虚拟战场环境来训练军事人员，又可以通过虚拟战场来检查和评估武器系统的性能，如图1-32所示。

图1-32　战场虚拟

4. 电影电视

Sid Lee Collective为我们带来了一部特别的电影——11：57。这部电影很简短，但是，它是一部恐怖题材的虚拟现实电影，给观众带来了不同寻常的体验。为了拍摄出360度的视觉效果，他们特意制作了器材，使用六台GoPro HERO3+相机，如图1-33所示。

图1-33　虚拟现实应用于电影电视

5. 娱乐游戏

如家庭中的桌面游戏，公共场所的各种仿真等。目前基于虚拟现实技术的游戏主要有驾驶型游戏、作战型游戏和智力型游戏三类，如图1-34所示。

图1-34　虚拟现实应用于娱乐游戏

1.6　新兴融媒体技术

1.6.1　人工智能和大模型

1. 人工智能

人工智能（Artificial Intelligence，AI）是计算机科学的一个分支，该领域的研究包括机器人、语音识别、图像识别、自然语言处理和专家系统等。人工智能是研究、开发用于模拟、延伸和扩展人的智能的理论、方法、技术及应用系统的一门新的科学技术。

人工智能技术的四大分支包括模式识别、机器学习、数据挖掘和智能算法。

人工智能是类人行为、类人思考、理性的思考、理性的行动。人工智能的基础包括哲学、数学、经济学、神经科学、心理学、计算机工程、控制论、语言学。人工智能的发展经过了孕育、诞生、早期的热情、现实的困难等数个阶段。

1）人工智能技术在融媒体内容生产上的应用

从融媒体内容生产的业务流程上看，信息采集、选题策划、分发传播是三个重要的组成部分，人工智能技术在这些任务中都发挥着重要作用。对于媒体生产而言，最重要的资源是信息来源，大数据技术加上人工智能信息采集技术，可以通过对互联网海量信息进行采集分析，实现高效的新闻线索提供。例如，2020年由百度提供技术支持的"《人民日报》创作大脑"上线，该系统汇聚全网数据资源，利用自然语言处理、知识图谱技术对数据进行深度理解分析，为编辑提供可定制热点监控功能，节约人工监控成本，提升热点获取效率，丰富选题思路，可以帮助媒体创作者实现智慧选题。人工智能技术在融媒体内容生成领域的一个代表性应用就是机器人写作，其本质是通过对海量数据的分析整合，利用人工智能技术将信息与事先学习到的报道模板进行智能对应，从而自动生成新闻稿件。

2）人工智能技术在融媒体内容传播中的应用

从媒介发展的历史轨迹来看，每一次科技进步首先带来的就是传播方式的变革，人工智能技术的应用也助推融媒体获得了广阔的发展前景。

人工智能技术重塑了传统媒体单一向度的内容生产流程，使新闻内容的生产由单一线性转变为交互多向算法的运用，同时改变了用户与信息的连接方式，重新定义了媒体信息的分配渠道和内容推送方式。

例如，国家广播电视总局和湖南广播影视集团合办的5G智慧电台，以AI智能技术为原点，以优质内容生产和原创IP为支撑，将智能化的广播播出系统与高品质的声频内容相结合，通过智能抓取、编排、播报、监控、云端分发，一键式自动生成新闻、资讯、天气、路况、音乐等播出内容，大约5分钟即可生成一套24小时播出的高品质电台节目。

3）人工智能技术在融媒体内容管理上的应用

随着融媒体信息数据内容及规模的扩大，其内容审核和管理变得愈发困难。数据量的急速扩大使得传统的依靠人力进行内容审核、检索查找校对的方式已经变得难以为继。此时，人工智能技术展示了其在内容管理方面的显著特点。

基于人工智能技术的内容检索，可以实现对多种媒体信息的数据整合，提供素材编目、声频识别、图片内容识别、视频内容识别，实现智能归档和分类检索，提供高效的媒体内容管理。基于人工智能技术的媒体内容分析，通过对视频、语音、文本、图像等内容的多维理解，对多媒体进行结构化标签提取，可广泛应用于多媒体内容的管理、审核、搜索和推荐。例如，识别视频、图像中的关键政治人物、敏感人物、明星，以及出现的时间片段、区域、表情等属性等。

人工智能技术可用于融媒体内容智能审校。例如，采用前沿的深度学习、强化学习、迁移学习技术，依据行业规范、标准和业务知识，实现对素材、视频文字、图书稿件等的多维度审校，提供集合纠错、一致性检查、格式校对等实用能力。智能审校能够辅助传统校对工作，帮助内容审校者有效发现问题，提升校对质量及审稿效率，确保内容安全。

除去内容的审校外，人工智能技术还提供智能假新闻过滤和违规内容检测等功能。

2. 大模型

模型是深度学习或机器学习中的复杂数据结构，而大模型往往具有大量参数，这些参数可以在训练过程中自动调整，以捕获输入数据中的复杂关系。这类模型通常具有较深的网络结构和较多的神经元，以增强模型的表示能力和学习能力。大模型在诸如自然语言处理、计算机视觉和语音识别等领域取得了显著的成果。

模型的参数是指在机器学习和深度学习模型中可学习的权重和偏置等变量。在训练过程中，通过优化算法（如梯度下降）调整这些参数，以最小化模型预测值与实际值之间的差距。参数的初始值通常是随机的，随着训练的进行，会逐渐收敛到合适的数值，以捕捉输入数据中的复杂模式与关系。

在大模型中，参数的数量通常非常庞大。如GPT-3.0模型拥有约1750亿个参数，而GPT-4.0模型拥有约1.75万亿个参数，使其能够执行更复杂的任务，如自然语言生成、翻译、摘要等。大量参数使模型具有更强的表示能力，但同时也带来了更高的计算成本和内存需求，更高的硬件资源（如GPU或TPU）和优化策略（如分布式训练和混合精度训练）来进行有效训练。

大模型使用了深度神经网络等许多高级技术，主要包括以下几项。

（1）深度神经网络（Deep Neural Networks，DNNs）：拥有多个隐藏层，以捕捉输入数据中的高阶特征和抽象概念。

（2）卷积神经网络（Convolutional Neural Networks，CNNs）：在计算机视觉任务中，通过局部感受野、权值共享和池化操作等设计，CNN可以有效处理图像数据，提取多尺度的视觉特征。

（3）循环神经网络（Recurrent Neural Networks，RNNs）和长短时记忆网络（Long Short-Term Memory，LSTM）：在自然语言处理和语音识别中，可以采用循环神经网络或其变体（如长短时记忆网络）来捕捉时序关系。

（4）Transformer 架构：Transformer 是一种自注意力机制（Self-Attention Mechanism）的神经网络架构，广泛应用于自然语言处理领域的大模型中。Transformer 可以并行处理输入序列中的所有元素，大幅提高了模型的训练效率。

（5）预训练与微调（Pretraining and Fine-tuning）：为了充分利用大量参数，大模型通常先在大规模数据集上进行预训练，学到通用的特征表示。然后在特定任务的数据集上进行微调，以适应特定的应用场景。

（6）分布式训练（Distributed Training）和混合精度训练（Mixed Precision Training）：为了处理大模型的计算和存储需求，可采用一些高效的训练策略，如分布式训练（将模型和数据分布在多个设备或节点上进行并行计算）和混合精度训练（利用不同精度的数值表示，以减少计算和内存资源需求）。

大模型在各种复杂任务中取得了出色的性能。然而，大模型也带来了训练成本、计算资源和数据隐私等方面的挑战。

大模型通常采用分布式并行训练方法，以提高训练速度和扩展性。大体可以分为两类：数据并行（Data Parallelism）与模型并行（Model Parallelism）。

数据并行时，模型分布在多个计算设备（如 GPU 或 TPU）上，每个设备都有模型的一个副本，但训练数据会被划分为不同的子集。每个设备使用其分配的数据子集训练模型副本，然后通过通信协议（如 AllReduce 操作）同步梯度更新。

模型并行时，模型被分割成多个部分，每个部分在单独的计算设备上运行。这种方法适用于无法放入单个设备内存的大型模型。当参数规模为千亿时，存储模型参数就需要数百GB的显存空间，超出了单个GPU的显存容量。显然，仅靠数据并行无法满足超大规模模型训练对于显存的需求。为了解决这个问题，可以采用模型并行技术。在每个训练迭代中，设备间需要交换中间计算结果，以完成前向和反向传播过程。模型并行从计算图的切分角度，可以分为流水线并行（Pipeline Parallelism）和张量并行（Tensor Parallelism）。

流水线并行将模型的不同层划分到多个计算设备上，每个设备负责处理一部分模型层，即层间并行。在前向和反向传播过程中，设备之间需要传递中间计算结果。这种方法的优势是可以同时处理多个输入样本，从而提高计算设备的利用率。

张量并行将计算图中的层内参数切分到不同设备，即层内并行，又称为张量模型并行。

1.6.2 AIGC与ChatGPT

1. AIGC

AIGC是人工智能生成内容（Artificial Intelligence Generated Content）的简称，是指利用人工智能技术，通过已有数据寻找规律，并通过预训练大模型、生成式对抗网络

（GAN）等方法，自动生成各种类型的内容，例如文章、视频、图像、音乐、代码等。

（1）AIGC是利用人工智能技术自动生成文本、图像、音乐、视频、3D交互内容等各种形式的内容。

（2）AIGC是继PGC（Professionally Generated Content）和UGC（User Generated Content）之后的新型内容创作方式，可以在创意、表现力、迭代、传播、个性化等方面，充分发挥技术优势。

AIGC可以根据用户输入的关键词或要求自动生成内容，无须人工干预或编辑；AIGC可以利用预训练大模型、生成式对抗网络等方法，自动生成各种类型的内容；AIGC可以利用大数据和云计算等技术，快速地处理海量的信息，并生成高质量的内容；AIGC可以利用社交媒体、电商平台、游戏平台等渠道，将生成的内容进行广泛地传播和分享；AIGC可以利用用户画像、行为分析、情感识别等技术，将生成的内容进行个性化定制和适配。

（3）AIGC代表AI技术发展的新趋势，过去传统人工智能偏向分析能力，而现在人工智能正在生成新内容，实现从感知理解世界到生成创造世界的晋级。

AIGC代表AI技术从感知、理解世界到生成、创造世界的跃迁，正推动人工智能迎来下一个时代。

商业层面上，AIGC本质上是一种AI赋能技术，能够通过其高通量、低门槛、高自由度的生成能力，广泛服务于各类内容的相关场景及生产者。

发展趋势上，全球科技界都在为此轮生成式AI热潮狂欢，且提振AI产业发展信心的消息层出不穷。

技术层面上，AIGC得益于算法技术进展，其中包含对抗网络、流生成模型、扩散模型等深度学习算法。

应用层面上，AIGC已经让众多行业捕捉到新的技术与产业机会，应用革命的大幕就此拉开。

（4）AIGC的发展历程。

AIGC的发展可分为三个阶段：早期萌芽阶段（20世纪50年代—90年代中期）、沉淀累积阶段（20世纪90年代—21世纪10年代中期）和快速发展阶段 （21世纪10年代中期至今）。

①早期萌芽阶段。由于技术限制，AIGC仅限于小范围实验与应用，1957年出现首支由计算机创作的音乐作品：弦乐四重奏《依利亚克组曲》（*Illiac Suite*）。20世纪80年代末—90年代中，由于高成本及难以商业化，资本投入有限， 因此AIGC无较多较大成绩。

②沉淀累积阶段。AIGC从实验性转向实用性，2006年深度学习算法取得进展，同时GPU、CPU等算力设备日益精进，互联网快速发展，为各类人工智能算法提供海量数据进行训练。2007年首部人工智能装置完成的小说1 *The Road*（《在路上》）问世，2012年

微软公司展示了全自动同声传译系统，主要基于深度神经网络（Deep Neural Network，DNN），自动将英文讲话内容通过语音识别等技术生成中文。

③快速发展阶段。2014年深度学习算法生成式对抗网络，推出并迭代更新，助力AIGC新发展。2017年微软人工智能少年"小冰"推出世界首部由人工智能写作的诗集《阳光失了玻璃窗》，2018年英伟达公司发布的StyleGAN模型可自动生成图片，2019年DeepMind公司发布的DVD-GAN模型可生成连续视频。2021年Open AI公司推出的DALL-E以及更新迭代版本DALL-E-2，主要用于文本、图像的交互生成内容。

（5）AIGC的应用场景和价值。

①在影视中的剧本生成、角色生成、场景生成等方面，可提高影视的创作效率和质量；

②在媒体中的新闻写作、评论写作、标题写作等方面，可提高媒体的生产力和影响力；

③在广告的文案写作、素材制作、视频制作等方面，可提高广告的创意性和吸引力；

④在电商的商品描述生成、商品推荐生成、商品图片生成等方面，可提高电商的转化率和销售额；

⑤在游戏制作等方面，可以提高角色生成、场景生成、关卡生成、剧情生成等的效率和质量。

AIGC按内容生成类别可分为文本、代码、图像、声视频四类。

文本生成包含应用型文本、创作型文本、文本辅助和交互文本。应用型文本大多为结构化写作，以客服类的聊天问答、新闻撰写等为核心场景。最典型的是基于结构化数据或规范格式，在特定情景类型下的文本生成，如体育新闻、金融新闻、公司财报、重大灾害等。创作型文本主要适用于剧情续写、营销文本等细分场景等，具有更高的文本开放度和自由度，需要一定的创意和个性化，对生成能力的技术要求更高。创作型文本需要特别关注情感和语言表达艺术。文本辅助主要是定向采集信息素材、文本素材预处理、自动聚类去重，并根据创作者的需求提供相关素材。交互文本主要是虚拟伴侣、游戏中的NPC个性化交互等。

声频生成主要包括TTS（Text-to-speech）场景和乐曲/歌曲生成。TTS场景广泛应用于客服及硬件机器人、有声读物制作、语音播报等。例如喜马拉雅App运用TTS技术重现单田芳版本的《毛氏三兄弟》和历史类作品。如乐曲/歌曲生成，AIGC在词曲创作中的功能被逐步拆解为作词（NLP中的文本创作/续写）、作曲、编曲、人声录制和整体混音。2021年年末，贝多芬管弦乐团在波恩首演人工智能谱写完成的贝多芬未完成之作《第十交响曲》。

视频图像处理包括图像属性编辑和部分编辑。图像属性编辑可以直观地将其理解为经AI降低门槛的PhotoShop。用户可以通过简单的操作，对图像进行旋转、裁剪、缩放，调整色彩，添加滤镜、文字、水印等效果。部分编辑是指对图像的局部区域进行修改或替换，如去除背景、去除物体、换脸、换衣等。这种编辑需要AI具有较强的图像理解和生成能力，以保证编辑后的图像自然、逼真。

2. ChatGPT

近期的人工智能典型事件就是 ChatGPT（Chat Generative Pre-trained Transformer，交谈用生成式预训练交换器）的出现（我国也有相应的应用，是由百度公司开发的"文心一言"）。ChatGPT是OpenAI公司研发的聊天机器人程序，于 2022 年 11 月 30 日发布，到 2023 年 1 月末，ChatGPT 的月活用户已突破 1 亿，至今已升级到了 4.0 版本。ChatGPT是人工智能技术驱动的自然语言处理工具，它能够通过理解和学习人类的语言来进行对话，还能根据聊天的上下文进行互动，真正像人类一样聊天交流，能完成以下工作。

（1）智能问答：根据用户的问题和上下文生成符合语法和语义的答案，可以用于智能问答、知识库问答等应用。

（2）搜索信息：通过提供高级搜索和过滤功能帮助用户搜索技术信息，使用户能够快速、准确地找到他们需要的确切技术信息。

（3）文本编辑：帮助用户编辑文章、提供语法检查、拼写检查和样本句子等功能，还可以分析文章，并提取有意义的信息，帮助用户优化文章的整体结构。

（4）协助完成工作：通过自动化功能和完成重复性任务来协助用户更有效地完成日常工作，还可以根据用户的兴趣和喜好提供个性化的内容，给用户带来新的想法和观点。

（5）数据分析：分析数据并从中提取有意义的信息，还可以发现新的模式和趋势，并对数据进行预测。

（6）文本翻译：可以将一种语言翻译成另一种语言，翻译质量和流畅度已经达到了很高的水平，可以用于机器翻译等应用。

（7）语音识别：可以处理语音输入，并将其转换为文本，可以用于语音识别和语音转换等场景，为人类提供更加便捷的交互方式。

ChatGPT 最显著的特征之一是能够生成连贯流畅的文本，与用户互动并提供有效信息。因此，在融媒体行业，可以为媒体、网站和社交平台智能生成内容，节省成本，也可以减少媒体对人力的需求。

ChatGPT 对融媒体行业而言机遇大于挑战，它可以作为辅助工具参与到新闻的生产过程中。尤其是在财经、体育等程式化报道中，可以为记者提供线索、搜集素材，能快速撰写文章，从而提高新闻生产效率。

ChatGPT 可以根据操作者的引导和限定，自动给出相关文本内容，可以大幅提升媒体人在信息搜集、信息梳理、谋篇布局等方面的效率。

1.6.3 5G技术

5G即第五代移动通信技术，是具有高速率、低时延和大连接特点的新一代宽带移动通信技术，是实现人、机、物互联的网络基础设施。国际电信联盟（ITU）定义了5G的三类应用场景：增强移动宽带（eMBB）、超高可靠低时延通信（uRLLC）和海量机器类通信（mMTC）。增强移动宽带主要面向移动互联网流量的爆炸式增长，为移动互联网用户提供更加极致的应用体验；超高可靠低时延通信主要面向工业控制、远程医疗、自动驾驶等对时延和可靠性具有极高要求的垂直行业应用需求；海量机器类通信主要面向智慧城市、智能家居、环境监测等以传感和数据采集为目标的应用需求。

我国目前有5G运营牌照的运营商有4家，分别是中国移动、中国联通、中国电信和中国广电，他们在5G移动通信使用的主要频段如表1-2所示。

表1-2 我国各运营商的5G移动通信主要频段

运营商	频率范围/MHz	带宽/MHz	Band	备注
中国移动	2515~2675	160	n41	4G/5G频谱共享
	4800~4900	100	n79	
中国广电	4900~4960	60	n79	
	703~733/758~788	2×30	n28	
中国电信/中国联通/中国广电	3300~3400	100	n78	三家室内覆盖共享
中国电信	3400~3500	100	n78	两家共享共建
中国联通	3500~3600	100	n78	

1. 5G时代融媒体的背景特点

（1）5G最高数据传输速率可达10Gb/s，是4G技术的数百倍。这意味着下载大容量内容只需数十秒或数秒，使得全息投影、虚拟现实等技术得以应用，为融媒体行业提供了多元化、高水准的支持。

（2）5G信息传播耗时更短，有效解决了延迟问题。这对于追求即时播报的融媒体行业来说，具有极大的优势。

（3）5G时代的网络容量更大，设备容纳数量可提升至千亿级水平，促进物联网体系的优质构建。这使得融媒体产品在生产过程中，各类软硬件设备可围绕同一核心任务联动运行，提高工作质量和效率。

（4）5G的应用普及将激发更强的创新动力，推动人工智能、虚拟现实、远程操控、无人控制等技术与融媒体领域的深度融合。

2. 5G时代融媒体的机遇优势

2019年1月25日，习近平总书记在十九届中央政治局第十二次集体学习会中指出：**"要坚持移动优先策略，让主流媒体借助移动传播，牢牢占据舆论引导、思想引领、文化传承、服务人民的传播制高点。"**

5G时代的技术革新为融媒体行业的发展提供海量资源支持。基于5G物联网的"万物互联"的特点，各类联网设备均可作为数据信息的采集端或输出端，将"媒体"概念从电视、手机、计算机等传统主体上解放出来，形成更多元化的平台体系，如利用智能眼镜、智能耳机、智能家电等设备也可收听、收看融媒体节目，信息传播的开放性与便利性得到了显著提升。同时，融媒体领域的工作人员或智能系统通过更多的数据信息采集端了解用户特点，可制作、推送定制化、个性化的节目产品。5G革新了融媒体行业的产品创设思路和场景呈现模式。

3.5G时代融媒体面对的风险和挑战

首先，5G时代受众对融媒体行业和产品的期待有所提高，这要求相关单位和人员要更新节目生产和新闻服务理念，运用各类新技术和新平台，以适应观众需求。忽视这一趋势将导致受众流失和口碑弱化。其次，定制化产品和人性化的服务已成为融媒体发展的必要条件，精准的受众定位和分层传播至关重要。在市场竞争方面，融媒体时代的压力促使传统媒体寻求突破，利用网络技术拓展平台。在5G时代，媒体市场将涌现更多新角色，竞争将更为激烈。因此，媒体单位必须挖掘和开发不可替代的独特优势，以保持受众的稳定性和行业话语权。最后，任何技术的运用都需要适度，超过限制标准可能会削弱其优势，甚至带来风险。因此，在面对5G时代的新技术、工具和模式时，融媒体行业必须保持清醒的头脑和客观的态度，有计划、有方法地进行技术实践和产品融合，避免技术的滥用。

4.5G融媒应用

1）5G直播应用

基于5G网络，利用专业的5G终端设备，能够高效轻松地解决企业及单兵记者的移动外采4K直播信号回传问题。

如图1-35所示，4K/8K+5G+AI场景分析与压缩+多链路传输将极大提高4K/8K专业直播的效率，并降低成本。

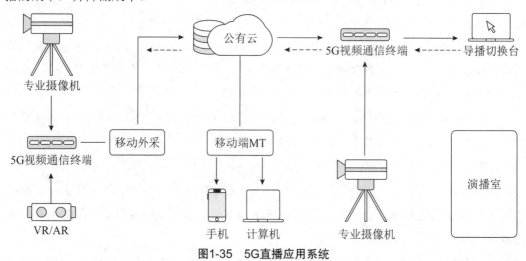

图1-35　5G直播应用系统

2）5G MEC智慧场馆应用

将5G与MEC（Multi-access Edge Computing，多业务边缘计算）结合形成智慧场馆应用系统，如图1-36所示。

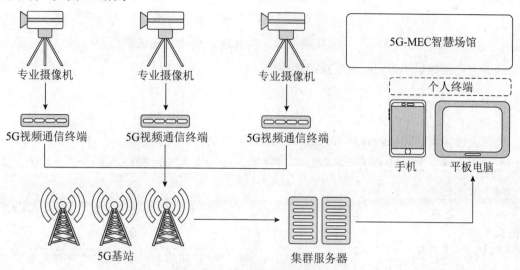

图1-36　5G MEC智慧场馆应用系统

在体育场看赛事或演出时，对视频和帧率的要求非常高，而广电级的视频终端设备不具备定制化需求以及网络化接入能力，监控机和会议级的视频通信设备画质和帧率都无法满足该场景的需求。并且在实地场景中，人的视角是固定的。通过在体育场布多个机位，连接5G视频终端设备，利用5G网络，将场馆内声视频数据与边缘计算系统集群结合，用户进入场馆内，移动终端手机/iPad可下载App，进行实时观看、自导播、切换等。

3）5G应急（广播）指挥

为预防灾害及重大事件的发生，为受灾现场搭设生命通道，现在全国各地均设置了应急（广播）指挥中心，图1-37为5G应急（广播）指挥系统框图。

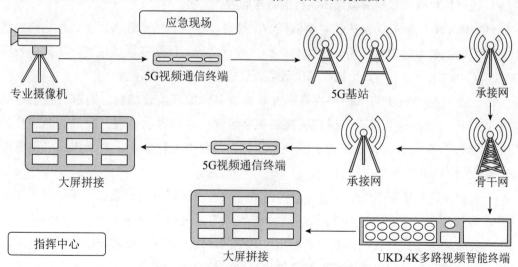

图1-37　5G应急（广播）指挥系统框图

目前，国家的应急广播指挥中心隶属于各级政府，现在大多与当地的融媒体中心对接，有不少地方指挥中心就设在当地的融媒体中心，各级政府应急管理部门（包括政务、地震、水利、交通等均要与应急广播指挥系统对接。因此，作为一种补充手段，通过在应急现场架设5G基站，与承载网、骨干网相连，连接摄像机和终端设备，可将应急前线的声视频数据回传到应急广播指挥中心。

1.6.4 区块链技术

区块链技术（Blockchain Technology，BT）也被称为分布式账本技术，是一种互联网数据库技术，其特点是去中心化、公开透明，让每个人均可参与数据库记录。区块链的基本概念包括以下几项。

（1）交易（Transaction）：一次操作，导致账本状态的一次改变，如添加一条记录。

（2）区块（Block）：记录一段时间内发生的交易和状态结果，是对当前账本状态的一次公示。

（3）链（Chain）：由一个个区块按照发生顺序串联而成，是整个状态变化的日志记录。

如果把区块链作为一个状态机，则每次交易就是试图改变一次状态，而每次共识生成的区块，就是参与者对于区块中所有交易内容导致状态改变的结果进行确认。

区块链是通过去中心化和去信任的方式集体维护一个可靠数据库的技术方案，以分布式数据存储、点对点传输、共识机制、加密算法等计算机技术在非信任环境中建构的信任服务基础设施，其核心价值是重构信任。区块链在融媒体上的应用场景包括了信源认证、公民审核、版权保护、付费订阅、数字资产和数字广告等。

1. 通过区块链技术解决融媒体平台的数字版权

区块链对数字版权的保护，主要依托数字摘要、非对称加密等保证上链数据的完整性，对数字版权信息进行注册、追踪和保护。除此之外，区块链还能通过时间戳为版权内容标记提供唯一的证明，更加有利于数字版权的追溯。

区块链对数字版权的保护方式是通过联盟链引入国家监管机构，通过对数字作品内容进行线上版权信息保存，以期实现对数字版权作品内容的追溯。联盟链与监管机构的结合，为维权取证过程提供了强有力的支撑，使得版权取证、数字作品确权更加方便。

个人和内容机构将创作的内容信息通过节点上链，区块链记录版权所属信息、作品哈希、确权时间、作品内容的特征等信息。作品内容通过哈希算法生成唯一的特征值，作为各类视声频形式版权创作的"数字指纹"在区块链上存证，将唯一特征值通过区块链共享到司法机构。同时线下将作品文件提交到版权局进行审核，将通过审核的电子证书版权上链并发放版权证书，完成确权过程，如图1-38所示。

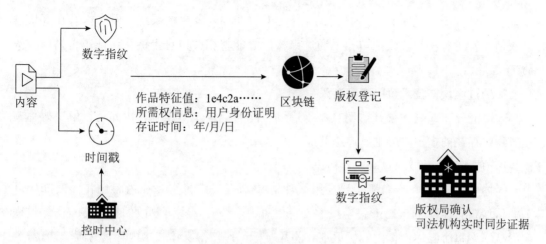

图1-38　版权信息上链过程

2. 通过区块链技术解决内容审核

内容审核是将区块链技术建立内容审核平台联盟链，对接入链上的内容提供"内容审核结果提交""审核结果授权""内容重审"等交互接口。各平台在对内容进行常规审核后，将审核方式、审核内容哈希值信息、内容提供方哈希值信息、审核结果以及审核人员等审核相关信息上链，并在链上同步记录相关参与方对该平台的贡献值；而其他平台在需要对同一内容进行审核时，可通过内容索引、内容编目或内容摘要等信息，在区块链内容审核平台上查询是否有该内容的审核记录，如有则可通过授权接口直接获取链上该内容的审核结果信息，如图1-39所示。

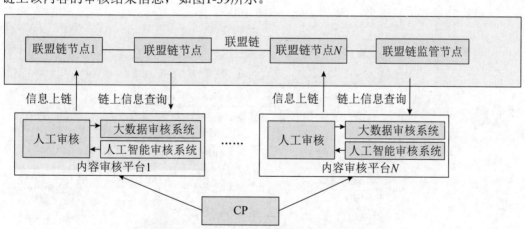

图1-39　基于区块链的内容审核信息上链逻辑

结合区块链技术搭建联盟链，可以将用户身份信息进行哈希运算后，将哈希值及其对应的内容提供信誉值上链，在联盟链内基于用户身份哈希信息进行汇总，各平台再结合自身会员系统进行映射，便可得出对应实名用户在全联盟内的信誉值。通过规范融媒体UGC内容提供者的内容制作自律性及自检机制，建立内容发布者信誉评估制度，推动建立健康的内容制作生态。

目前已有多个融媒体平台或其他媒体平台使用区块链技术进行内容审核。陕西省融媒体平台利用区块链公开、透明、可追溯、难以篡改等特性，推动并实现内容审核功能。另外，爱奇艺平台结合自研的基于 AI 的视频内容审核系统，发布内容在区块链确权前先行进行机器 + 人工审核，通过审核后方能将相关信息上链，保证了传播内容的质量。

3. 通过区块链技术解决内容溯源

区块链分布式账本公开透明且易于追溯，能够记录媒体内容，由此可以解决媒体审核过程中存在的虚假内容难以追踪溯源等问题，实现对媒体内容的追踪溯源。

1）通过密码学技术建立内容标识

媒体内容的各个环节都需要利用区块链技术把关，特别是在内容创作、发布等环节。区块链技术中的核心密码学技术具有信息内容公开、不可篡改的技术特点，通过密码学技术为每个媒体创作内容标记唯一的数字标识，使得媒体数字内容具有唯一性。

2）基于统一内容标识的媒体内容追根溯源

基于哈希函数，当媒体内容文件发生任何改变时，计算出的哈希值都会发生变化。因此在内容追踪溯源和内容审核应用当中，为媒体内容建立统一的 ID 标识体系和 ID 标识规范。在统一标识的基础上，再针对媒体内容文件每次合法的改变（如再编辑、转码、拆条、插入台标广告等操作）增加每次改变文件的哈希值记录，通过统一标识下包含所有相关合法内容数据哈希值的方式，实现内容追踪和跨平台内容审核协同。

以某电视台区块链数字版权保护系统为例，媒体内容追踪溯源区块链技术系统由区块链底层链、区块链系统管理、权限管理、大数据分析和管理以及数字身份管理等组成，提供媒体内容区块链追踪溯源服务，如图1-40 所示。

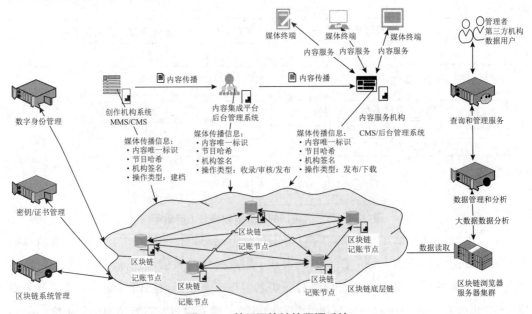

图1-40 基于区块链的溯源系统

4. 通过区块链技术解决融媒体平台的存储瓶颈

由于融媒体平台采用中心化服务，有效提升了服务效率和效果，但也很容易使平台的性能和存储容量遇到瓶颈。例如，用户利用融媒体平台进行文件的上传下载以及视频剪辑时，如果用户数量过多，就会拖慢平台服务器的运行速度，连接数量超出限额时甚至会造成服务瘫痪。即使可以利用提升服务器数量的方式实现负载均衡，但所付出的成本较高。另外，融媒体平台在存储文件素材和媒体资源的过程中，仅采取了线下备份这一种方式，导致文件地址定位较为粗糙。应用区块链的分布式存储结构，能够将相关文件进行细化，分别储存至各个节点中，提升平台服务器的存储性能，其可承载用户数量也会有较大提升，文件存取性能大幅增长，解决了存储资源不足这一瓶颈。

5. 通过区块链技术构建融媒体共信机制

通过区块链技术构建融媒体共信机制是基于区块链技术去中心化的特征，"互信和共享"是其最显著的优势。融媒体利用区块链进行信息传播时，能够达成互信共享这一标准，进而完成共信机制的构建。具体而言，融媒体在可信度方面能够利用区块链作为技术方面的支持，进而有效减少融媒体行业治理过程付出的制度性成本。从信源可信度视角进行分析，融媒体能够利用共同维护的账本记录完成对信息发布人员具体数字身份的发放，进而在整个区域中对这类人员进行数字资质验证，有效保障其发布信息的准确性和合法性。同时，融媒体也能够通过区块链技术对新闻数据信息进行加密，分散储存至不同的用户节点中，单一用户就无法篡改新闻数据信息。整个过程中，人工智能技术会给予相应的动态信任积分，用于对所有用户做出切实中肯的评价。从内容可信度视角进行分析，融媒体能够利用全链节点来实现共同维护内容可信度的目的。区块链融媒体数据库中的任意一个信息发布源都会将所交换的数据信息进行妥善保存，并以此为基础完成指纹验证，确保信息内容在缺乏可信第三方的情况下实现自证。

从渠道可信度视角进行分析，在区块链融媒体中对全部信息发布源进行交换时，不用再次进行信任操作，因为其内部构建了一个完善的智能合约机制，能够保障信息交换按照既定的规则自动完成，且无法进行人为干预。当信任积分低于相应的标准时，系统就会强制关停此类信源账号。

6. 通过区块链技术促进融媒体操作模式创新

在步入信息化时代后，媒体的操作模式已经演变为"中央厨房"模式，顾名思义，即由信息生产人员摒弃信息生产与传播的传统路径，直接与广大受众对接，使受众能够获取更为多元化的信息内容，所采用的信息获取形式也更为丰富，充分迎合受众接收信息的同时，又广泛参与互动的视听需求。

在融媒体行业应用区块链技术，完成对"中央厨房"这一操作模式的有效助力，能够使融媒体领域去中心化进程不断提速，有效构建多部门合作共享这一机制，促进政府与企业的深度融合，协同创新，共同推动区块链融媒体生态圈的形成与完善。

1.6.5　元宇宙

元宇宙（Metaverse）始于1992年国外科幻作品《雪崩》里提到的Metaverse和Avatar

这两个概念。人们在Metaverse中可以拥有自己的虚拟替身，这个虚拟的世界就叫作"元宇宙"。元宇宙是利用科技手段进行链接与创造的，与现实世界映射与交互的虚拟世界，具备新型社会体系的数字生活空间。

元宇宙本质上是对现实世界的虚拟化和数字化过程，需要对内容生产、经济系统、用户体验以及实体世界内容等进行大量改造。但元宇宙的发展是循序渐进的，是在共享的基础设施、标准及协议的支撑下，由众多工具、平台不断融合、进化而最终成形的。它基于扩展现实技术提供沉浸式体验，基于数字孪生技术生成现实世界的镜像，基于区块链技术搭建经济体系，将虚拟世界与现实世界在经济系统、社交系统、身份系统上密切融合，并且允许每个用户进行内容生产和实时编辑。

元宇宙不是一个新的概念，它更应该理解为一个经典概念的重生，是在扩展现实（XR）、区块链、云计算、数字孪生等新技术加持下的概念具体化。

北京大学陈刚教授与董浩宇博士梳理并系统界定了元宇宙的五大特征与属性，即社会与空间属性，科技赋能的超越延伸性，人、机与人工智能共创性，真实感与现实映射性，交易与流通性。

1. 元宇宙技术的落地应用及产业推广促进了融媒体发展

元宇宙由云计算、人工智能、扩展现实、区块链、数字孪生、边缘计算等多种技术群支撑，可应用于企业的方方面面，从消费者到员工再到整个企业，推动现实世界向虚实结合的融合世界发展，其本质上是对多项高新技术的整体拟合及应用。

当前融媒体大多依赖于技术革新主导的产业应用，不同领域的单项成熟技术可以应用于媒体融合当中。元宇宙概念的出现，集合了当下前沿领域多项新兴技术，以目前相对成熟的场景化沉浸式传播来说，通过AR、VR等技术进行宣传，虽然尚未实现常态化、产业化模式，但随着元宇宙概念逐渐具象化，技术群的不断扩散，沉浸式传播很可能将成为未来常态化的传播手段，极大地加深媒体间相互融合的同时，还能提升融合媒体的传播效果。此外，以基于元宇宙衍生出的虚拟数字人为例，也可能为融媒体带来新的发展可能性。随着元宇宙的概念被更多人了解并产生参与意愿，媒体平台需要借助自己独有的虚拟数字人率先抢占元宇宙世界市场，从而投入更多研发力量，设计具有独特媒体属性的虚拟数字人，实现产业的快速转型升级。很多人称之为"后人类传播"，通过元宇宙传播中机器、智能化的力量带动虚拟数字人实现人机交互的新传播形态。在融媒体管理上，基于区块链技术基础的智能化内容生产、分发、管理也为其提供了更快、更高的效率。在保证原创内容的价值更加充分、完整体现的同时，当违规和不实的信息出现时，可以及时反映并进行封堵管理，随后进行溯源追踪并保留记录，可以有效保护分发体系的长期有效运转。

2. 受众需求更加多样，信息传递更加清晰

从传播学理论来看，"媒介是人的延伸"，人是信息传播的重要媒介和载体，其自身的流动性致使信息无处不在。元宇宙概念所延伸出的是个人生活中的虚拟与现实边际

逐渐被打破，人们一直对世界的把握有强烈冲动，追求认知上的确定性，需求将会不断增长。任何人都可以在元宇宙中感受实感的虚拟体验，同时自身的传播属性也随时有可能发生改变，由受众变成新一轮的传播者，甚至其他动物也能依靠不同的传播手段搭载信息片段，形成新的媒介平台，可以说，在多种技术手段加持下的新媒体可以赋予任意用户发布和传播任意信息的权利。时间和空间在极大程度上将不再成为任何人的桎梏，通过媒介可以在任意时间、地点发布和生产信息，同时也可以接收来自不同时间地域传播者的信息。此外，元宇宙下的融媒体发展将更新原有内容传播的路径，进一步推进媒体深度融合。融入元宇宙的融媒体将颠覆原有的媒介传播形态，无限增强人的多维度立体感受，弱化现实中时间与空间的概念，仿真性地将人带入虚拟世界之中。例如在当前媒体的新闻信息报道时，大众基本通过由现场记者产生的新闻稿和实地转播获得第一时间的信息，再根据自我思维对信息进行再加工处理。元宇宙下的融媒体则通过各类技术手段将用户直接带入信息产生场景，甚至通过多重加工创造全新的传播"现场"，实现线下场景元宇宙化。

1.6.6　WiFi 6和WiFi 7

WiFi联盟成立于1999年，最初名称叫作Wireless Ethernet Compatibillity Alliance（WECA）。在2002年10月，正式改名为WiFi Alliance，简称WiFi。

以前WiFi联盟用802.11a、802.11b、802.11g、802.11n等类似的名字来描述WiFi，大部分人根本弄不清楚这些名字的意义，经常弄混。现在WiFi联盟宣布改变 WiFi 标准的命名方式，分别将802.11n和802.11ac命名为WiFi 4和WiFi 5，将802.11ax命名WiFi 6，将802.11be命名WiFi 7。

1. WiFi 6

WiFi 6即第六代无线网络技术，是WiFi联盟创建于IEEE 802.11标准的无线局域网技术。WiFi 6允许与多达8个设备通信，最高速率可达9.6Gb/s。

WiFi 6主要使用OFDMA、MU-MIMO（多用户多入多出）等技术，MU-MIMO技术允许路由器同时与多个设备通信，而不是依次进行通信。MU-MIMO允许路由器一次与四个设备通信。

WiFi 6中的新技术允许设备规划与路由器的通信，减少了保持天线通电以传输和搜索信号所需的时间，可有效减少电池消耗并改善电池续航表现。

WiFi 6设备要获得认证，则必须使用WPA3，因此WiFi 6设备具有很强的安全性。

2. WiFi 7

随着4K和8K视频（传输速率可能会达到20Gb/s）技术、游戏（低时延）以及VR/AR的发展，融媒体也越来越依赖WiFi，并将其作为接入网络的主要手段之一，此外还对吞吐量和时延也提出了更高的要求，WiFi 6已无法完全满足需求，而WiFi 7的出现能有效解决这类问题。

WiFi 7是下一代WiFi标准，对应的IEEE 802.11将发布新的修订标准IEEE 802.11be。WiFi 7是在WiFi 6的基础上引入了320MHz带宽、4096-QAM、Multi-RU、多链路操作、增强MU-MIMO、多AP协作等技术，使得WiFi 7相较于WiFi 6将提供更高的数据传输速率和更低的时延。WiFi 7预计能够支持高达30Gb/s的实际吞吐量，大约是WiFi 6的三四倍。表1-3为几种WiFi的主要技术参数对比。

表1-3　几种WiFi的主要技术参数对比

比较项	WiFi 4	WiFi 5		WiFi 6	WiFi 6E	WiFi 7
年份	2009	2013	2016	2019	2021	2024（完成）
协议	802.11n	802.11ac		802.11ax	802.11axe	802.11be
		Wave 1	Wave 2			
工作频率	2.4/5GHz	5GHz		2.4/5GHz	6GHz	1~7.25GHz
最大频宽	40MHz	80MHz	160MHz	160MHz		320MHz
MCS范围	0~7	0~9		0~11		
最高调制	64QAM	256QAM		1024QAM		4096QAM
单流带宽	150Mb/s	433Mb/s	867Mb/s	1200Mb/s		2900Mb/s
理论带宽	600Mb/s	3.46Mb/s	6.94Mb/s	9.6Gb/s		46.4Gb/s
最大空间流	4×4	8×8		8×8		16×16
MU-MIMO	/	/	下行	上行/下行		上行/下行
OFDMA	/		/	上行/下行		上行/下行
安全机制	WPA2	WPA2		WPA3		WPA3

1.7　思考与练习

（1）什么是融媒体？

（2）什么是全媒体？

（3）简述融媒体的特征。

（4）什么是融媒体技术？

（5）简述计算机的组成。

（6）简述互联网、因特网和万维网的区别和联系。

（7）因特网接入按传输介质可以分为几种？

（8）TCP/IP协议可分为哪几层？

（9）什么是云计算？

（10）简述云计算的特点。

（11）云计算的核心技术有哪些？

（12）简述云计算的核心技术。

（13）什么是大数据？大数据与大量的数据的区别是什么？

（14）什么是大数据的4V特点？

（15）什么是虚拟现实？

（16）虚拟现实的关键技术是什么？

（17）新兴融媒体技术都有哪些？它们在融媒体技术领域可能有哪些应用？

第2章 电声基础

本章主要介绍声音与声波的关系、声学物理概念、人耳听觉特性、分贝的概念、立体声原理与拾音方法，以及声频的数字化处理方法等基础概念。

2.1 声音的产生与传播

声音对每个人来说都是司空见惯的，那么声音是如何产生和传播的呢？

2.1.1 声音和声波

声音是由物体通过机械振动产生，或是气流扰动引起弹性媒质发生波动。如日常我们听到的风声、雨声、鸟鸣、电话铃声等，如图2-1所示。声音是声波通过气体、液体或固体等介质传播，并能被人或动物的听觉器官所感知的主观听觉印象，所以声音的本质就是声波的主观听觉反应。严格来说声音和声波是有较大区别的，但有时候我们并不作严格区分。

图2-1 人们可以听到的声音

2.1.2 声波的产生和传播

1. 声波的产生

声波靠物体机械振动产生，以波的形式向远方振动传播。频率在一定范围之内的声波可以被人耳识别。

任何振动物体都可能发出声音，例如拉小提琴时，琴弦受到琴弓的摩擦产生振动，会发出琴声；击槌敲击音叉，使音叉产生振动而发出声响，如图2-2所示；人在讲话时，肺部气流冲击咽喉声带产生振动，使口腔鼻腔内的空气产生共鸣。

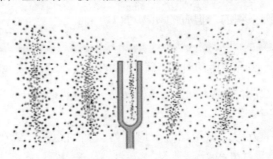

图2-2 击槌敲击音叉发出声响

2. 声波的传播

声波的传播需要物质，物理学中把这样的物质叫作介质，介质可以是气体、液体和固体，在真空中，声波是不能传播的。声波在不同的介质中传播的速度也是不同的。

声波还会因外界物质的不同发生折射和反射，例如面对群山呼喊，可以听到自己的回声，这是反射，当反射波与直射波时差小于50 ms时，人们就无法区分。再如晚上的声波的传播要比白天远，是因为白天声波在传播过程中，遇到上升的热空气，把声波快速折射到空中；晚上冷空气下降，声波会沿着地表传播，因此传播距离更远，这就是声波折射的缘故。

声波产生的两个必要条件是机械振动和传播介质。**外因是变化的条件，内因是变化的根据。外因通过内因起作用。**机械振动是内因，传播介质是外因。

自然状态下从物体的振动到我们感知到声音，大体经过这样几个过程，首先策动力策动物体产生弹性振动，形成声波，然后声波通过介质传导到人耳，最后人耳通过神经元的变换把刺激信息输送到大脑，这时就听到了声音，如图2-3所示。

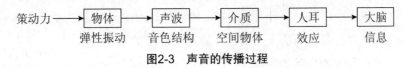

图2-3 声音的传播过程

2.2 重要声学物理量

声学涉及很多物理量，为了应用方便，下面对常用的声学量进行介绍。

2.2.1 频率、周期、波长和声速

1. 频率

声音的频率指的是声源在单位时间内振动的次数，记作f，单位是Hz。在声学中的常用单位还有kHz和MHz等。

机械振动频率低，相应的音调就低，声音就低沉；机械振动频率高，相应的音调就高，声音就尖锐。人耳可以听到的声波的频率范围，通常认为是20Hz~20kHz，称为可闻声，即人们通常所说的声音。频率低于20Hz的叫次声波，高于20kHz的叫超声波。次声波和超声波都是人耳听不到的，但有的动物可以听到。

2. 周期

周期是声源振动一次所经历的时间，是频率的倒数，记作T，单位为s。

$$T=1/f \tag{2-1}$$

3. 波长

波长是沿声波传播方向，振动在一个周期内传播的距离，或在波形上相位相同的相邻两点间的距离，记为λ，单位为m。

波长、周期在波形图上的关系如图2-4所示。

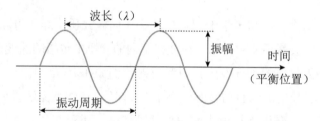

图2-4 波长、周期在波形图上的关系

4. 声速

声速是声波每秒在介质中传播的距离，记作v，单位为m/s。声速跟介质的反抗平衡力有关，反抗平衡力越大，声速越高。液体的反抗平衡力要比气体大，而固体的反抗平衡力又比液体大。在15℃空气中声速约为340m/s，在水中声速约为1440m/s，在钢铁中声速约为5100m/s。

声速还与气压和温度有关。在空气中，声速v和温度t的关系可简写为

$$v=331.4+0.607t \tag{2-2}$$

我们可以近似认为温度每上升/下降5℃，声波的速度上升/下降3m/s。

此外，声速随物质密度的增大而增加，随物质密度的减小而减少。

5. 频率、波长和声速之间的关系

频率f、波长λ和声速v三者之间的关系如图2-5所示。

$$v=\lambda f \tag{2-3}$$

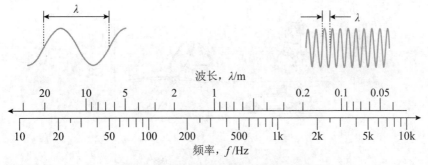

图2-5 频率、波长和声速之间的关系

2.2.2 倍频程

两个声波的频率之比或音调之比用2为底的对数表示，称为倍频程，即一个八度音程，其数学表达式为

$$n = \log_2 \frac{f_2}{f_1} \qquad (2-4)$$

式中：f_1为参考频率；f_2为求倍频程数的信号频率；n为倍频程数，n可正可负，也可以是分数或整数。例如，$n=1$和$n=1/3$分别称为1倍频程和1/3倍频程。

2.2.3 声功率

声功率是指单位时间内，声波通过垂直于传播方向某指定面积的声能量。在噪声监测中，声功率是指声源总声功率，单位为W。

声功率级：

$$L_W = \lg \frac{P}{P_0} (\text{dB}) \qquad (2-5)$$

式中：L_W为声功率级（dB）；P为声功率（W）；P_0为基准声功率，为10^{-12} W。

2.2.4 声压级

声压级以符号SPL表示，其定义为将待测声压有效值P_e与基准声压P_0的比值取常用对数，再乘以20，其单位是分贝（dB），即

$$\text{SPL} = 20\lg \frac{P_e}{P_0} (\text{dB}) \qquad (2-6)$$

式中：SPL为声压级（dB）；P_e为待测声压有效值（Pa）；P_0为基准声压，为2×10^{-5}Pa。

基准声压是正常人耳对1000Hz声音刚刚能觉察其存在的声压值，也就是1000Hz声音的可听阈声压。感到疼痛的声音的声压值为20Pa，声压与声压级的关系及范围如图2-6所示。

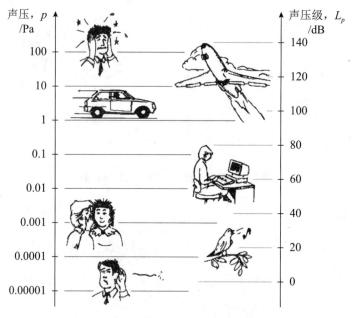

图2-6　声压与声压级的关系及范围

2.3　声音的三要素

通常把响度（音量）、音调、音色叫作声音的三要素。

2.3.1　响度

响度又称为音量，是人耳感受到的声音强弱，它是人对声音大小的一个主观感觉量。响度的大小取决于声音接收处的波幅，就同一声源来说，波幅传播得越远，响度越小；当传播距离一定时，声源振幅越大，响度越大。响度的大小与声强密切相关，但响度随声强的变化不是简单的线性关系，而是接近于对数关系。当声音的频率、声波的波形改变时，人对响度大小的感觉也将发生变化，其变化关系如图2-7所示。

响度的计量单位是宋（sone），定义频率为1kHz，声压级为40dB纯音的响度为1宋。

大多数人对信号声压级变化小于3dB时是感觉不出来的，因此音响系统常以3dB作为允许的频率响应曲线变化范围。

人耳对声音的感觉，不仅和声压有关，还和频率有关。声压级相同，频率不同的声音，听起来响亮程度也不同。如空压机与电锯，同是100dB声压级的噪声，电锯声听起来要响得多。按人耳对声音的感觉特性，依据声压和频率定出人对声音的主观音响感觉量，称为响度级，单位为方（phon）。

以频率为1000Hz的纯音作为基准音，其他频率的声音听起来与基准音一样响，该声音的响度级就等于基准音的声压级，即响度级与声压级是一个概念。例如，某噪声的频

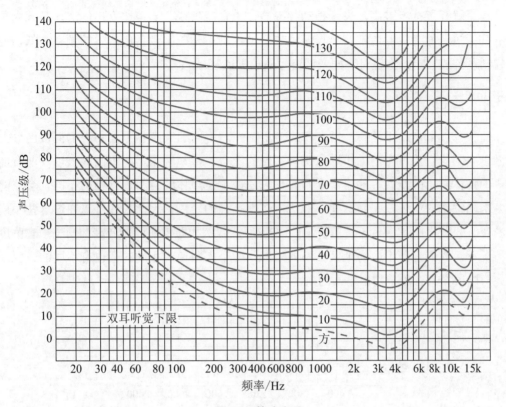

图2-7 等响度图

率为100Hz，强度为37dB，其响度与频率为1000Hz，强度为20dB的声音响度相同，则该噪声的响度级为20方。人耳对 1000～5000Hz的高频声音敏感，对低频声音不敏感。例如，同是40方的响度级，对1000Hz的声音，声压级是40dB；对4000Hz的声音，声压级是32dB；对100Hz的声音，声压级52dB；对30Hz的声音，声压级是78dB。也就是说，低频的78dB的声音，听起来和高频的32dB的声音感觉是一样的。但是声压级在80dB以上时，各个频率的声压级与响度级的数值就比较接近了，这表明当声压级较高时，人耳对各个频率的声音的感觉基本是一样的。

声强（声压级）与响度有一定的关系，声强是客观的，可以用物理仪器（如声级计）测量。响度是主观的，它不仅决定于声音的物理强度，而且与声音的频率也有一定关系。

2.3.2 音调

声音频率的高低叫作音调，是表示听觉分辨一个声音的调子高低的程度。音调主要由声音的频率决定，同时也与声音强度有关。对一定强度的纯音，音调随频率的升降而升降；对一定频率的纯音，低频纯音的音调随声强增加而下降，高频纯音的音调随声强增加而上升。

不少专业音响设备有音调控制功能，其实就是调控频率。音调低，表示振动频率低，声音就深沉；音调高，表示振动频率高，声音就尖锐。男声比女声低沉，是因为男声的基频较低的缘故。通常音响设备中的音调控制不是控制设备所产生的频率高低，而是控制设备的频响，实现对不同音调信号的放大或衰减。

2.3.3 音色

音色（Timbre）即音品，指声音的感觉特性。不同的人声和不同的声响能被区分主要源于不同的音色，音色的不同取决于不同的泛音，每一种乐器、不同的人以及所有能发声的物体发出的声音，除了一个基音外，还由于发声体的材料、结构的不同，会伴随许多不同频率的泛音，正是这些泛音决定了其不同的音色，因此人们可以通过这些不同的泛音区分发声体是钢琴还是黑管，如图2-8所示。例如即使在同一音高和同一声音强度的情况下，人们也能很容易地区分不同乐器，两个人即使说相同的话也有不同的音色，因此可以根据其音色辨别出不同的人。

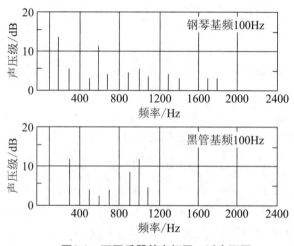

图2-8 不同乐器基音相同、泛音不同

2.4 人耳的听觉特性

人耳是接收声音信号的重要听觉器官，其听觉特性用掩蔽、双耳和哈斯等几个生理声学效应来说明。双耳效应将在2.8.1节介绍。

2.4.1 听觉系统

人耳是声音的接收器官，由外耳、中耳和内耳等组成，如图2-9所示。由声源振动引起空气产生疏密波，疏密波通过外耳道、鼓膜和听骨链的传递，引起耳蜗中淋巴液和基底膜的振动，使耳蜗科蒂器官中的毛细胞产生兴奋。科蒂器官和其中所含的毛细胞，是真正的声音感受装置，外耳和中耳等结构只是辅助振动波到达耳蜗的传音装置。听神经纤维就分布在毛细胞下方的基底膜中；振动波的机械能在这里转变为听神经纤维上的神经冲动，并以神经冲动的不同频率和组合形式对声音信息进行编码，传送到大脑皮层听觉中枢，产生听觉。

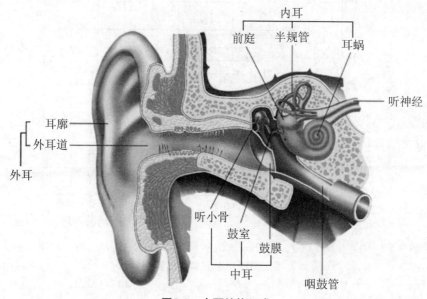

图2-9 人耳结构组成

2.4.2 听阈特性和听域

要引起人耳的听觉，不是任何大小的声音都可以，声音的强度必须达到一定的量值才行。

听阈（Hearing Threshold）就是能听到的声音的门槛。耳的适宜刺激是空气振动的疏密波，但振动的频率必须在一定的范围内，并且达到一定强度，才能被耳蜗感受到，引起听觉。在人耳听觉范围内，对于其中每一种频率，都有一个刚好能引起听觉的最小振动强度，称为听阈。听阈直接反映了听觉感受器的灵敏程度，听阈低，表示很小的声音就能听到，反之，听阈高，表示很大的声音才能听到。

当振动强度在听阈以上持续增加时，听觉的感受也相应增强，但当振动强度增加到某一限度时，它引起的将不只是听觉，还会引起鼓膜的疼痛感觉，这个限度称为最大可听阈。由于对每一个振动频率都有自己的听阈和最大可听阈，因而就能绘制出人耳对振动频率和强度的感受范围的坐标图，如图2-10所示。其中下方曲线表示不同频率振动的听阈，上方曲线表示它们的最大听阈，两者所包含的面积则称为听域。凡是人能感受的声音，它的频率和强度的坐标都应在听域的范围之内。由听域图可看出，人耳最敏感的频率为1000~3000Hz；而日常语言的频率较此略低，语音的强度则在听阈和最大可听阈之间的中等强度处。

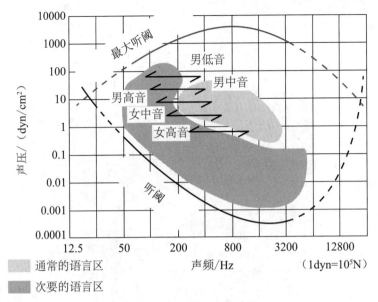

图2-10　人的正常听域图

2.4.3　掩蔽效应

掩蔽效应指人的耳朵只对最明显的声音反应敏感，而对于不敏感的声音，反应则较不敏感。例如在声音的整个频率谱中，如果某一个频率段的声音比较强，则人就对其他频率段的声音不敏感了，图2-11为掩蔽效应的原理图。应用此原理，人们发明了MP3等压缩的数字音乐格式，在这些格式的文件里，只突出记录了人耳较为敏感的中频段声音，而对于较高和较低频率的声音则简略记录，从而大大压缩了存储空间。在人们欣赏音乐时，如果设备对高频响应得比较好，则会使人感到低频响应不好，反之亦然。

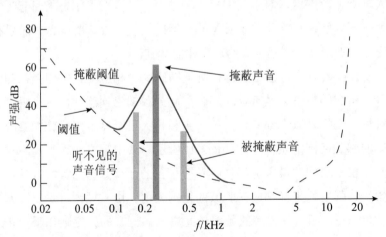

图2-11　掩蔽效应的原理图

人耳的掩蔽效应是一个较为复杂的心理学和生理声学现象，主要表现为频谱掩蔽效应和时间掩蔽效应。

1. 频谱掩蔽效应

频谱掩蔽效应表现为由一种频率的声音阻碍听觉系统感受另一种频率的声音。

人对各种频率可听见的最小声级叫作绝对可听域，在20 Hz～20 kHz的可听范围内，人耳对频率3～4 kHz附近的声音信号最敏感，对太低和太高频率的声音感觉都很迟钝。

如果有多个频率成分的复杂信号存在，那么绝对可听域曲线取决于各掩蔽音的强度、频率和它们之间的距离。图2-12（a）是存在多个声音，只能听到掩蔽曲线以上的情况，图2-12（b）是人耳对各种频率的绝对可听域曲线，图2-12（a）和图2-12（b）结合成为图2-12（c）。低于图2-12（c）曲线的频率成分人就听不见了，当然也就不必传送了，声频压缩就是基于这个原理。

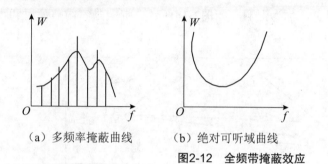

（a）多频率掩蔽曲线　（b）绝对可听域曲线　（c）全频带掩蔽效应

图2-12　全频带掩蔽效应

2. 时间掩蔽效应

时间掩蔽表现为较强声音的存在掩蔽了另一个较弱声音的存在。

时间掩蔽效应分为前掩蔽、同期掩蔽和后掩蔽。在时域内，听到强音之前的短暂时间内，业已存在的弱音可以被掩蔽而听不到，这种现象称为前掩蔽；当强音和弱音同时存在时，弱音被强音掩蔽，这种现象称为同期掩蔽；当强音消失后，经过较长的持续时间，才能重新听到弱音信号，这种现象称为后掩蔽。三种时域掩蔽效应的时间关系如图2-13所示。

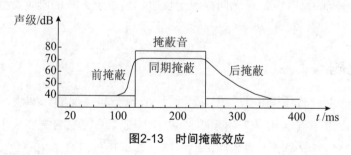

图2-13　时间掩蔽效应

2.4.4　哈斯效应

当几个内容相同的声音相继到达人耳的时间差不大于50ms时，人耳不能分辨这几个先后到来的声音。哪一个方位的声音首先传入人耳，那么人的听觉就会感觉全部声音都是从这个方位传来的。这种现象就是人类听觉的延迟效应、先入为主的聆听感觉特性，被称为"哈斯效应"。

2.5 声音的混响

声音混响时间的长短是音乐厅、剧院、礼堂等建筑物的重要声学特性。声波遇到障碍会反射，所以这个世界充满了混响。混响对于改善听觉质量有很大的作用。

2.5.1 混响和回声的概念

混响是室内的一种声学现象。声音由声源发出后，在空气中传播，传播过程中在房间的墙面上产生反射、吸收、扩散、透射、干涉和衍射等波动作用，形成复杂的室内声场，使人产生混响感。在室内声场达到稳定的情况下，声源停止发声，由于声音的多次反射或散射而使声音延续的现象，称为混响，如图2-14所示。混响是室内声反射和声扩散共同作用的结果。

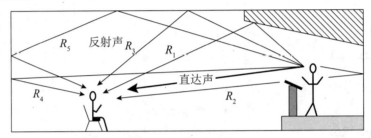

图2-14 混响示意图

声源的直达声和近次反射声相继到达人耳，根据"哈斯效应"，延迟时间小于50ms时，一般人耳不能区分出来，仅能察觉音色和响度的变化，感觉到混响。但当两个相继到达的声音时差超过50ms时（相当于直达声与反射声之间的声程差大于17m），人耳能分辨出来自不同方向的两个独立的声音，这时有可能出现回声。回声的感觉会妨碍音乐和语言的清晰度（可懂度），是要尽量避免的。也就是说混响是耳朵不可辨的多次反射，回声是耳朵可辨的反射声，可见同样源于反射，但由于人耳的听觉特性，混响和回声有明显的不同。

2.5.2 电子混响

普通的混响是靠自然环境和人工的建筑设计来调整和实现的，实现和改变混响成本是比较高的，而电子混响则是采用模拟或数字手段（现代混响主要采用数字电子技术），在实现和改变混响参数上成本则大幅下降，甚至还可以模拟出一些美轮美奂的奇特效果。

数字混响的作用是产生声场效果和特殊的声音效果，因此它主要是对混响声及其频谱的调节、混响声频谱的处理、混响声的衰减特性以及混响声与直达声的比例等进行处理。这些参数的处理都是用一种数字信号处理模块，通过机器面板上的旋钮或屏幕界面进行参数的调节设定来完成的。基本原理如图2-15所示。

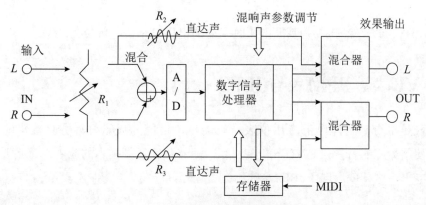

图2-15　数字混响器原理方框图

对于广播电视行业来说，数字混响主要用于录音棚节目制作、大型文艺演出的现场混响环境的调节。

2.6　分贝的概念

分贝（dB）是度量两个相同单位之数量比例的单位，可用于度量声音强度。

2.6.1　分贝定义

分贝是电学、电声学中重要的度量单位，用以表达电压、电流、功率、声压级的相对值以及设备的放大倍数等。以功率为例，如果有一个放大电路的输入功率为P_i，输出功率为P_o，将它们的比值取常用对数，就得到这个放大电路功率变化的"贝尔（Bel）"值。由于"贝尔"这个单位较大，因此通常取其1/10作计算单位，这就是分贝，即

$$分贝值_{(dB)} = 10\lg\frac{P_i}{P_o} = 10\lg\frac{U_i^2/R}{U_o^2/R} = 10\lg\frac{I_i^2 R}{I_o^2 R} = 20\lg\frac{U_i}{U_o} = 20\lg\frac{I_i}{I_o} \tag{2-7}$$

对于电压和电流，由于$P=I^2R=U^2/R$，这样用分贝来表示时系要乘以20。

2.6.2　电压电平级（dBm，dBu，dBV）

某一电压U与一基准电压U_r相比，然后求常用对数，再乘以20，所得值为电压U的电平，即

$$L_v=20\lg U/U_r \tag{2-8}$$

由于基准电压U_r的取值不同，常用单位有下列三种。

（1）dBm：在特定的600Ω阻抗条件下，由于1mW电功率在600Ω阻抗上的电压可算得为0.775V，所以$U_r = \sqrt{PR} = \sqrt{0.001 \times 600} = 0.775V$，为基准电压求得的电压电平值，单位为dBm。例如某点的电压电平级为20 dBm，则相应电压为7.75V。

（2）dBu：不考虑阻抗是否为600Ω，以U_r等于0.775V为基准电压时求得的电压电平

值，单位为dBu。

（3）dBV：以U_r等于1V为基准电压时求得的电压电平值，单位为dBV。

2.7 VU表、PPM表与dBFS

音量表是电台节目监测的专用仪表，它的技术性能与质量好坏会直接影响播出质量。目前使用最广的音量表是VU表和PPM表。随着数字音频技术的应用，有必要去衡量数字满度电平，这样就出现了dBFS参量。

2.7.1 VU表

VU（Volume Unit，音量单位）表是一种准平均值计量表，如图2-16所示，VU表不能反映声音信号的峰值变化，只能反映声音信号的听感强度（所以叫音量单位表），所以在扩音、电台的广播中运用较多，但VU值有时也与听感强度有误差。

VU表跟不上信号的实际准平均值电平（dB值）的变化，不能将VU值与dB值相混淆。不能完全反映出声音信号的听感响度（需要更短的积分时间）；不能反映声音信号的幅摆峰尖情况（声音信号峰平比随其波形的不同而异）。

图2-16 VU表刻度

基准参考电平值以0VU表示，标准VU表的0VU相当于信号的标准平均值1.228V，并以0VU对应100%的刻度，从0VU至满刻度有3dB的红色警示区域，在0VU之下至指针起点的范围，有-20VU~0VU（dB）的指示刻度。

2.7.2 PPM表

PPM（Peak Program Meter，峰值节目表）如图2-17所示，PPM实际上是准峰值电平表，因为它是采用峰值检波器，按简谐信号的有效值确定刻度的。PPM表可以准确地反映那些突然出现的强信号的包络变化（上升快），而且又便于观察（下降慢），能及时反映声音信号的过载失真情况。但PPM不能直接反映信号给人的听觉强弱感，因此PPM的指示值不能表示信号的响度。

图2-17 PPM刻度

标准PPM的0dB相当于1.55V的声音信号准峰值，从0dB至满刻度有5dB的余量，以红色作为警示，从指示的起点至0dB，一般有50dB的有效指示刻度，比VU表可指示更大的动态变化。

2.7.3 数字满度电平

dBFS(dB Full Scale) 是数字声频信号电平单位，简称满度相对电平，满刻度电平0dBFS就是设备在正常设置下达到削波时所对应的模拟信号电平值。"满刻度"是指转换器可能达到"数字过载"之前的最大可编码模拟信号电平。数字声频信号以系统能处理的最大声频信号的编码为基准值，数字声频信号幅度的编码相对于最大声频编码所代表的幅度之比，即为满度相对电平，因为规定最大值为基准，所以实际数字声频信号的相对电平都为负值。

在广播模拟播出系统中，电平值选择为0VU = + 4dBu，即当音量单位表（VU表）指示为0VU值时，所对应的电平值为+4dBu。

根据国家广电总局发布的《数字音频设备的满度电平》行业标准（GY/T 192—2003），满刻度电平0dBFS 对应+24dBu，即峰值储备量选择为20dB。

目前许多广电声频设备遵循的标准为-20dBFS = 0VU = +4dBu。

2.8 立体声原理

立体声信号的采集和还原对于现代电声技术来说至关重要，涉及双耳效应听觉特性、立体声概念以及双声道立体声拾音技术等内容。

2.8.1 双耳效应听觉特性

双耳效应是人们依靠双耳间的音量差、时间差和音色差判别声音方位的效应，如

图2-18所示。

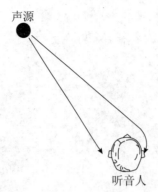

声源

听音人

图2-18　双耳效应

如果声音来自听音者的正前方，此时由于声源到左、右耳的距离相等，从而声波到达左、右耳的时间差（相位差）、音色差为零，此时感受出声音来自听音者的正前方，而不是偏向某一侧。声音强弱不同时，可感受出声源与听音者之间的距离。

1. 辨别声源的几个物理因素

1）声音达到两耳的时间差 Δt

由于左右耳之间有一定的距离，因此，除了来自正前方和正后方的声音之外，由其他方向传来的声音到达两耳的时间就会有先后，从而造成时间差。如果声源偏右，则声音必先到右耳后再到达左耳。声源越是偏向一侧，则时间差也越大。

对于瞬态声，可以有效地利用时间差来判别声音方位，这时的定位作用取决于声音传来的最初瞬间。这也是人耳对打击乐器、语言、求救声等瞬态声更易判别方位的重要原因。对于持续音，由于它们先后到达两耳所引起的遮蔽效应，致使定位效果稍差。

2）声音到达两耳的声级差 ΔL

两耳之间的距离虽然很近，但由于头颅对声音的阻隔作用，声音到达两耳的声级就可能不同。如果声源偏左，则左耳感觉声级大一些，而右耳感觉声级小一些。当声源在两耳连线上时，声级差可达到25dB左右。

3）声音到达两耳相位差 $\Delta \varphi$

声音是以波的形式传播，而声波在空间不同位置上的相位是不同的（除非刚好相距一个波长）。由于两耳在空间上的距离，所以声波到达两耳的相位就可能有差别。耳朵内的鼓膜是随声波振动的，振动的相位差也就成为人们判别声源方位的一个因素。频率越低，相位差定位感觉越明显。

4）头部对高频分量的遮蔽作用产生的音色差 Δf

声波如果从右侧的某个方向传来，则要绕过头部的某些部分才能到达左耳。已知波的绕射能力与波长及障碍物尺寸有关。也就是说，同一声音中的各个分量绕过人的头部的能力各不相同，频率越高，衰减越大。于是左耳听到的音色同右耳听到的音色就有差异，这也是人们判别声源方位的一种依据。

2. 立体声广播效果的实际实现方式

立体声广播效果在实际应用中，主要采用声级差（强度差）的方式实现，因为这种方式便于与单声道系统兼容，没有采用时间差方式，因为这种方式不便于与单声道系统兼容。

2.8.2　立体声概念

立体声是指层次分明并有立体感的声音效果。自然界发出的声音都是立体声，但如果我们把这些立体声经记录、放大等处理后重放，所有的声音都从一个扬声器放出来，原来的空间感（特别是声群的空间分布感）就消失了，这种重放声称为单声重放。如果从记录到重放整个系统能够在一定程度上恢复原生的空间感，这种具有一定程度的方位层次感等空间分布特性的重放声就是立体声。

立体声系统是由两个或两个以上的传声器、传输通路和扬声器（或耳机）组成的系统，经过适当安排，能使听者有声源在空间分布的感觉。立体声系统大体可分为双声道立体声、环绕立体声等。

1. 双声道立体声

双声道立体声就是有两个声音通道，其原理是人们听到声音时可以根据左耳和右耳对声音的相位差来判断声源的具体位置，在电路上左、右两个声道往往各自传递独立的电信号，电声工程师在追求立体声的过程中，由于技术的限制，在早期只能采用双声道来实现。

2. 环绕立体声

环绕立体声通常是与双声道立体声相比，声音好像把听者包围起来的一种重放方式。这种方式产生的重放声场，除了保留原信号的声源方向感外，还伴随产生围绕感和扩展感（声音离开听者扩散或有混响的感觉）的音响效果。在聆听环绕立体声时，聆听者能够区分来自前、后、左、右的声音，即环绕立体声可使空间声源由线扩展到整个水平面乃至垂直面，因此可以逼真地再现演出厅的空间混响过程，具有更为动人的临场感。如果与大屏幕的电视或电影的图像结合起来，使视觉和听觉同时作用，则这种临场感就更逼真、更生动，因而更具感染力。环绕立体声有5.1、7.1、9.1声道等，所谓环绕立体声5.1是指左、中、右、左后、右后和超低音，图2-19所示的是杜比数字5.1环绕声布局，7.1是在5.1的基础上又增加了2个侧环绕音箱来补充侧方位环绕声。有文献显示实验环境下已经做到了22.1声道的环绕立体声。

要实现多声道环绕立体声往往需要在信源处理上进行适当的技术变换，以满足在现行双通道上进行传输的需求，这个处理过程的算法比较复杂，主要掌握在少数国外公司手中，如美国的杜比实验室、日本的索尼公司等。这部分内容将在后面介绍。

图2-19　杜比数字5.1环绕声布局

3. 3D环绕声

3D环绕声与目前流行的家庭影院环绕声（如杜比定向逻辑环绕和杜比AC-3）同属声频定位技术的范畴，能使听音者产生声音来自周围的环绕感觉，但它的主要用途和基本原理与环绕声有较大的差别。

（1）3D环绕声对音源没有严格要求，无须编码，可对任何双声道立体声音源进行处理，某些类型的3D环绕声（如SRS环绕声）也可处理单声道和杜比环绕声音源。它不必装备5～7声道功放及音箱，仅用原有的双声道功放及音箱即可实现3D环绕声，可大幅度节省成本。

（2）3D环绕声对音箱摆放及播放空间要求不高，可近距离聆听或在狭小空间内聆听，特别适用于多媒体计算机、汽车音响、随身听等。

（3）3D环绕声对音响软硬件要求不高，而且接线简单，使用方便。在录像机、CD机、多媒体计算机、电视机、移动播放终端等设备中均可得到应用。

（4）3D环绕声配合多媒体计算机或电子游戏机，可方便地实现交互式环绕声，即允许用户经常性地改变声音的类型和顺序。

2.8.3　双声道立体声拾音技术

所谓拾音是指用传声器拾取声音信号的过程，其中包括传声器的选择、摆放等。

立体声广播要求有声源方位感觉，拾音时要分别得到左、右两路信号。双声道立体声拾音主要有两类声级差方式和时间差方式，其中声级差方式主要有X/Y、M/S等方式，时间差方式主要有A/B、仿真头、真人头、多声道等方式。

声级差拾音方法是将两只传声器置于声场中的一个点，声场中来自任何方向的声音都同时到达两只传声器，记录的声信号不存在时间差，也就不存在相位差，是依靠两只传声器的指向特性和设置角度使拾取的声音信号产生声级差，或将两只传声器拾取的声音信号经过技术处理生成声级差，来实现立体声重放声像定位的拾音方法。

1. X/Y拾音方式

X/Y拾音方式借助平面正交坐标的名称而得名。X/Y拾音方式是将两只传声器彼此重叠设置，使两只传声器的膜片在垂直轴线上尽量靠近，彼此张开一定的角度，所采用的两只传声器必须严格匹配、特性一致，主轴指向左边的传声器称为X传声器，所拾取的信号作为立体声的左声道，主轴指向右边的传声器称为Y传声器，所拾取的信号作为立体声的右声道，如图2-20所示。重放时，X、Y传声器拾取的信号分别送入左、右扬声器。

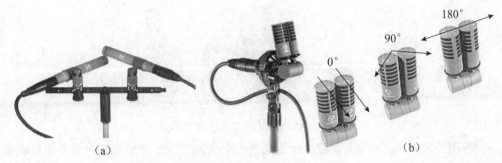

图2-20 X/Y拾音方式

图2-20（a）为使用托架固定的X/Y拾音装置；图2-20（b）为新款的X/Y拾音装置，一个连动齿轮使两只传声器同时调整主轴的张开角度。

当声源置于两传声器的垂直平分线上时，两只传声器将拾取同样的声级，左右声道之间的声级差为零，重放时，声音将恰好位于两扬声器连线的中点。如果将声源沿着圆弧向右移动，则两传声器之间的声级差将逐渐增加，声像也将相应地逐渐向右边的扬声器移动。当两只传声器拾取到的声级差达到18dB时，如图2-21所示，声源到达S_1处，则声像S_1'将感觉来自右边扬声器，因此，S_1的位置便确定为最外部的拾音点，即传声器对的有效拾音角。当声源超过S_1，沿着圆弧继续向右移动时，声像仍将固定在右扬声器处，如图2-21所示。

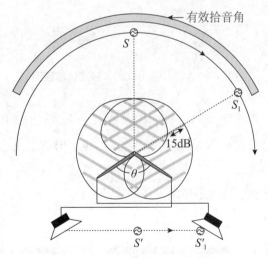

图2-21 X/Y拾音方式的声像定位

2. M/S拾音方式

M/S是Middle/Side的缩写，M/S拾音方式的两只传声器的膜片同样需要上下尽可能地重合，M传声器可以采用任何一种指向性，传声器的轴向指向声源，拾取前方声源总的声音信号，即声源左、右方向的和信号；S传声器则必须采用8字形指向性，传声器的轴向指向左边，与M传声器的轴向垂直，主要拾取的是两边混响成分比例较高的声音信号，即声源左右方向的差信号，如图2-22所示。

图2-22　常用的M/S拾音方式传声器组合

M和S传声器拾取的和、差信号需要经过一个和差变换才能形成双声道立体声的左右声道信号。M/S拾音方式的声像定位原理图如图2-23所示。

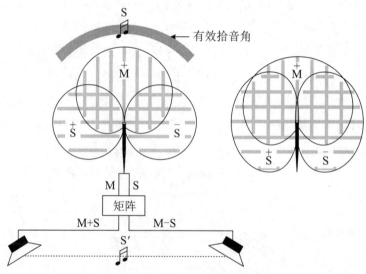

图2-23　M/S拾音方式的声像定位原理图

3. A/B拾音方式

通常用两个型号、性能完全相同的传声器，彼此间隔几十厘米（通常相距15~30cm），并排平行设置于声源的前方，声源到传声器的距离远远大于传声器间的距离，如图2-24所示，声音经左、右两传声器拾音后将信号送至左、右两个声道，这样可使由于两传声器间的距离而造成的声级差忽略不计。

图2-24　使用托架固定的A/B拾音装置

A/B拾音方式的声像定位如图2-25所示，两传声器不能相距过近，否则立体声效果不明显，两传声器相距又不能过远，否则中间声源的信号将很弱，出现中间空洞和中间凹陷现象。

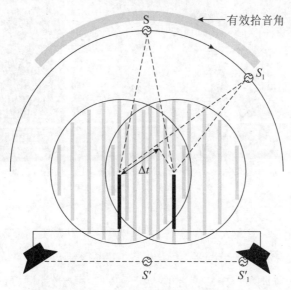

图2-25 A/B拾音方式的声像定位

4. 仿真头拾音方式

为了逼真地再现人耳听到的声音，人们发明了人工头拾音方式，也称仿真头拾音方式。这种方式是用木料和塑料制成假人头形状，直径为17～21cm，在耳道的末端分别装有两只全方向特性的传声器，两传声器的输出分别馈送到立体声的左、右通道，如图2-26所示。拾音时将仿真头放置于现场，两个传声器的输出分别作为左、右声道的信号，图2-27所示为仿真头采录外景效果。

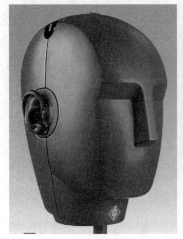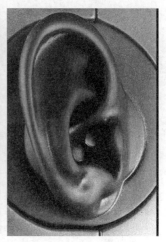

图2-26 人工头（仿真头）拾音装置

图2-27　仿真头采录外景效果

5. 真人头拾音方式

真人头拾音方式的原理同人工头拾音方式相同，利用人头的遮蔽效应拾取声道间的时间差，区别是该拾音方式是借助听音人自己的头进行录音。录音人在耳道口佩戴两只微型传声器，就同人戴耳塞一样，录音的效果同人工头录音相同，如图2-28所示。需要注意的是录音时头不可晃动，否则重放的声响就会混乱，录音时不能发出噪声，尤其注意不能出现衣服的摩擦声。另外，录音时，录音人应该选择最好的听音位置录音。

图2-28　真人头拾音装置

6. 多声道拾音方式

将大型演播室分隔成小房间，乐器组分别在自己的小房间中演奏，并由各自的传声器拾音上传，经控制、放大后记录在对应的磁迹上。后期加工时，各条磁迹声音分别进行必要的延时，也可加入人工混响或频响补偿，然后通过声像移动器分配到左声道和右声道。将和信号M和差信号S经加减矩阵电路转换成左声道和右声道，分别送入左声道和右声道。

主要优点是乐器组互不干扰，录音层次分明；录音安排灵活，可先后录音，然后合成；对乐器组录音处理更细致和理想；便于修正演奏或演唱中的失误；便于实现一名演员多重唱和一名演奏员多乐器演奏。

2.9 声频的数字化与编码

声频的数字化和编码对于声频的加工、存储和传输有着重要意义。

2.9.1 数字声频

数字声频是一种利用数字化手段对声音进行录制、存放、编辑、压缩或播放的技术，它是随着数字声频信号处理技术、计算机技术、多媒体技术发展起来的声频技术革命，涉及声频的数字化、数字声频格式等内容。

1. 声频的数字化

数字声频数据是以0和1的形式存储的，因此首先应将模拟声频信号采样，然后进行量化，接着通过编码转为数字信号，如图2-29所示，最后再将这些电平信号转化成二进制数据保存，数字化后的信号有存储方便、成本低廉，存储、传输的过程中没有失真，编辑和处理非常方便等特点。播放时再把这些数据转换为模拟信号播出。数字声频的主要应用领域是音乐后期制作和录音。

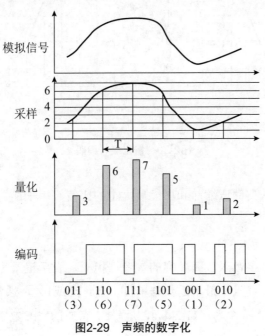

图2-29 声频的数字化

1）采样率

根据奈奎斯特（Nyqust）采样定理，只要采样频率大于或者等于信号中包含的最高频率的两倍；即当信号是最高频率时，每个周期至少采样两个点，则理论上就可以完全恢复原来的信号。

简单来说，44.1kHz采样率的声音需要44 100个数据来描述1s的声音波形。原则上采样率越高，声音的质量越好。常用的声频采样率为8kHz、11.025kHz、16kHz、22.05kHz、44.1kHz及48kHz。

2）量化和编码

在幅度轴上将连续变化的幅度值用有限位的数字表示，即将幅度离散化。量化之后，连续变化的幅值就被有限个量化等级所取代。将这些有限个量化等级信号幅值用二进制数码表示的过程就是编码。

3）量化级

简单来说，量化级就是描述声音波形的数据是多少位的二进制数据，通常以bit为单位，如16b、24b。16b量化级记录声音的数据是用16位的二进制数，因此，量化级也是数字声音质量的重要指标。我们形容数字声音的质量，通常描述为24b（量化级）、48kHz采样，比如标准CD音乐的质量就是数字声频16b、44.1kHz采样。不同的量化级量化精度会有所不同，如图2-30所示。

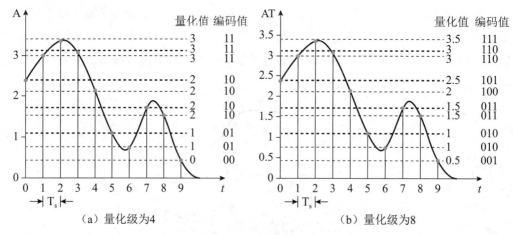

图2-30　量化级与编码

4）压缩率

压缩率通常指音乐文件压缩前和压缩后大小的比值，用来简单描述数字声音的压缩效率。

5）比特率

比特率是另一种数字音乐压缩效率的参考性指标，表示记录声频数据每秒所需要的平均比特值（比特是计算机中最小的数据单位，指1个0或1），通常我们使用kb/s作为单位。CD中的数字音乐比特率为1411.2kb/s，近乎CD音质的MP3数字音乐需要的比特率是112~128kb/s。

6）数字音频码率

数字音频码率=取样频率×量化比特数×声道数（b）

例如CD标准，取样频率为44.1kHz，量化比特数为16b，立体声码率为：

44.1×6×2=1411.2kb/s

2. 数字声频格式

数字声频格式有非压缩格式、无损压缩格式、有损压缩格式等。

（1）非压缩格式，如WAV、AIFF和AU。

（2）无损压缩格式，如 FLAC、Monkey's Audio（文件扩展名为APE）、WavPack（文件扩展名为WV）、Shorten、Tom's lossless Audio Kompressor（TAK），TTA、无损的ATRAC Advanced、ALAC和无损的Windows Media Audio （WMA）。

（3）有损压缩格式，如 MP3、Vorbis、Musepack、ATRAC、有损的Windows Media Audio (WMA) 和AAC。

（4）其他各种格式。

WAV：主要用于在计算机中存储非压缩的PCM，WAV文件采用 RIFF 结构。

FLAC：一种无损压缩方式，适合于重要的PCM档案保存。

AIFF：苹果公司的声频文档标准。类似于Windows操作系统中的WAV文件。

MID：用于电子乐器、计算机和其他设备之间进行通信控制和同步的标准协议。

MP3：是MPEG Layer-3的格式，大小只有PCM的1/10，是下载和存储最常用的格式。

WMA：微软公司的 Windows Media Audio 格式。

RA：是互联网上声频流用的 Real Audio 格式。

M4P：Apple 公司为iTunes Music Store开发的格式，在MP4中增加了数字产权管理的AAC（Advanced Audio Coding，高级声频编码）版本。

3. 数字声频的主要技术

1）杜比环绕（Dolby Surround）

杜比环绕是原来杜比多声道电影模拟格式的消费类版本。在制作杜比环绕声轨时，4个声道——左、中、右和环绕声道的声频信息经矩阵编码后录制在两路声轨上。这两路声轨可以由立体声格式的节目源如录像带及电视广播节目所携带并进入家庭，经解码后原有4个声道的信息得以还原并产生环绕声。杜比环绕作为最初级的环绕声标准，提供了4个声道的环绕声支持，目前已经很少有应用。严格说杜比环绕还不是数字声频。

2）杜比定向逻辑Ⅱ（Dolby Surround Pro Logic Ⅱ）

杜比定向逻辑Ⅱ是一种改进的矩阵解码技术，在播放杜比环绕格式的节目时拥有更佳的空间感及方向感。对于立体声格式的音乐节目，可以营造出令人信服的三维声场，并且是将环绕声体验带入汽车音响领域的理想技术。传统的环绕声节目与杜比定向逻辑Ⅱ解码器完全兼容，同样也可以制作杜比定向逻辑Ⅱ编码的节目（包括分离的左环绕/右环绕声道）来发挥其还音的优势（杜比定向逻辑环绕声解码器兼容杜比定向逻辑Ⅱ编码的节目）。总之，杜比定向逻辑Ⅱ是一种可使用较少的声道来模拟环绕声效果的方法。严格说杜比定向逻辑Ⅱ也不是数字声频。

3）杜比数字（Dolby Digital）/杜比AC-3

杜比数字是杜比AC-3声频编/解码技术在DVD及DTV消费类格式的应用。在不断地发展普及过程中，杜比数字最终定型为5.1声道模式，这也是目前大多数家庭影院或者PC多媒体桌面影院所支持的标准。杜比数字能够提供五个全频带声道，其中包括左、中、右屏幕声道，独立的左环绕和右环绕声道以及一个独立的用于增强低音效果的声道，而中置声道很多时候也被用于强化对白，而环绕声道主要用于营造整体声场的立体感。杜比数字首先被应用于电影音效，以5.1格式预先录制合成好的声频资料被存储在胶片齿孔的间隙中。而后杜比数字又被应用在DVD影碟中，成为家庭影院系统的组成部分。就目前的市场而言，它已经成为应用面最为广泛的环绕声频标准，大部分DVD节目都支持这个最基本的环绕声频格式。

4）杜比数字环绕EX（Dolby Digital Surround EX）

杜比数字环绕EX是在杜比数字标准上加入了第三个环绕声道。第三个环绕声道被解码之后，通过影院或家庭影院系统中设置在观众座位正后方的环绕声扬声器来播放（也被称为后中置），而左/右环绕声道声频信息则通过设置在座位左右方的环绕声扬声器来播放。考虑到系统的兼容性，这个后中置声道经矩阵编码后录制在常规的5.1系统的左/右环绕声轨中，这样当影片在常规的5.1影院系统播放时就不会发生信息丢失的现象。杜比数字环绕EX的优势在于加入了新的环绕声道，从而使得后方声音效果得到了较大的改善。

5）数字影院系统（Digital Theater System，DTS）

DTS是一种用于电影和音乐的高质量多音轨环绕声技术。DTS采用声音的相关性高效地压缩数据，使采样率在24b时达到192kHz。

将模拟声音信号转为数字信号时需要进行采样。DTS也由两条音轨组成，使用24b PCM方式每秒采样19.2万次，采样可被量化为16 777 216个级别。这样能够使声音更真实地被记录下来，并且更平滑、更具动态效果，使声音还原更接近于原始的效果。

6）扩展环绕声数字影院系统DTS-ES

DTS-ES标准加入了对6.1的支持，与杜比数字 EX不同的是，DTS-ES系统中的后中置是独立的。所以DTS-ES才是真正的6.1系统，杜比数字声频Digital EX只是一个5.1系统的声道扩展而已。DTS-ES分为DTS-ES分离6.1及矩阵6.1两种。当DTS-ES分离6.1解码时，解码器将DTS信号恢复为环绕左/右声道和环绕中置声道，产生完全分离的6.1声场。而矩阵6.1解码时只考虑信号的核心部分，忽略了扩展部分，但由于采用了DTS的专利处理ES矩阵模块，仍然能产生6.1"扩展环绕"声场。目前支持杜比数字 EX的DVD相对较多，而支持DTS ES的屈指可数。

7）THX（Tomlinson Holman Experiment）

THX是美国卢卡斯影业公司制定的一种环绕声标准，对杜比定向逻辑环绕系统进行了改进，使环绕声效果得到了进一步的增强。THX实质是一种"产品认证"，它对重放器材例如影音源、放大器、音箱甚至连接线材都有一套严格而具体的要求，达到这一标准并经卢卡斯认证通过的产品，才授予THX标志。通过THX认证的系统有以下几个突出的特点。

（1）功率大。功率是回放声音不失真的前提条件，尤其是低音，如果功率不够，在大动态下必然会失真。而通过THX认证的系统动辄就是几百瓦的输出功率，足以保证在最大音量下有较小的失真。

（2）频响平直、范围宽。通过THX认证的系统的频响范围很宽，这样可以保证不同的声音都能够得到完好的回放，不漏过任何一个微小的细节。

（3）音乐还原效果好。通过THX认证的系统的音质都很好，这样可以保证音乐有足够感人的效果。

综合上面的说明，THX认证的好处是显而易见的。但是其缺点也很明显，就是价格高昂。因为其要求很高，所以制造成本很高，且认证费用高达2万美元。

2.9.2　声频编码压缩

1. 可闻声种类

人耳可以听到的声音称为可闻声，声频信息就是指这一类声音，有语音声、音乐声和效果声三类。

（1）语音声。由口腔发出的声波，频率大致为300～3400Hz，主要用于信息解释说明、叙述、问答，也可以作为命令参数输入语言。

（2）音乐声。是由各种乐器产生的，频谱分布整个声频范围，本身可供欣赏，也可用于烘托气氛，是声频信息的重要组成部分之一。

（3）效果声。由大自然产生的，如刮风、下雨、打雷等，还有一些人工产生的，如爆破声、拟音等，对语音和音乐起补充作用。

2. 声频信息的冗余

根据统计分析，声频信号中存在着多种时域冗余和频域冗余，考虑人耳的听觉机理，也能对声频信号实行压缩。

（1）时域冗余。声频信号的时域冗余主要表现为：①幅度分布的非均匀性；②样值间的相关性；③周期之间的相关性；④基音之间的相关性；⑤长时自相关函数；⑥静止系数。

（2）频域冗余。声频信号在频域的冗余主要表现在如下两方面：①长时功率谱密度的非均匀性；②语音特有的短时功率谱密度。

（3）听觉冗余。声频信号最终是给人耳听的，可以利用人耳的听觉特性——掩蔽效应对声频信号进行压缩。

3. 压缩编码

声频压缩编码技术指的是对原始数字声频信号流（PCM编码）运用适当的数字信

号处理技术，在不损失有用信息量，或所引入损失可忽略的条件下，降低（压缩）其码率。压缩编码技术必须具有相应的逆变换，称为解压缩或解码。声频信号通过一个编解码系统后可能引入一定的噪声和失真。

4. 数字声频压缩方法

（1）时域编码（包括预测编码、增量编码）。

（2）频域编码（包括变换编码、子带编码）。

（3）统计编码（熵编码、哈夫曼编码）以及多种技术相互融合的混合编码等。

对于各种不同的压缩编码方法，其算法的复杂程度（包括时间复杂度和空间复杂度）、重建声频信号的质量、算法效率（即压缩比）、编解码延时等都有很大的不同。

5. 声频广播常用编码标准

1）MUSICAM

MUSICAM编码的全称为"掩蔽型自适应通用子频带集成编码与复用"。它是MPEG-1标准中的ISO/IEC11172-3，是1993年公布的声频压缩编码国际标准。我国现有的卫星和有线标清数字电视系统的声频压缩编码标准采用的是MPEG-1第Ⅱ层，即MUSICAM。

MPEG-1声频压缩编码器输入双声道（L、R）PCM数字声频信号，用滤波器阵分割成等宽的32个大小相同的子带，每个子带的量化和比特分配用心理声学模型确定，该模型符合人类听觉的掩蔽特性。

量化后的取样值与比特因子和其他编码信息合成所谓的"帧结构"，由此生成压缩数据流。

MPEG-1算法由层Ⅰ、层Ⅱ、层Ⅲ三种算法构成，其共同点是算法都建立在32个子带编码的基础之上，层Ⅰ与层Ⅱ的最大不同是帧长度，层Ⅰ汇集384个取样加以处理，层Ⅱ汇集1152个取样加以处理。层Ⅱ使用较低的比特率，采用较长的帧长度，通道数为2，取样频率是32kHz、44.1kHz、48kHz中的任意一个。

2）AAC和AAC+

AAC（Advanced Audio Coding，高级声频编码）出现于1997年，是基于MPEG-2的声频编码技术。由Fraunhofer IIS、Dolby、苹果、AT&T、索尼等公司共同开发，以取代MP3格式。2000年，MPEG-4标准出台，AAC重新整合了其特性，故又称MPEG-4 AAC，即M4A。

作为一种高压缩比的声频压缩算法，AAC的压缩比通常为18∶1（也有说为20∶1），远胜MP3，而音质由于采用多声道，并使用低复杂性的描述方式，使其比其他传统编码方式在同规格的情况下更胜一筹。

AAC采用的运算方式与MP3的运算有所不同，AAC可以同时支持48个音轨，15个低频音轨，支持更多种取样率、比特率以及更高的解码效率，同时还具有多种语言的兼容能力，AAC可以在存储空间比MP3缩小30%的前提下提供更好的音质。

High Efficiency AAC（HE-AAC）又称为 ACC Plus v1或AAC+，它结合了 SBR（Spectral Band Replication）和AAC技术，适用于低码率。

HE-AAC v2又称为AAC Plus v2，它结合了参数立体声（Parametric Stereo，PS）和HE-AAC技术。

3）DRA

DRA（Digital Rise Audio，数字提升声频）是我国具有自主知识产权的编码方式，这种格式的主要应用对象是数字电视，特别是高清电视，它的竞争对象是AC-3、DTS等，但也常用于声频广播。

2.10　思考题

（1）声波产生的两个必要条件是什么？

（2）举例说明什么是倍频程。

（3）声压级是如何定义的？

（4）音质的三要素是什么？

（5）什么是掩蔽效应？

（6）什么是哈斯效应？

（7）混响和回声的区别是什么？

（8）声频0dBV相当于多少伏？

（9）辨别声源的几个物理因素是什么？

（10）双声道立体声拾音技术主要有哪些？

（11）数字声频的主要技术主要有哪些？

（12）声频广播常用编码标准主要有哪些？

第3章 电视相关的基础知识

本章主要介绍光与视觉特性基础、图像特性、模拟电视与数字电视基础以及视频编码压缩技术等基础概念。

3.1 视觉和光学基础知识

电视是光和影的采集和再现，在认识电视之前先介绍一些视觉和光学的基础。

3.1.1 光的基础

1. 光的本质

光是一种客观存在的物质，兼有波动性和粒子性，并以电磁波的形式传播。电磁波谱如图3-1所示，其中人的眼睛可看到的那一小部分叫作可见光。其波长范围为380~780nm。人眼对光可产生颜色感觉和亮度感觉。

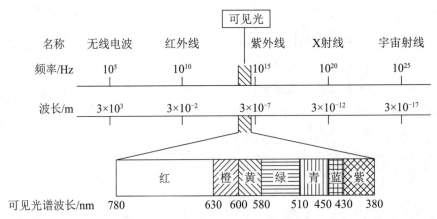

图3-1 可见光在电磁波谱中的位置

2. 可见光谱

可见光谱是能够引起人眼的视觉反应的电磁波的光谱范围。不同波长的光波所呈现的颜色各不相同，随着波长的缩短和频率的升高，依次为红、橙、黄、绿、青、蓝、紫。

只含有单一波长成分的光称为单色光，包含两种或两种以上波长的光称为复合光。白光可以被分解为多种单色光，称为光的分解，如图3-2所示。

3. 光源与色温

广义地讲，一切能在可见光波长范围内辐射电磁波的物质都可以称为光源；狭义地讲，光源就是指照明，能在可见光的整个波段范围内提供较均匀分布的光能辐射体才是

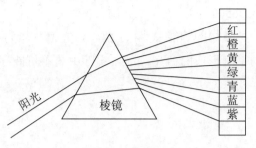

图3-2 光的分解

光源。光源分为天然光源和人造光源，天然光源主要是日光和火焰，人造光源主要是各种各样的灯，如白炽灯、LED灯等。

色温即光源色品质量的表征，是指当光源发射光的相对辐射功率谱及相应颜色与绝对黑体在某一温度下辐射光色完全相同时，绝对黑体的温度称为该光源的色温，单位以绝对开氏温度（K）表示。这里的绝对黑体是既不反射也不透射光线，即能完全吸收入射光的物体。绝对黑体在自然界是不存在的。其实，色温并非光源本身的实际温度，而是表征光源波谱特性的参数。在几种标准白光中，色温较低者偏红；色温较高者偏蓝。

4. 五种标准光源

按国际规定选用如下五种主要标准光源（即标准白光），它们的光谱分布如图3-3所示。

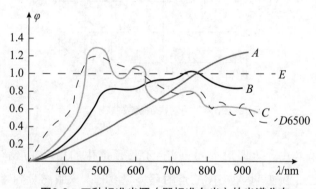

图3-3 五种标准光源（即标准白光）的光谱分布

（1）A光源，相当于钨丝灯在2800K时发出的光。其波谱能量分布如图3-3中曲线A所示，它的灯光常带橙红色，不如太阳光白，A光源的相关色温为2854K。

（2）B光源，接近于中午直射的阳光，相关色温为4800K，可以用特制的滤色镜从A光源获得。

（3）C光源，相当于白天的自然光，相关色温为6800K，也可以用特制的滤色镜从A光源获得。由图3-3中的曲线C可以看出，其波谱能量在400～500nm处较大，所含蓝光成分多。

（4）D$_{65}$光源，相当于白天的平均照明光，相关色温为6500K，被作为彩色电视中的标准白光，可以由彩色显像管荧光屏上的三种荧光粉发出的光适当配合而获得，相应光谱分布如图3-3中的虚线D6500所示，它与C光源很接近。

（5）E光源，是一种理想的等能白光（E白），光谱分布为一条直线，即所有波长的光都具有相同辐射功率时形成的白光，这在实际中是不可能存在的。E光源仅用于理论研究和色度学计算。

3.1.2 视觉特性

人的视觉特性是人能感觉到图像的颜色和亮度是眼睛的生理结构所决定的，是电视技术发展的重要依据。电影和电视都是根据人眼的视觉特性发明的。

1. 视觉灵敏度

波长不同的可见光光波，给人的颜色感觉不同，亮度感觉也不同，人眼对不同波长光的灵敏度是不同的，统计学研究表明人眼对波长为555nm的黄绿光最敏感，如图3-4所示。

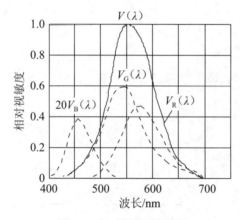

图3-4　相对视敏函数曲线

2. 亮度感觉

在不同的亮度环境中，人眼对于同一实际亮度所产生的相对亮度感觉是不相同的。如图3-5所示当人眼分别适应了A、B、C点的环境亮度时，人眼感觉到"白"和"黑"的范围如虚线所示，它们所对应的实际亮度范围比人眼的视觉范围小很多。并且A点的实际亮度对于适应了B点亮度的眼睛感觉很暗；而对于适应了C点亮度的眼睛却感觉很亮。

（1）要使人眼感觉到两个画面有亮度差别，必须使两者的亮度差大于或等于 $\Delta L_{\min}$。

$\Delta L_{\min}$ 是有限小量，而不是无限小量。因此，人眼察觉亮度变化的能力是有限的。

（2）对于不同的环境亮度 L，人眼可觉察的最小亮度差 $\Delta L_{\min}$ 可以不同；$\Delta L_{\min}/L$ 是相同的，并等于一个常数，这个系数叫对比度灵敏度阈（韦伯—费赫涅尔系数）：

$$\xi = \frac{\Delta L_{\min}}{L} \tag{3-1}$$

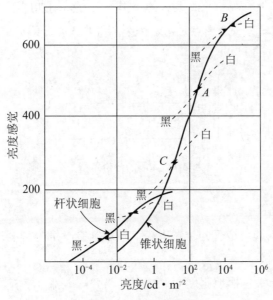

图3-5　眼睛的亮度感觉

3. 视觉惰性

实验证明，当一定强度的光突然作用于视网膜时，不能在瞬间形成稳定的主观亮度感觉，而是按近似指数规律上升；当亮度突然消失后，人眼的亮度感觉并不立即消失，而是按近似指数规律下降，如图3-6所示。

人眼的亮度感觉总是滞后于实际亮度的，这一特性称为视觉惰性或视觉暂留。

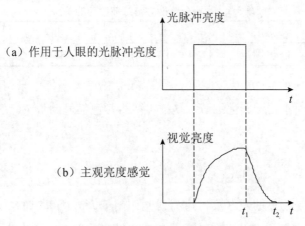

图3-6　人眼的视觉惰性

视觉惰性是现代电视和电影的基础。视觉产生连续感的前提是，静止画面的时间间隔小于视觉暂留时间，即画面的换幅频率大于视觉暂留时间的倒数。如果取视觉暂留时间为0.05s，则画面的换幅频率必须大于20Hz才能产生连续感。电影在拍摄和放映时按每秒24格进行，因此其换幅频率为24Hz，满足人眼产生连续感的需求。电视的帧频为25Hz或30Hz，同样也满足连续感的需要。

4. 人眼的分辨力

分辨力是指人眼在观看景物时对细节的分辨能力。如图3-7所示，在眼睛的正前方放一块白色的屏幕，屏幕上有两个相距很近的小黑点，逐渐增加屏幕与眼睛之间的距离，当距离增加到人眼感觉只有一个黑点时，这个距离就是人眼分辨力的极限值。

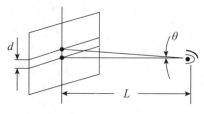

图3-7　人眼的分辨角

人眼分辨力的极限值又称为视觉锐度。它等于人眼视敏角的倒数，即分辨力＝$1/\theta$。影响分辨力的因素有以下几项。

（1）与物体在视网膜上成像的位置有关：黄斑区锥状细胞密度最大，分辨力最高。偏离黄斑区，分辨力降低。

（2）与照明强度有关：照明强度太低或太高，分辨力都会下降。

（3）与对比度C_r有关：$C_r = \dfrac{B - B_0}{B_0} \times 100\%$，其中$B$为物体亮度，$B_0$为背景亮度，当两者接近时，分辨力会降低。

（4）与被观察物体的运动速度有关：运动速度快，分辨力将下降。

分辨力是指人眼在观看景物时对细节的分辨能力。人眼对彩色细节的分辨力比对黑白细节的分辨力要低，如表3-1所示。

表3-1　人眼分辨能力与细节颜色的关系

细节色别	黑白	黑绿	红绿	绿蓝
相对分辨力	100%	94%	40%	19%

因为人眼对彩色细节的分辨力较差，所以在彩色电视系统中采用大面积着色，只传送黑白图像细节，而不传送彩色细节，这样可减少颜色信号的带宽。

3.1.3　色度学基础

1. 物体的颜色

物体的颜色就是物体的发（反、透）射光作用于人眼所引起的主观感觉。黑白是亮度不是颜色。物体可以分为发光体（光源）和不发光体两类。不发光体分为透明和不透明两类，透明体的颜色由该物体透射的光谱成分决定。不透明物体的颜色取决于物体对各种波长光的反射特性。

不发光体的颜色与照射光的光谱和不发光体对照射光的反射、透射特性有关。如红旗反射太阳光中的红色光、吸收其他颜色的光而呈红色；白纸反射全部太阳光而呈白色。

物体的颜色还与照明光源的光谱分布有关。绿叶拿到暗室的红光下观察会变成黑色，这是因为红光源中没有绿光成分，树叶吸收了全部红光而呈黑色。

描述一种色彩需要用亮度、色调和饱和度三个基本参数，这三个参数称为色彩三要素。

亮度是指彩色光作用于人眼引起明暗程度的感觉，通常用Y来表示。彩色光辐射的功率越大，亮度越高，反之亮度越低。不发光物体的亮度取决于其反射光功率的大小。

色调反映彩色光的类别。不同波长的光所呈现的颜色不同就是指其色调不同。改变彩色光的光谱成分，就必然引起色调的变化。发光物体的色调由光的波长决定，不同波长的光呈现不同的色调，不发光物体的色调由照明光源和该物体的吸收、反射或透射特性共同决定。

饱和度是指颜色的深浅程度，即颜色的浓度。对于同一色调的彩色光，其饱和度越高，颜色就越深；饱和度越低，颜色就越浅。在某一色调的彩色光中掺入白光，会使其饱和度下降，使同一色调的彩色光给人深浅不同的感觉，如深红、粉红就是两种不同饱和度的红色。

谱色光就是纯色光，其饱和度为100%。饱和度低于100%的彩色称为非饱和色，日常生活中所见到的大多数彩色是非饱和色。白光的饱和度为0。

色调和饱和度合称为色度。色度既反映彩色光的颜色类别，又反映颜色的深浅程度。

2. 人眼的彩色视觉特性

实验表明，人眼感觉相同的彩色可以来源于不同的光谱组合，颜色感觉相同、光谱组成不同的光称为同色异谱色。

3. 三基色原理与混色法

1）视觉三色假说

人的锥状细胞分为三类，分别称为红敏、绿敏和蓝敏。如果某束光线只能引起某一种光敏细胞兴奋，而另外两种光敏细胞仅受到很微弱的刺激，人们感觉到的便是某一种色光；若红敏细胞受刺激，则感觉到的是红色；若红敏、绿敏细胞同时受刺激，则产生的彩色感觉与由单色黄光引起的视觉效果相同。这三种光敏细胞各有各的光谱光效率曲线，如图3-8所示，其对颜色的感觉形成主观上的彩色感觉。

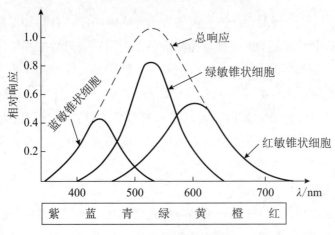

图3-8　锥状细胞敏感曲线

根据人眼的视觉特性，在电视中重现图像时并不要求完全重现原景物反射或透射光的光谱成分，而应获得与原景物相同的彩色感觉。

2）混色的含义

仿效人眼的三种锥状细胞，可以选出三种单色，任一种单色都不能由其他两种单色混合得到，将它们按不同比例进行组合，可得到自然界中绝大多数的彩色。具有这种特性的三个单色光叫作基色光，三基色原理如下。

（1）三基色必须是相互独立地产生。

（2）自然界中的大多数颜色可以用三基色按一定比例混合得到。

（3）三基色的混合比例决定了混合色的色调和饱和度。

（4）混合色的亮度等于构成该混合色的各基色的亮度之和。

因为人眼的三种锥状细胞对红光、绿光和蓝光最敏感，所以在红色、绿色和蓝色光谱区中选择三种基色并按适当比例混合可得到较多的色彩。在彩色电视中，选用了红、绿、蓝作为三基色，分别用R、G、B表示。国际照明委员会（CIE）选定了红基色的波长为700 nm，绿基色的波长为546.1 nm，蓝基色的波长为435.8 nm。

三基色光相混合得到的彩色光的亮度等于三种基色亮度之和，这种混合色称为相加混色。将三束等强度的红、绿、蓝圆形单色光同时投射到白色屏幕上，会出现三基色的圆图，其混色规律如图3-9所示。

图3-9 相加混色

3）混色法

三基色按照不同的比例混合获得彩色的方法称为混色法，有相加混色法和相减混色法。相加混色主要用于彩色电影电视，相减混色主要用于染料合成和绘画。其中相加混色又可以分为以下几种。

（1）空间混色法。

利用人眼空间细节分辨力差的特点，将三种基色光在同一平面的对应位置充分靠近，只要三个基色光点足够小且充分近，人眼在一定距离处将会感觉到是三种基色光混合后所具有的颜色。

（2）时间混色法。

利用人眼的视觉惰性，顺序地让三种基色光出现在同一表面的同一位置，当相隔的时间间隔足够小时，人眼会感觉这三种基色光是同时出现的，实现三种基色相加后所得颜色的效果。

（3）生理混色法。

人的两眼同时分别观看不同颜色的同一彩色景象时，大脑同时获得两种彩色印象，两种彩色印象在大脑中产生相加混色的效果。

3.2　图像特性

3.2.1　图像的重要参数

分辨率（Resolution）指组成一幅图像的像素数目，用每英寸多少点（dpi）表示，是组成一幅图像像素密度的度量方法。

1）图像分辨率

图像分辨率以像素×像素表示，第一个像素值是水平方向的数量，第二个像素值是垂直方向的数量。一幅图像的分辨率值越高，所含的图像信息就越多，被清楚还原后的尺寸也就越大。在输出大小相同的情况下，分辨率越高，图像细节就显示得越清楚，视觉效果越清晰，如图3-10所示。

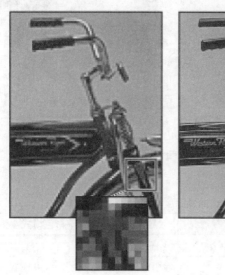

图3-10　分辨率为72dpi和300dpi的图像示例

2）显示分辨率

显示分辨率（Display Resolution）确定屏幕上显示图像区域的大小，即构成全屏显示的像素点个数，以每行拥有的像素点数×屏幕显示行数表示。例如目前高清电视的显示分辨率为1920×1080，4K电视的显示分辨率为3840×2160。

显示分辨率有最大显示分辨率和当前显示分辨率之分：最大显示分辨率由物理参数，即显示器和显示卡（显示缓存）决定，当前显示分辨率由当前设置的参数决定。

若图像像素点数大于显示分辨率像素点数，则该图像在显示器上只能显示一部分。只有当二者相同时，一幅图像才能充满整屏，如图3-11所示。

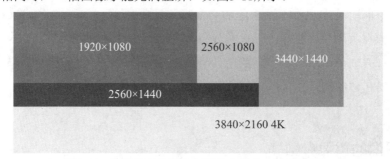

扫码看彩图

图3-11　不同显示分辨率与图像分辨率之间的关系

3）像素深度

像素深度描述图像的每个像素数据所占的二进制位数，决定彩色图像中可出现的最多颜色数，或灰度图像中最大灰度等级数。颜色位数越多，描述的图像越艳丽，产生的数据量也越大。图3-12所示为不同颜色位数的图像。

2色　　　　　　　　　　16色　　　　　　　　　真彩

图3-12　不同颜色位数的图像

像素深度与色彩的关系如表3-2所示。

表3-2　像素深度与色彩的关系

彩色深度	彩色信息数量	彩色模式
1位	2^1=2种颜色	位图模式（Bitmap）
8位	2^8=256种颜色	索引模式（Indexed）、灰度模式（Grayscale）
24位	2^{24}=16 777 216种颜色	RGB色彩模式、CMYK色彩模式

4）图像容量

指图像文件的数据量，其计量单位是字节（Byte）。图像容量影响因素是色彩的数量、画面的大小、图像的格式等。图像容量的计算公式：

$$图像数据量大小=垂直像素总数×水平像素总数×色彩深度/8 \tag{3-2}$$

3.2.2 矢量图和位图

1. 矢量图

矢量图是计算机通过数学运算而产生的图形，如画点、画线、画曲线、画圆、画矩形等，矢量图所占容量很小，缩放、旋转、移动时图像不会失真，而且显示效果不受幅面大小或显示器分辨率的影响。矢量图的缺点是图像显示时花费时间比较长，以及真实世界的彩色图像难以转化为矢量图等。

矢量图的文件格式视生成它的软件的不同而不同，如Adobe Illustrator的AI、EPS和SVG、AutoCAD的DWG和DXF、Corel DRAW的CDR、Windows操作系统的标准图元文件WMF和增强型图元文件EMF等。

2. 位图

位图是将一幅图像在空间上离散化，即将图像分成许许多多的像素，每个像素用若干个二进制位来指定该像素的颜色或灰度值，如图3-13所示。根据是否采用压缩的方法，该类型的图片文件又分为许多种格式，如BMP、TIF、GIF和JPG等。

位图的优点有显示速度快，真实世界的图像可以通过扫描仪、数码相机、摄像机等设备方便地转化为点位图等。

位图的缺点主要有存储和传输时数据量比较大，以及缩放、旋转时算法复杂且容易失真。

（a）矢量图　　　　　　　　　（b）位图

扫码看彩图

图3-13　矢量图与位图

3. 常用的图像文件格式

常用的图像文件格式有BMP、GIF、JPEG、JPG、TIFF、TIF、PNG、PSD、PCX等。

BMP格式的图像鲜艳、细腻，但文件较大；GIF格式的文件较小，有小动画效果；JPEG、JPG格式质量高，文件较小，略失真；TIFF、TIF格式主要用于扫描仪、OCR系统；PNG格式适合在网络上使用；PSD格式为Photoshop软件专用，图像细腻；PCX格式压缩比适中，能快速打开。

3.3 电视的基础知识

电视指利用电子技术及设备传送活动的图像画面的装置，图像采集端通过把空间光信号变成时序电信号，图像还原端则需要利用人眼的某些特性把时序电信号再变回空间光信号。

3.3.1 黑白电视图像采集原理

1. 图像的分解与传送

1）图像的分解

图像分解的实质就是将景物图像化整为零，将图像转化为构成图像的基本单位——像素，像素既是组成图像的基本单元，也是传送图像的基本单元，它的集合代表图像的总信息，如图3-14所示。我国PAL制的一帧图像像素约为44万（576×768）。

图3-14　图像与像素

每个像素具有单值的光特性（亮度和色度）和几何位置。像素亮度和色度既是空间（二维）函数，同时又是时间函数。

每幅画面上的亮度与色度都是景物之光学特性Ψ是空间坐标x、y、z和时间t的四维函数。

$$\Psi=f(x,\ y,\ z,\ \lambda,\ t) \tag{3-3}$$

其中，t表示时间；x、y、z表示空间坐标；λ是光波长（颜色）；Ψ表示某点的光学特性，既包括亮度又包括色度。

对于平面黑白电视亮度信息B，可以简化为：

$$B=f(x,\ y,\ t) \tag{3-4}$$

平面彩色电视亮度和色度信息既是空间（二维）函数，同时又是时间函数。

根据人眼对细节分辨力有限的视觉特性，可以将平面图像看成由许多像素组成，像素越小，单位面积上的像素数目越多，图像越清晰。

可以通过扫描方法获得图像像素，它是按时间顺序逐一传送空间分布的每像素的亮度和色度，实现把空间坐标（x,y）也转换成时间t的函数。

2）图像的传送

（1）同时制传送（并行传输）：将构成一幅图像的所有像素同时转换成电信号，并同时传送出去。其关键点是每一像素需占用一个传输通道，在技术和经济上都无法实现。

（2）顺序制传送（串行传输）：按一定顺序将像素的光学信息轮流转换成电信号，用一条传输通道依次传送出去，接收端一次接收并重现，如图3-15所示。其关键是传送速度要快，传送时刻要准确，收发双方应同步工作。

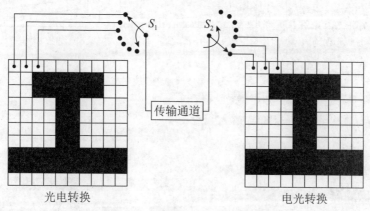

图3-15　图像的顺序制传送原理

2. 扫描原理

电视图像的采集和重现的关键是通过扫描来实现的。所谓扫描是电视系统中顺序分解像素和重现像素的实现过程，它是将组成一帧图像的像素按顺序转换成电信号的过程（或逆过程）。扫描是顺序制传送系统的核心，包含两个过程：发送端光电转换过程中的扫描和接收端电光转换过程中的扫描。扫描的实质就是空时—时空转换。

电视的扫描轨迹为线性扫描，分水平扫描（行扫描）和垂直扫描（场扫描）。

1）行扫描

行扫描是指其正程自左至右，逆程自右至左。行扫描在应用中又分为逐行扫描和隔行扫描。

（1）逐行扫描（Progressive Scanning）是电子束在光电靶或荧光屏上自左向右、从上到下均匀地逐行扫描，如图3-16所示。

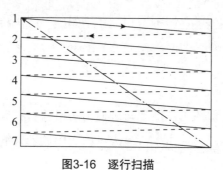

图3-16　逐行扫描

（2）隔行扫描（Interleaved Scanning）将一帧画面的图像分为两场扫描。第一场只扫描奇数行，第二场只扫描偶数行，如图3-17所示。

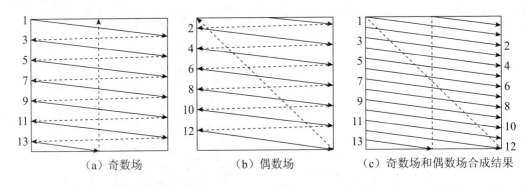

（a）奇数场　　　　　　　　　　（b）偶数场　　　　　　　　（c）奇数场和偶数场合成结果

（d）奇数场扫描图像　　　　　　　　　　　（e）偶数场扫描图像

图3-17　隔行扫描

隔行扫描的优点是传输时节省了约一半的传输带宽，同时还能在不改变帧频的条件下克服闪烁现象。缺点是存在行间闪烁效应和垂直边沿锯齿化现象。

2）场扫描

场扫描是指垂直方向正程自上至下，逆程自下至上。

3）同步

同步是指收发两端按照相同的规律进行扫描，收发双方扫描规律必须严格一致。同步有两方面含义，同频是指收发两端的扫描速度相同；同相是指收发两端的时空对应关系一致。同步分行同步和场同步。

3.3.2　光电转换

光电转换（摄像）过程的工作原理与所使用的摄像材料有关。产生图像信号的主要原理是基于电荷储能原理。目前主要有三类可用于图像采集的摄像材料：摄像管、CCD和CMOS器件。

1. 摄像管

1）结构

摄像管是利用光电靶的作用和电子束的扫描来实现光电转换，其结构如图3-18所示，由灯丝、光电靶、电子枪（包括阴极、控制栅极、加速极和聚焦极）、镜头、聚焦线圈以及偏转线圈等组成。

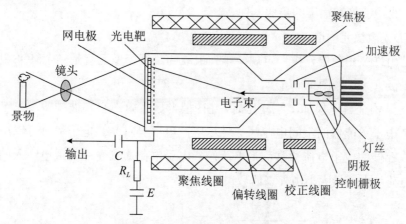

图3-18　摄像管的结构示意图

（1）光电靶：产生一束聚焦很细的电子束，将光学图像变成电子图像。

（2）电子枪：将光学图像变成电子图像，对电子束进行聚焦。

（3）偏转线圈：实现水平和垂直方向的扫描。

（4）聚焦线圈：对电子束进行聚焦。

（5）校正线圈：将电子束校正到沿管轴方向运动。

2）光电转换过程

摄像管阴极发射出来的电子束，在电子枪的电场及偏转线圈的磁场力作用下，高速、顺序地扫过靶面各单元。

当电子束按一定顺序在靶面上扫描时，轮流接通各个靶单元，形成闭合回路。对应图像上的亮点，靶单元的等效电阻小，电子束扫描此单元时，在回路中产生的电流大，在负载R_L上产生的压降就大，输出电压就小；反之，在负载R_L上产生的压降就小，输出电压就大，如图3-19所示。

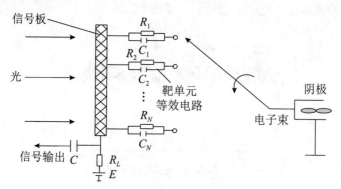

图3-19　摄像管工作原理

2. CCD

CCD（Charge Coupled Device，电荷耦合设备）无须电子束的扫描就能实现光电转换，而且在体积、重量、功耗等性能方面明显优于摄像管。目前，CCD摄像机已逐步取代了摄像管摄像机。

以电荷的多少代表图像信号的亮暗，以时钟信号控制代替电子束扫描，实现图像信号的摄取、光电变换和输出的摄像器件。

1）CCD光敏像元构造

CCD是由许多光敏像元按一定规律排列组成的。每个像元就是一个MOS电容器（大多为光敏二极管），如图3-20所示。

当MOS结构金属电极加上正栅压时，在P型半导体内部空穴被排斥，在绝缘层界面下形成一个电子势能低的空间电荷区（耗尽层，电子势阱）。电子势阱可以用来存放电子，势阱内存储的电子电荷通常称为电荷包。电子电荷通过光注入或电注入的方式注入外来信号电荷。电荷量大小由外来信号决定。

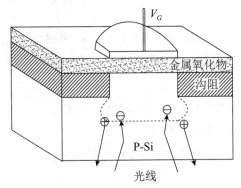

图3-20　CCD光敏像元构造

2）CCD芯片的工作过程

（1）光电转换：CCD光敏像元把入射到每一个感光像素上的光子转换为相应数量的电荷。

（2）电荷存储：当电极上加有正偏压（对于N型Si衬底则加负偏压）时，形成的电场穿过SiO_2薄层排斥P型Si中的多数载流子（空穴），于是在电极下形成一个耗尽层，即得到一个储存少数载流子（电子）的势阱，如图3-21所示。

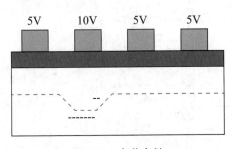

图3-21　电荷存储

由于极板上的正电荷总量恒等于势阱中自由电荷加上负离子的总和，随着电荷的不断注入，势阱会不断变浅，直至饱和。

在这个过程中，当一个像素聚集过多的电荷后，就会出现溢出的电荷跑到相邻的像素势阱里的现象，这样电荷的电量就不能如实反映原物。要避免这种情况的发生，可以增大单位像素尺寸，缩短曝光时间，其缺点是对于暗的部分曝光不足；间歇开关时钟电压的缺点是会降低速度；设置溢出沟道和溢出门，缺点是制作复杂，且有缺陷。所以增大像素尺寸是最完善的做法。

（3）电荷转移：当一个CCD芯片感光完毕后。每个像素所转换的电荷包就按照行的方向转移出CCD感光区域，为下一次感光释放空间。电荷转移出感光区域时，需要抑制新的电荷注入芯片。在此环节，还可以加入电子快门。

CCD中电荷包的转移是由各极板下面的势阱不对称引起的。电压高的地方就会产生相对的势阱，电荷会聚集在势阱里。当高电压的位置按照一定方向转移时，势阱的位置也会随之转移，这样电荷就会随着移动，如图3-22所示。

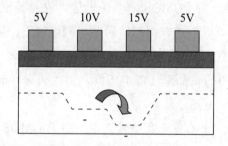

图3-22 电荷转移

把CCD的电极分为几组，对相同组的电极施加相同的电压来实现势阱的移动。按照分组情况，可分为2相、3相和4相CCD。

（4）电荷转换：电荷要经过放大器才能转化为电压量。

3）分类

按照光敏区和暂存区的不同排列，CCD可分为以下三种结构。

（1）帧传输型（FTCCD）。

（2）行间转移型(ILTCCD)。

（3）帧行间转移型(FITCCD)。

3. COMS 器件

CMOS（Complementary Metal-Oxide Semiconductor）即互补性金属氧化物半导体，在微处理器、闪存和特定用途集成电路（ASIC）的半导体技术方面占有绝对重要的地位。CMOS和CCD一样，都是可用来感受光线变化的半导体，CMOS主要利用硅和锗两种元素做成的半导体，通过CMOS上带负电和正电的晶体管实现基本功能。这两个互补效应产生的电流即可被处理芯片记录和解读为影像。

因为CMOS的结构相对简单，与现有的大规模集成电路生产工艺相同，从而可以降低生产成本。从原理上讲，CMOS的信号是以点为单位的电荷信号，而CCD是以行为单位的电流信号，前者更敏感，速度也更快，更省电。现在高级的CMOS并不比一般的CCD差。

CMOS和CCD的最大区别是 CMOS的电荷到电压转换过程是在每个像素上完成的，如图3-23所示。

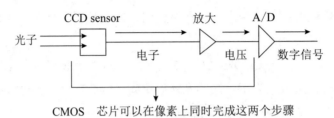

图3-23　COMS器件的工作过程

CCD与CMOS 两种设计的应用，反映在成像效果上，形成包括ISO感光度、制造成本、解析度、噪点与耗电量等不同类型的差异。

（1）ISO 感光度差异：由于CMOS 每个像素包含放大器与A/D转换电路，过多的额外设备压缩单一像素的感光区域的表面积，因此相同像素下，同样大小的感光器尺寸，CMOS的感光度会低于CCD。

（2）成本差异：CCD的良品率比CMOS低，加上另辟传输通道和外加 ADC 等，CCD的制造成本相对高于CMOS。

（3）解析度差异：在"ISO感光度差异"中，由于 CMOS 每个像素的结构比 CCD 复杂，其感光开口不及CCD大，相同尺寸的CCD与CMOS感光器作对比时，CCD感光器的解析度通常会优于CMOS。

（4）噪点差异：由于CMOS每个感光二极体旁都搭配一个ADC放大器，CMOS最终计算出的噪点比较多。

（5）耗电量差异：CMOS的影像电荷驱动方式为主动式，感光二极体产生的电荷会直接由旁边的电晶体作放大输出；但CCD却为被动式，必须外加电压让每个像素中的电荷移动至传输通道。因此CCD 的耗电量高于CMOS。

3.3.3　电光转换

1. 阴极射线管

1）基本结构

阴极射线管（Cathode-Ray Tube，CRT）由管内部分、管外部分及管体本身构成。管体是一个真空玻璃管；管内部分有电子枪、荧光屏等部件；管外有偏转线圈等，如图3-24所示。

（1）电子枪：由灯丝、阴极、控制栅极、加速极、聚焦极、阳极等构成，用来产生电子束，并使其聚焦良好。

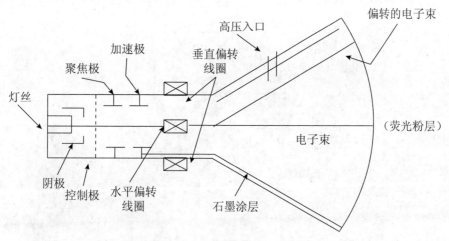

图3-24 阴极射线管CRT结构

（2）荧光屏：玻璃内侧涂有荧光粉，在电子的轰击下能发光，其发光强度与电子束能量成正比。

（3）偏转线圈：可提供偏转磁场，使电子束实现水平和垂直方向的扫描。

2）CRT的工作原理

由阴极发射出的电子束，在偏转线圈产生的磁场作用下，从上到下逐行扫描整个荧光屏，而且扫描过程与摄像端完全同步。

屏幕内表面上涂的荧光粉在电子轰击下发光，其发光亮度正比于电子束所携带的能量。

若将摄像端送来的信号加到显像管电子枪的阴极与栅极之间，就可以控制电子束携带的能量，使荧光屏的发光强度受图像信号的控制。

若显像管的电光转换是线性的，屏幕上重现图像时，其各像素的亮度基本正比于所摄图像相应各像素的亮度，屏幕上就会重现发端的原图像。

把不同时刻的图像信号大小转换成荧光屏上不同位置的亮度大小，在完成时间—空间转换的同时，实现了电光转换过程，即将一帧时间域的图像信号在屏幕上变成了一幅平面的光学图像。

2. 液晶显示器LCD

1）液晶屏的结构

液晶屏内有两片偏光片及两片玻璃，只要加电就可以让液晶改变光的方向。除了偏光片外，液晶屏里还包括一片有很多薄膜晶体管的玻璃，一片有红、绿、蓝（RGB）3种颜色的彩色滤色片及背光源，如图3-25所示。

2）工作原理

工作时，液晶显示必须利用背光源，也就是荧光灯管（或LED）投射出光源，这些光源首先经过一个偏光板，然后再经过液晶，利用液晶的物理特性（液晶分子的排列在电场作用下会发生变化，通电时排列变得有序，使光线容易通过；不通电时排列混乱，

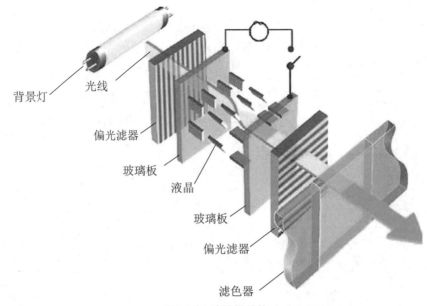

背景灯　光线

偏光滤器

玻璃板

液晶

玻璃板

偏光滤器

滤色器

图3-25　液晶屏结构

阻止光线通过），将液晶置于两片导电玻璃基板之间，靠两个电极间电场的驱动引起液晶分子向列扭曲，这时液晶分子的排列方式将会改变穿透液晶的光线角度，接下来，这些光线还必须经过前方的彩色滤色膜与另一块偏光板。因此，控制施加在液晶电极上的电压，就能调整光线的穿出量和颜色，产生具有不同饱和度层次及颜色的图像。

3. 等离子显示器（PDP，Plasma Display Panel）

等离子体是物质存在的第四种形态。当气体被加热到足够高的温度，或受到高能带电粒子轰击，中性气体原子将被电离，形成大量的电子和离子，但总体上又保持电中性。PDP是一种利用惰性气体放电时产生的紫外线辐射来激发荧光粉发光的主动发光电视平板显示器。

1）PDP的结构

在两层玻璃板之间有一层规则排列的微型封闭容器室，器室的内表面上有电极，内部充满不同的惰性气体，在惰性气体上施加电场，就可以发出不同颜色的光，如图3-26所示。

2）PDP原理

PDP将每个等离子管作为像素（极小"氖泡"），由这些像素的明暗和颜色变化组合产生各种灰度和色彩的图像。通俗来讲，PDP是一种把"氖泡"做得极小，按矩阵方式排列，利用气体放电发光而产生图像的显示器。

当在一对水平和垂直电极上施加足够的电压时，在两个电极的交汇处发生气体放电，辐射出紫外线。紫外线可诱发附近的彩色荧光粉发出可见光，产生了一个彩色光点。PDP的输入信号可以是纯数字信号。

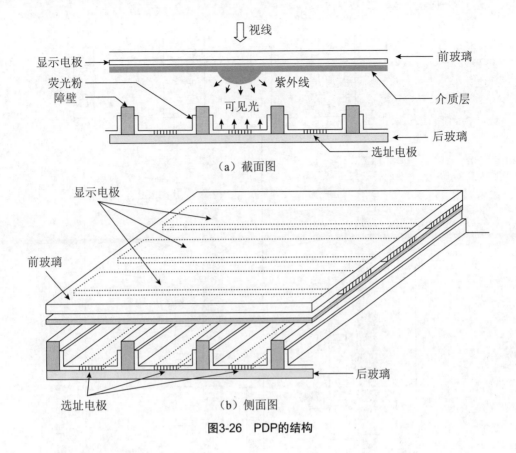

（a）截面图

（b）侧面图

图3-26　PDP的结构

3.3.4　黑白全电视信号

完整的黑白全电视信号是由黑白图像信号、复合消隐脉冲（包括场消隐脉冲和行消隐脉冲）和复合同步脉冲（包括场同步脉冲和行同步脉冲）按一定方式组合在一起形成的。

1. 信号波形

将图像信号、复合同步、复合消隐、槽脉冲和均衡脉冲等叠加，即构成黑白全电视信号，通常也称为视频信号，其波形如图3-27所示。

在黑白电视中，图像信号是携带图像明、暗（白、黑）信息的电信号，通过扫描把图像上不同明暗的像素分布变换成强弱随时间变化的电信号，如图3-28所示。

图像信号有正极性和负极性两种。白电平高、黑电平低的图像信号称为正极性图像信号；反之，黑电平高、白电平低的图像信号称为负极性图像信号。

2. 图像信号最高频率和传输通道通频带

图像信号最高频率出现在传输图像丰富的水平细节上。产生最高频率的图像应该是宽度恰好等于像素宽度的黑白相间竖条。

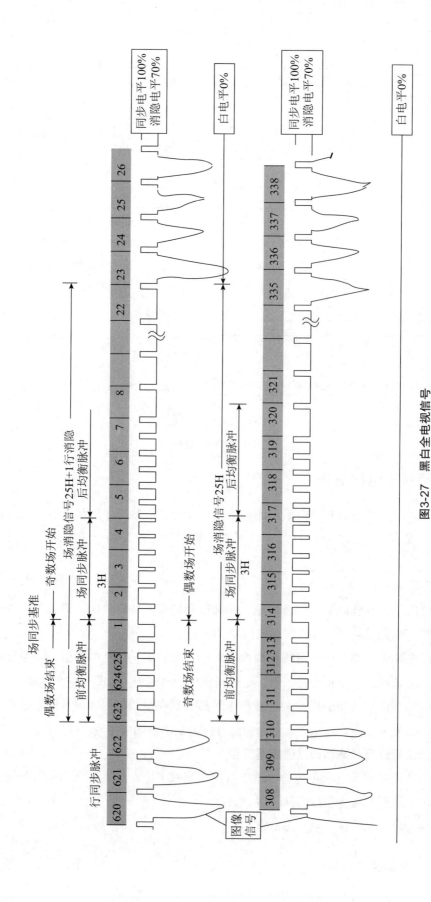

图3-27　黑白全电视信号

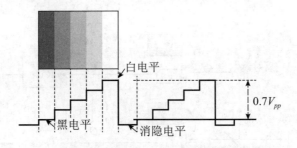

图3-28 图像信号与灰度之间的关系

行扫描正程为52μs，如果水平分解力是104TVL，1μs有黑白两个像素，图像（视频）信号的带宽为1MHz，即1MHz的通频带对应水平分解力为104TVL，如果和垂直分解力统一标志，1MHz的通频带对应水平分解力为（3/4）N，即78TVL（一般描述为1MHz带宽给出80TVL水平分解力）。

3.3.5 光电转换中的非线性灰度系数 γ

γ校正（灰度校正）用来克服由于显像管调制特性非线性引起的收、发间图像的亮度失真，在调像台设置附加电路加以校正。

一般要求传输特性的$\gamma_\text{总}=1$，使重现图像亮度和被摄景物亮度成正比。若$\gamma_\text{总}>1$，重现图像表现为暗压缩、亮扩张失真；若$\gamma_\text{总}<1$则相反，为暗扩张、亮压缩。

光电转换摄像器件非线性要求$\gamma_1\approx1$，电光转换显像管非线性$\gamma_3=2.8$。

γ校正思路是为了使最终显示出来的图像的亮度层次不出现畸度，必须在将R、G、B信号加到彩色显像管之前进行非线性校正。人为改变传输特性的非线性失真系数γ_2，使整个电视系统的$\gamma_\text{总}=\gamma_1\times\gamma_2\times\gamma_3=1$。根据前面条件，得$\gamma$校正电路的$\gamma_2=0.36$。为了降低接收机的成本，$\gamma$校正通常预先在摄像机内进行。图3-29所示为光电—电光转换系统的非线性校正过程。

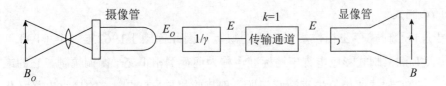

图3-29 光电—电光转换系统的非线性校正过程

3.3.6 彩色电视图像摄取

彩色图像的摄取通过分光系统将彩色光分解成三基色光，分别用三个摄像管摄取，得到三个基色的电信号，如图3-30所示。

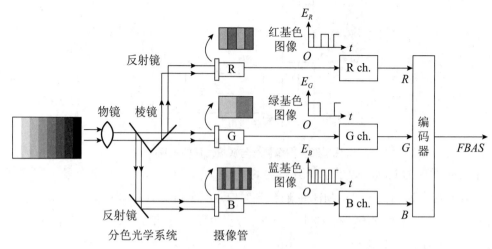

图3-30　彩色电视图像摄取

3.3.7　电视制式

黑白电视机能接收彩色电视广播，显示的是黑白图像，反过来彩色电视机能接收黑白电视广播，显示的也是黑白图像，这叫逆兼容性。简单来讲，兼容是指彩色和黑白电视能互相收看节目。目前三大彩色兼容制式是NTSC制式、PAL制式和SECAM制式。

1. NTSC制式

NTSC（National Television Systems Committee）制式是1952年美国国家电视标准委员会定义的彩色电视广播标准，称为正交平衡调幅制。这种制式是世界上第一种彩色电视制式，优点是制式电路比较简单，成本低。缺点是存在相位失真敏感的问题，即如果电路中色度信号相位有失真，对图像影响较大。美国、加拿大等大部分西半球国家，以及日本、韩国、菲律宾采用这种制式。

2. PAL制式

由于NTSC制式存在相位敏感失真的缺点，因此德国于1962年制定了PAL（Phase-Alternative Line）制式彩色电视广播标准，称为逐行倒相正交平衡调幅制。它的最大特点是克服了NTSC制式的相位失真敏感问题，但接收机较NTSC制式的接收电路复杂一些。德国、英国等一些西欧国家，以及中国、朝鲜等国家采用这种制式。

3. SECAM制式

SECAM制式彩色电视广播标准称为顺序传送彩色与存储制式，1966年在法国首次使用。这种制式与前两种不同的是，两个色差不是同时传送，而是轮流交替传送，两个色差分别对两个不同的副载波进行调频，然后将两个调频行波行轮流插入亮度信号频谱的高端。由于这种制式采用顺序传送图像，接收机比较复杂，图像质量比前两种差，因此没有得到推广。

三种制式的相同点是彩色图像都传送亮度Y、红色差$R-Y$、绿色差$B-Y$三种信号。不同点是色差调制副载波的方法不同，所以接收机电路也不同。

3.4 数字电视的基础知识

数字电视是指节目摄制、编辑、发送、传输、存储、接收和显示等环节全部采用数字处理的电视系统。它在信源、信道和信宿上全面实现了数字处理和数字化。

3.4.1 数字电视的概念

国际上的精确定义：将活动图像、声音和数据，通过数字技术进行压缩、编码、传输、存储，实时发送、广播，供观众接收、播放的视听系统。

3.4.2 数字电视的主要优势

（1）数字信号处理、传输使信号质量大大提高。

数字信号在记录/重放、信号传输和处理等过程中不会引起信号劣化，通过整形和纠错编码等技术可将数字信号有效还原，收端图像质量与发端基本一致。

（2）频谱资源利用率高。

数字化使节目容量大大提高。如1个8MHz的标准频道可以传输10～20套标清数字电视节目(H.264压缩)。

（3）存储方便，播出方便，能采用各种各样的数字信号处理技术。

（4）可以提供全新的业务。

数字技术有利于电视节目与数据的融合，大大扩展服务内容。如电子节目指南、财经信息、视频点播、歌唱点播、新闻选取、远程教育、电视购物、交互游戏等新颖的增值服务。

（5）人机界面友好。

由于采用了EPG（Electronic Program Guide，电子节目指南），可以实现灵活和实用的人机交互界面，便于用户操作。

（6）节省发送功率，覆盖范围广。

无线数字电视发射在相同覆盖服务区所需要的平均功率，比模拟电视的峰值功率要低一个数量级。

（7）易于实现条件接收。

数字化使信号非常容易实现加扰、解扰和加密、解密，便于开展各类收费业务。条件接收系统（Conditional Access System，CAS）的应用可以实现对用户的有效管理，确保运营商的投资回报。

3.4.3 数字电视系统的基本构成

1. 数字电视硬件系统的组成

数字电视系统由信源编码、多路复用、信道编码、调制、信道和接收机组成。

数字电视系统包括数字节目源采集、节目数据处理、编码压缩、数据复用、信号调制以及信号发送传输等环节。其系统框图如图3-31所示，图3-32为数字电视系统的模型图。

（1）节目数据处理：对节目进行非编/录制/添加字幕等操作。

（2）信源编码是对视频、声频、数据进行压缩编码的过程。辅助数据可以是独立的数据业务，也可以是和视频、声频有关的数据，如字幕等。

（3）复用：多路复用是将视频、声频和数据等各种媒体流按照一定的方法复用成一个节目的数据流，将多个节目的数据流再复用成单一的数据流的过程。

（4）调制：将信息数据用相关调制方式进行调制；调制是指为了提高频谱利用率，把宽带的基带数字信号用相关调制方式变换成窄带的高频载波信号的过程。

（5）信道编码：指纠错编码，为了能在接收端纠正传输中出现的错误，信道编码在发送的信号中增加了一部分冗余码，即通过牺牲信息传输的效率来换取可靠性的提高。

（6）信号发送与传输：将调制好的信号以不同的方式向外传输（发送）。

（7）信号接收：信号接收机的功能包括调谐、解调、信道编码、解复用、视声频解压缩、显示格式转换等。

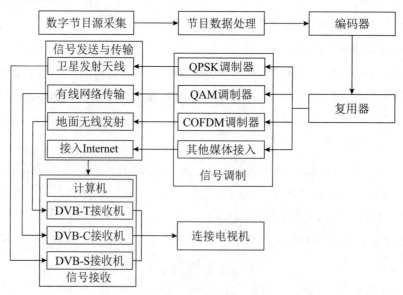

图3-31 数字电视系统框图

2. 数字电视软件系统的组成

数字电视软件系统由物理层传输协议、中间件标准、信息表示、信息使用以及内容保护等组成。

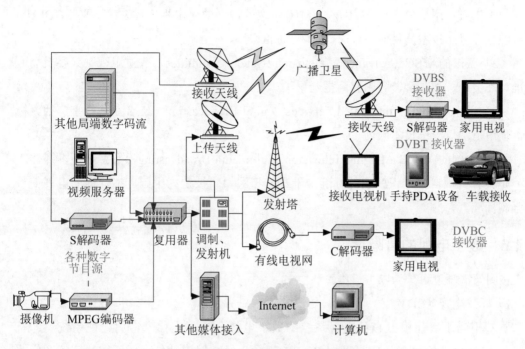

图3-32 数字电视系统的模型图

3.4.4 数字电视传输信道和方式

数字电视传输信道包括卫星广播信道、有线电视信道和地面广播信道等。

数字电视技术传输方式有地面无线数字电视（DVB-T—COFDM、DTMB-TDS-OFDM）、卫星数字电视（DVB-S—QPSK）、有线数字电视（DVB-C—QAM）以及因特网传输（IPTV，Internet Protocol Television）。

COFDM（Coded Orthogonal Frequency Division Multiplexing）：编码正交频分复用。

DVB（Digital Video Broadcasting）：数字视频广播。

QPSK（Quadrature Phase Shift Keyin）：正交相移键控。

QAM（Quadrature Amplitude Modulation）：正交振幅调制。

3.4.5 数字电视广播的标准制式

目前，数字电视广播有以下四个相对成熟的标准制式。

（1）欧洲的DVB标准，DVB是一个由全世界25个国家、超过200个组织参加的项目组织，起源于欧洲。该标准被欧洲各国、中国等许多国家采用。

①DVB-S：用于11/12GHz频段的数字卫星系统，适用于多种转发器带宽与功率，采用QPSK四相相移键控调制方式。

②DVB-C：用于8MHz的数字有线电视系统，与DVB-S系统兼容，采用QAM正交幅度调制方式，目前已经有DVB-C2标准。

③DVB-T：用于6MHz、7MHz、8MHz带宽的地面数字电视广播系统，采用COFDM多载波频分复用技术，目前已经有DVB-T2标准。

（2）美国的ATSC（Advanced Television System Committee，先进电视制式委员会）标准，被美国、加拿大、韩国和阿根廷采纳。

（3）日本的ISDB（Integrated Services Digital Broadcasting，综合业务数字广播）标准，使用范围仅限于日本国内。

（4）中国的DTMB（Digital Television Multimedia Broadcasting，数字电视多媒体广播）是具有我国自主知识产权的标准，于2007年8月1日被定为中国广播业地面电视信号的强制标准。

3.4.6 数字电视的清晰度

按图像清晰度可分为以下三类。

1）标清电视（SDTV）

质量相当于目前模拟彩色电视系统的数字电视系统，也称为常规电视系统。即符合ITU-R601标准的数字分量编码4：2：2的视频，经数据压缩处理后所能达到的图像质量，其清晰度约为720TVL（屏幕分辨率达到720×480或720×576）。

2）高清电视（HDTV）

电视清晰度至少1080TVL逐行（1080P）或1080TVL隔行扫描（1080i），宽高比为16：9，其中1080P称为全高清。

3）超高清电视（UHD）

UHD是UltraHigh Definition的缩写，2012年的8月，国际电信联盟正式认定了4K和8K均为UHD。

3.4.7 数字电视关键技术

1. 信源编码技术

这部分内容将在3.5节介绍，这里不再赘述。

2. 传输流复用技术

传输流复用是将N个信道的视频、声频和辅助数据进行数据分组打包，再将打包的数据复合成单路串行传输流。

传输流复用使电视信号具有与数据通信相似的数据分组（打包）传输的特性，从而使数字电视系统具备了可扩展、分级和交互通信的基础。

3. 信道编码和调制

经信源编码的传输码流通常不适合在传输信道（无线、有线、卫星）中传输，必须经过某种处理，使之变成适合在规定的信道中传输的形式。在通信原理中把这种处理称为信道编码和调制。

4. 条件接收

条件接收（Conditional Access，CA）只允许已付费的授权用户使用某一业务，未经授权的用户不能使用这一业务。CA涉及前端的加密和加扰技术，以及接收端的用户寻址控制和授权解扰技术。

5. 软件平台——中间件

中间件是一种将应用程序与底层的实时操作系统及硬件实现的技术细节隔离开来的软件环境，支持跨硬件平台和跨操作系统的软件运行，使应用不依赖特定的硬件平台和操作系统。中间件主要有Java虚拟机、JavaScript虚拟机、HTML虚拟机等。

3.5 视频压缩技术

视频压缩技术通常指视频编码，是指将某个视频格式的文件转换成另一种视频格式文件的方式。其中最重要的编解码标准有ITU（国际电信联盟）的H.26x、国际标准化组织运动图像专家组的MPEG系列标准，以及我国具有自主知识产权的第二代信源编码标准AVS等。

3.5.1 视频编码技术种类

视频编码技术种类繁多，下面介绍几种比较常见的形式。

1. H.26x

由ITU主导，侧重网络传输，包括H.261、H.262、H.263、H.263+、H.263++、H.264、H.265以及H.266。

在相同的SNR下，H.264的平均码率比MPEG-4低41%，比MPEG-2低67%（一套SDTV/6Mb/s@MPEG-2可降低为1.98Mb/s@H.264）。

H.265平均码流比H.264更低，在码率减少51%~74%的情况下，H.265编码视频的质量还能与H.264编码视频接近甚至更好，其本质是比预期的信噪比（PSNR）要好。例如H.265可实现低于1.5Mb/s的传输带宽下1080P的全高清视频传输。

H.266（Versatile Video Coding，VVC，多功能视频编码）是最新一代视频编码标准，2020年7月定稿，ITU第一版于2020年11月正式发布。

相对于之前的H.265/HEVC和H.264/AVC视频编码标准，VVC对8K超高清、屏幕高动态和360°全景视频等新的视频类型，自适应带宽和分辨率的流媒体以及实时通信等应用有了更好的支持。根据官方测试结果，相对于H.265，H.266的平均编码性能提高了49%。

H.264、H.265、H.266的性能比较如表3-3所示。

表3-3 H.264、H.265、H.266的性能比较

	H.266/VVC	H.265/HEVC	H.264/AVC
发布时间	2020年	2013年	2003年
编码性能		H.266>H.265>H.264	
数据压缩率		H.266>H.265>H.264	
帧内预测	67种	35种	8种
视频	支持8K、4K	支持4K、1080P	1080P
熵编码技术	Context-Adaptive Binary Arithmetic Coding CABAC	CABAC	CAVLC及CABAC
运动矢量的精度	1/16亮度像素	1/4亮度像素	1/4亮度像素
最大矢量精度	64×64	32×32	16×16
自适应分辨率	可以在一个CVS中的任何帧改变，而且改变时可以继续用帧间预测	在编码视频序列的起始帧改变图像分辨率并开始使用一个新序列参数集时才可能	

2. MPEG系列

MPEG系列视频编码是活动图像专家组（Moving Picture Experts Group）制定的用于"活动图像"编码的各种标准，主要是MPEG-1（VCD使用）、MPEG-2（DVD使用）、MPEG-4（DVDRIP使用它的变种，如DivX、XviD等）、MPEG-4 AVC、MPEG-7和MPEG-21标准。

MPEG-1压缩算法可以把一部120min的电影压缩到1.2 GB 大小，MPEG-2 压缩算法可以把一部120min的电影压缩到5~8 GB，同时MPEG-2的图像质量是MPEG-1 无法比拟的，且MPEG-1和MPEG-2原理相同。MPEG系列标准已成为国际上影响最大的多媒体技术标准。MPEG系列标准对VCD、DVD等视听消费电子、数字电视、高清晰度电视（DTV、HDTV）、多媒体通信等信息产业的发展产生了巨大而深远的影响。

1）DivX

DivX采用MPEG-4 Part 2作为视频部分的编码。

由于美国禁止MPEG-4技术的流传出境以及生产任何有关MPEG-4的硬件，该技术被美国一黑客组织破解，他们发现只要在MPEG-4技术上加上MP3的声频压缩技术，就可以完美地将一张DVD的内容转到一张普通的CD上。于是他们迅速发展了该技术，把它命名为DivX，并在互联网上发布。其后DivX Net works公司在此基础开发了新的DivX版本，并将其商业化。

2）XviD

XviD是一个开放源代码的MPEG-4视频编解码器，它是基于OpenDivX编写的。XviD是由一群原OpenDivX义务开发者在OpenDivX于2001年7月被停止开发后自行开发的。

3）AVS、AVS+和AVS2

AVS/AVS+音视频编码是我国制定的新一代编码标准，压缩效率比MPEG-2提高1倍以上，能够使用更小的带宽传输同样的内容。AVS已经成为国际通用的三大视频编码标

准之一。AVS+是在AVS基准版基础上针对高清数字广播的需求而制定的广电版本，被国家广播电影电视总局定为广电行业标准。

AVS2标准主要为适应4K、8K超高清信号的压缩编码传输而提出的，包括三部分：AVS2-P1（系统部分）、AVS2-P2（视频部分）和AVS2-P3（声频部分）。

AVS2视频的目标（引自AVS-N1924）为，在主流技术可实现的前提下，当重建视频主观质量相同时，至少在高清或更高分辨率下编码效率比AVS1的最好性能提高1倍以上。在主流配置下，编码效率优于最新的国际标准。AVS现在主要有三个标准化渠道：IEEE、广电行业标准以及国家标准。

AVS2对于常规视频的编码效率与最新国际标准HEVC/H.265相当，比上一代国家标准AVS1以及国际标准AVC/H.264的效率提高1倍，如图3-33所示。对于监控视频等场景类视频，AVS2压缩效率又翻了一番，达到AVC/H.264的4倍。因此AVS2对于压缩这类视频具有重大的产业价值，仅在我国每年就能够节省数千亿元的存储成本。

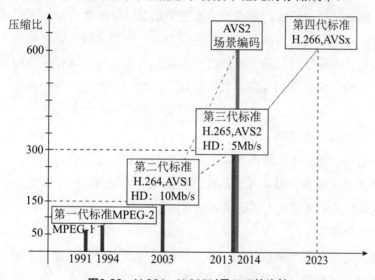

图3-33　H.264、H.265以及AVS的比较

AVS2比AVS+编码效率提高了1倍。帧结构降低码率5%~10%，块结构降低3%~20%，帧内预测降低6%~10%，帧间预测降低10%，新的变换降低3%，熵编码降低3%~5%，将上述增益加在一起，码率降低超过50%，即编码效率提高了1倍，主要的增益体现在帧内预测方面。

3.5.2　视频数据冗余

视频数据中存在着大量的冗余，即图像的各像素数据之间存在极强的相关性。利用这些相关性，一部分像素的数据可以由另一部分像素的数据推导出来，视频数据量能极大地压缩，有利于传输和存储。视频数据主要存在以下形式的冗余。

1. 空间冗余

视频图像在水平方向和垂直方向相邻像素之间的变化一般很小，存在着极强的空间相关性，从而产生了空间冗余，常称为帧内相关性。

2. 时间冗余

在相邻场或帧的对应像素之间，亮度和色度信息存在相关性。当前帧图像往往具有与前、后两帧图像相似的背景，对大多数像素来说，亮度和色度信息基本相同，称为帧间相关性或时间相关性。

3. 结构冗余

在有些图像的纹理区，图像的像素值存在着明显的分布模式，如方格状的地板图案等。已知分布模式，可以通过某一过程生成图像，称为结构冗余。

4. 知识冗余

有些图像与某些知识有相当大的相关性。如人的嘴上方有鼻子，鼻子位于脸部图像的中线上。这类规律性的结构可由先验知识得到，称为知识冗余。

5. 视觉冗余

人眼具有视觉非均匀特性，对视觉不敏感的信息可以适当舍弃。人眼视觉对图像的空间分解力和时间分解力的要求具有交换性，当对一方要求较高时，对另一方的要求就较低，这与机器设备的线性记录之间就产生了视觉冗余。因此可以采用运动检测自适应技术，对静止图像或慢运动图像降低其时间轴抽样频率，对快速运动图像降低其空间抽样频率。

6. 图像区域的相似性冗余

在图像中的两个或多个区域所对应的所有像素值相同或相近，从而产生的数据重复性存储，就是图像区域的相似性冗余。在这种情况下，记录了一个区域中各像素的颜色值，与其相同或相近的区域就不再记录各像素的值。

7. 纹理的统计冗余

有些图像纹理尽管不严格服从某一分布规律，但是在统计的意义上服从该规律，利用这种性质也可以减少表示图像的数据量，称为纹理的统计冗余。电视图像信号数据存在的信息冗余为视频压缩编码提供了可能。

3.5.3 视频文件格式简介

1. MP4

计算机上以.mp4为扩展名的多媒体文件，很容易与MPEG-4混淆。该文件实际上是采用MPEG-4 Part 14标准的多媒体计算机文件格式，以存储数字声频及数字视频为主。MP4至今仍是各大影音分享网站使用的主流，有些是在网站上多加一层Flash的影音播放接口。MP4可以在4MB/min的压缩率下提供接近DVD质量的影音效果。

2. AVI

AVI（Audio Video Interleaved，声频视频交错）是由微软公司发布的视频格式。AVI格式的文件调用方便、图像质量好，压缩标准可任意选择，是应用最广泛，也是应用时间最长的格式之一。

3. WMV

WMV是一种独立于编码方式的、在因特网上实时传播多媒体的技术标准，微软公司希望用其取代QuickTime之类的技术标准以及WAV、AVI之类的文件。WMV的主要优点是媒体类型可扩充、可伸缩，可本地或网络回放，码流可分优先级，支持多语言等。

4. MOV

QuickTime是苹果公司用于Macintosh计算机上的一种图像视频处理软件。QuickTime提供两种标准图像和数字视频格式，即可以支持静态的*.pic和*.jpg图像格式，动态的基于Indeo压缩法的*.mov和基于MPEG压缩法的*.mpg视频格式。

5. FLV

FLV（FLash Video）流媒体格式是一种新的视频格式。由于这种格式的文件极小，加载速度极快，使得通过网络观看视频成为可能，它的出现有效地解决了视频文件导入Flash后，导出的SWF文件体积庞大，不能在网络上很好地使用等缺点。

6. F4V

F4V是Adobe公司推出的取代FLV的一种新的流媒体格式，现已被大多数主流播放器兼容。F4V是一种MPEG-4标准的视频格式，它的视频采用H.264编码，声频采用MP3编码。它和FLV的主要区别在于，FLV格式采用的是H.263编码，而F4V则支持H.264编码的高清晰视频，码率最高可达50Mb/s。另外，很多主流媒体网站上下载的F4V文件后缀为FLV，这是F4V格式的另一个特点，属正常现象。

7. RMVB

RMVB的前身为RM格式，它们是Real Networks公司所制定的声频视频压缩规范，RMVB一改RM格式平均压缩采样的方式，在保证平均压缩比的基础上，采用浮动比特率编码的方式，将较高的比特率用于复杂的动态画面（如歌舞、飞车、战争等），而在静态画面中则灵活地转为较低的采样率，从而合理地利用了比特率资源，使RMVB最大限度地压缩影片的大小，最终拥有近乎完美的接近于DVD品质的视听效果。

由于本身的优势，RMVB成为目前PC中广泛使用的视频格式，但在MP4播放器中，RMVB格式却长期得不到重视。

8. MKV

MKV格式的视频文件可在一个文件中集成多条不同类型的音轨和字幕轨，而且其视频编码的自由度也非常大，可以是常见的DivX、XviD、3IVX格式，甚至可以是RealVideo、QuickTime、WMV 这类流式视频格式。实际上，它是一种全称为Matroska的新型多媒体封装格式，这种先进的、开放的封装格式已经展示出了非常好的应用前景。

9. ASF

ASF（Advanced Streaming Format，高级流格式）格式是微软公司为了和的Real

Player 竞争而开发出来的、一种可以直接在网上观看视频节目的文件压缩格式。ASF使用了MPEG-4 压缩算法，压缩率和图像的质量都不错。因为ASF 是以一个可以在网上即时观赏的视频"流"格式，所以它的图像质量比VCD 要差一点，但比同是视频"流"格式的RAM 格式要好。

10. NAVI

NAVI是New AVI的缩写，是一个名为Shadow Realm 的组织开发的一种新视频格式。它是由Microsoft ASF 压缩算法修改而来（并不是想象中的AVI）， NAVI 为了追求压缩率和图像质量，改善了原始的ASF 格式的一些不足，让NAVI 可以拥有更高的帧率。NAVI可以认为是一种去掉视频流特性的改良型ASF格式。

11. 3GP

3GP是一种3G流媒体的视频编码格式，主要是为了配合3G网络的高传输速度而开发的，也是目前手机中最为常见的一种视频格式。

简单地说，该格式是"第三代合作伙伴项目"(3GPP)制定的一种多媒体标准，使用户能使用手机享受高质量的视频、声频等多媒体内容。其核心由包括高级声频编码(AAC)、自适应多速率 (AMR) 和MPEG-4 和H.263视频编码解码器等组成，目前大部分支持视频拍摄的手机都支持3GPP格式的视频播放。其特点是网速占用较少，但画质较差。

12. WebM

WebM由谷歌公司提出，是一个开放、免费的媒体文件格式。WebM格式其实是以Matroska（即 MKV）容器格式为基础开发的新容器格式，包括 VP8 影片轨和Ogg Vorbis 音轨，其中谷歌公司将其拥有的VP8视频编码技术以类似BSD授权开源，Ogg Vorbis 本来就是开放格式。 WebM标准的网络视频更加偏向于开源，并且是基于HTML 5标准的，WebM旨在为网络开发高质量、开放的视频格式，其重点是解决视频服务这一核心的网络用户体验的问题。

3.6 思考题

（1）请说明可见光波长范围。

（2）什么是色温？

（3）五种标准光源都有哪些？

（4）什么是视觉惰性？它有什么作用？

（5）彩色电视三基色是什么？

（6）写出亮度公式。

（7）什么是矢量图和位图？

（8）什么是隔行扫描和逐行扫描？

（9）我国模拟电视扫描参数是什么？

（10）图像采集的摄像器件主要有哪些？

（11）黑白全电视信号主要包括哪些信号？

（12）1MHz通频带对应的水平分解力为多少？

（13）电视的三大制式是什么？

（14）什么数字电视？

（15）数字电视传输标准主要有哪些？

（16）什么是高清电视？

（17）视频编码技术种类主要有哪些？

（18）视频文件格式主要有哪些？

制作与播发篇

第4章 电视中心系统

电视中心是集音乐、语言、效果于一体的综合性演艺场所，承担制作各类综艺节目、文艺演出、电视竞赛等现场直播和录制任务。电视中心主要由演播室和控制室构成，其中演播室系统包括视频系统、声频系统、编辑制作系统、灯光系统、通话系统以及空调、消防、地线、供电系统等。图4-1为电视中心系统设备连接框图。

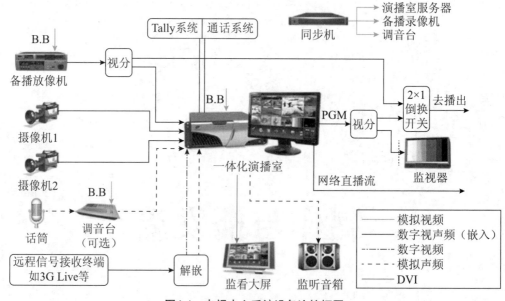

图4-1 电视中心系统设备连接框图

4.1 演播室系统

演播室是利用光和声进行空间艺术创作的场所，是电视节目制作的常规基地，除了录制声音外，还要摄录图像，嘉宾、主持及演职人员在里面进行制作、表演及其他相关工作。数字演播室是具备数字视频、声频信号的产生、处理、记录、传输、切换、播出等设备的场所，因此，除了必要的摄、录、编设备外，还必须具有足够的声、光设备和便于创作的条件。

4.1.1 演播室的分类

（1）按演播室大小，分为大型（800~2200 m²）、中型（400~600 m²）、小型演播室（100~300 m²）。大型演播室多用于场面较大的歌舞、戏曲、综艺活动等节目，也可拍电视剧，一个大型演播室可以分割成若干小景区，一个接一个顺序地拍下去，拍过的景区随即更换布景再拍另外场景的节目，以提高演播室利用率。中型演播室以小型戏曲、歌舞、智力竞赛或者座谈会等为主。适合制作形象化教学节目或编排一些带情节的教育片。小型演播室以新闻、节目预告、板式教学等动作不大的节目为主，更多的是用于插播、配解说和拍摄小型实物为主。一般的中型演播室可设置多个景区，以达到综合利用演播室的目的。可制作专题节目，如知识问答，人物访谈、新闻等各种栏目的节目都置于一个演播室，各有自己的布景、道具，同用一套摄录设备，同用一个控制室，只要把时间排开，只需移动一下摄像机，即可方便地到每个布景前拍摄节目，这样可以提高演播室的利用率，还可节约设备。

（2）按视频节目清晰度，演播室可以分为标清，高清演播室，目前还出现了清晰度更高的4K超高清演播室。标清到高清，再到4K超高清并不只是摄像机画面清晰度的变化，当清晰度变得更高时，原本并不清晰的细节和瑕疵都变得非常明显，所以灯光、化妆、背景等要求都会提高，展现更优质的画质的同时要更注重细节。

（3）按景区，演播室可分为实景演播室、虚拟演播室等。虚拟演播室将计算机制作的虚拟三维场景与摄像机现场拍摄的人物活动图像进行数字化的实时合成，使人物与虚拟背景能够同步变化，从而实现两者天衣无缝的融合，以获得完美的合成画面，视觉呈现效果远远超过传统的演播室效果。

随着科技的发展，演播室的类别也越来越细，目前还出现了LED演播室、3D演播室等。

4.1.2　演播室的声学要求

1. 混响时间

在声源停止辐射以后，声能下降60dB所需要的时间定义为混响时间。混响时间过短，声音发干，枯燥无味，不亲切自然；混响时间过长，会使声音含混不清；混响时间合适时声音会圆润动听。

混响时间的大小与房间容积以及房间的墙壁、地板和顶棚等界面的吸声系数有关，电视演播室的混响时间一般设计在0.6s左右，中小型演播室为了减少混响时间会加强吸声措施，例如室内墙壁和顶棚采用吸声材料，装饰无需华丽，颜色也以灰暗色无反光为宜。材料采用轻钢龙骨，隔墙内嵌玻璃纤维或吸声棉，外饰用泡沫墙布软包，采取双层或多层吸声措施。按照声学要求，除了吸声外，还要有反射、扩散声场和利用腔体共振吸收相关的低频声能的装置。

2. 隔声

建筑隔声包括空气声和撞击声两种。空气声是指建筑物中经过空气传播的噪声。如门缝、穿线孔和通风管道等透过的声音。由环境噪声构成的背景噪声称为本底噪声，若隔声性能差，本底噪声必然高。正常情况下，演播室本底噪声应该低于40dB。

撞击声是指在固体上撞击引起的噪声。尤其是楼板下的室内噪声、脚步声是最常听到的撞击声。为降低撞击声，地面一般采用先铺地胶垫，再铺阻燃吸音地毯，尽量减少噪声。

4.1.3 演播室的照明与布光

演播室灯光控制设备包括普通照明灯具、调光控制设备、灯具吊挂及控制设备、电脑效果灯具及控制设备、其他辅助设备。照明灯具主要有聚光灯(Spotlight)、泛光灯(Flood Light)、效果灯三类。

聚光灯产生直射、界限明确的光束，能够从细窄的光束调节到能照亮较大范围的柔和的光束，如图4-2（a）所示。大多数演播厅照明使用两种基本的聚光灯：菲涅尔聚光灯和椭圆形聚光灯。

泛光灯是一种可以向四面八方均匀照射的点光源，它的照射范围可以任意调整。泛光灯是一种应用广泛的光源，标准泛光灯用来照亮整个场景，场景中可以应用多盏泛光灯。泛光灯产生的光线不形成明显投影，不形成强烈的影调反差和明显的亮暗分界线，使物体显得柔软、轻盈，如图4-2（b）所示。

（a）聚光灯　　　　　　　　　　　　　　（b）泛光灯

图4-2　照明灯

效果灯是利用灯光、机械传动及电气控制的组合，投射出各种景物、自然界气象变化和虚幻景象的一类舞台影视灯。能表现出各种静止景物和活动景物，如雨、雪、火焰、云、波浪、闪电、太阳升起等。

演播室对灯光的要求实质上是体现电视设备好坏最直接的因素，特别是摄像机对灯光的要求更苛刻。具体要求如下：第一，色温要稳定，即灯的稳定性要好。无论是单个灯还是同种灯，在使用中色温不应有明显变化。包括时间和电压稳定性两方面因素。第二，色温要单一，原则上主要采用一种三基色冷光源灯，辅以聚光灯来加以补充。

1. 布光技巧

运用灯光的技巧，由初步掌握到运用自如，要经过以下四个阶段。

第一阶段多是围绕如何满足电视设备的要求，如照度基准、色温容差、亮度对比

（光比）、不光滑程度（差异在10%以内）等，然后再考虑所需光源的配备和灯位分布等。

第二阶段开始注意画面质量，如图像是否明快、影子处理得怎样等。通常要千方百计地消除影子，有时又要设法加以利用，以显示主题感或面部质感等。

第三阶段属于表现手法的提高，如利用灯光模仿自然界的不同季节、气候、场所、时刻和各种环境气氛等。通过这些达到衬托人物心理状态、抒发感情的目的。

第四阶段是尽量利用技术手法产生一些艺术效果，节省灯光、能源等的尝试。如利用图像信号改变黑电平和r校正电路等参数的办法，在普通自然光下（利用黄昏）制造夜景气氛，利用改变彩色矩阵电路参数的方法得到不同色度的校正、色调变化或产生幻想的艺术效果等。

2. 布光方法

演播室的布光方法主要有以下几种。

（1）三点布光，即利用主光、逆光、辅助光表现主题。

（2）多主光布光，在摄像机的各种位置都能表现出主要光源。

（3）软正面光，加强逆光的作用，使整个表演区的照度比较均匀。

（4）从布景两侧来的硬光，提供侧主光和侧逆光。辅助光从布景的正面来。

（5）总体布光，先布基本光（在电视中称作普遍照度，这种光照度为800～1500lx），使摄像机的彩色能基本再现。然后再采用三点布光（多主光、多逆光、多辅助光）。多主光、逆光和辅助光的照度应当是一致的。同样，摄像机在指定位置拍摄的图像色调应基本一致。

（6）层次布光，演播室的音乐和歌舞节目采用层次布光，也称分区布光。这种布光方法可增强主体和透视感。层次布光可分前区、中区和后区，这三种区域的照度是不同的，前区的照度应为2000～2500lx，中区的照度应为1500～2000lx，后区的照度应为800～1000lx，天幕光的照度应为600～800lx。分区照明的目的是给人一种层次感和立体感。

（7）室内白天场景布光，要用强光将窗子的影子投射到室内来，代替阳光的效果，采用主光的方向应和阳光的方向一致，使人看后不觉得假。辅助光的位置应当和摄像机成70°，这样可以消除人物过长的背影。景物光宜采用散光灯，使景物呈现出层次。

（8）室内夜景布光，一般用吊灯将整个室内照亮，用台灯照亮书桌，壁灯照亮室内一部分，这几种灯有利于表现环境的光线效果，也有利于表现人物。室内夜景气氛最能表现的手法是开灯和关灯。处理开灯、关灯的光线，首先是布置关灯时的光线，然后再布置开灯后的光线。关灯时的光线要比开灯后的光线暗一些，室内出现黑暗但能使人看出轮廓来。

演播室的声学和布光是一个复杂、系统、综合的艺术创作过程，各个演播室的建筑结构和设备配置不同，技术创作人员的技术理论修养和实践经验不同，在实际工作中的应用和表现也不同。从录音需要看，要求环境安静，房屋结构符合声学要求，隔音效果良好，混响时间合适；从拍摄需要看，要求装备足够的灯光照明用具，并有足够的空间，能按照摄制要求进行布光，保证图像层次分明、清晰度高、色彩逼真。在实际工作中有很多应用技巧，可以达到意想不到的效果，最终从电视节目中表现出来。

4.2　声频系统

声频系统是以调音台为核心，将各路传声器拾取的声音，以及录音机、CD、唱机和录像机的线路声频输入调音台，通过调音台选择、处理、混合，再通过各种声音处理设备处理后，输出到录像机和扬声器。整个演播室的声频系统是一套完善的声频系统，能够同时满足扩音和录音的需要。主要由音源（话筒、CD机、硬盘机）、调音台、周边处理设备（混响器、延时器、压缩器、限制器、噪声门、均衡器）、监听（功放、音箱）和通信等部分组成。

声频系统的框图结构如图4-3所示，信号流向为从左到右。左侧为输入信号源（主要为演播室内的传声器），经过录音调音台及其周边效果器的处理后输出至录音设备、扩音调音台，再经扩音调音台及周边设备处理后，送至功放，最后到扬声器。

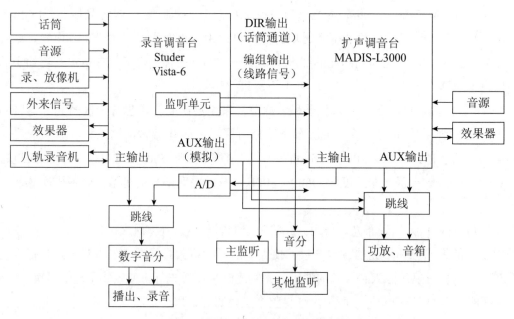

图4-3　某高清演播室声频系统框图

4.2.1　传声器

传声器是一种声电换能器件，能够将声音信号转换成相应的电信号。其转换过程是以声波形式表现的声信号被传声器接收后，使换能机构产生机械振动，并由换能机构将机械振动转换成电信号输出。传声器按照换能方式主要分为动圈式和电容式，如图4-4所示。

（a）动圈式

（b）电容式

图4-4 传声器

传声器的主要技术指标有灵敏度、频率响应、固有噪声以及指向特性等。

（1）灵敏度：表示声能/电能的转换效率。

习惯上取在1μbar（微巴）的声压下的输出电压值作为传声器灵敏度。灵敏度越高，转换效果越好。

（2）频率响应：指传声器的输出信号大小和频率的关系，用给定频率范围内的不均匀性描述。频响曲线的平坦范围越宽，音质越逼真。

（3）固有噪声：在没有声波作用于传声器时，由于周围空气压力的波动和传声器电路的热噪声等的影响，使传声器的输出端存在一定的噪声电压。

（4）指向特性：指传声器的灵敏度随声波入射方向变化的特性。图4-5为几种传声器的指向特性图。

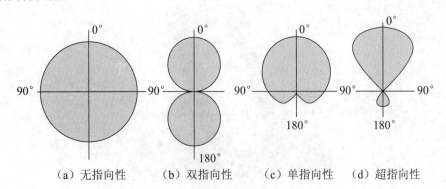

（a）无指向性　　（b）双指向性　　（c）单指向性　　（d）超指向性

图4-5 传声器的指向特性图

动圈式传声器的基本原理是利用声波去推动振膜，然后振膜带动线圈，利用磁力线的改变产生微弱的电压，结构如图4-6所示。这种传声器是市面上常见的麦克风，一般舞台或手握式的麦克风大部分是这种，它不需要有外在供电，可以直接插入扬声系统中发声，由于这种麦克风较为轻便，频率响应也不错，因此普及程度高。

电容式传声器的极头实际上是一只平板电容器，两电极相隔只有几十微米，其中一个固定，另一个可以随声波振动，可振动的电极是一片极薄的振膜(25~30μm)。如图4-7所示，当振膜在声波作用下产生振动而引起电容量变化时，电路中电流也随之相应变化。这时负载电阻上就有相应的电压输出，从而完成声电转换。而所有这些都必须在电容传声器需要供电的基础上。

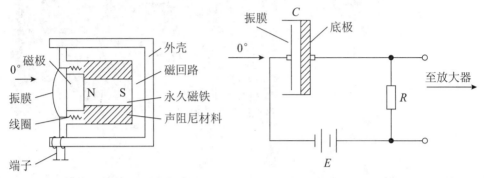

图4-6　动圈式传声器结构示意图　　　　图4-7　电容式传声器结构示意图

通常录音室在收音时会偏向使用电容式麦克风，因为它们的灵敏度很高，一般来说动态与频率响应比动圈式要好些，同时在频率响应的范围(主要是高频部分)、灵敏度以及瞬时响应能力方面，电容式传声器也要稍胜一筹。

随着新技术的不断涌现，高质量的无线传声器的使用频率逐渐增加。无线传声器能把换能后的声频电信号调制在一个载波上，经天线辐射到附近的接收点。因其不需导线与放大器连接，因此可同人一起随意移动。无线传声器有手持型和纽扣状的佩戴型两种。调制方式均为调频，具有体积小、抗干扰性强、频率特性宽、失真小、噪声低的特点，适于舞台、讲台等场合。图4-8为无线传声器实物图。

图4-8　无线传声器实物图

目前比较知名的传声器品牌有森海泽尔 Sennheiser（德国）、铁三角Audio-technica（日本）、AKG（意大利）、舒尔SHURE（美国）、索尼Sony（日本），图4-9为其标志。

图4-9　几种著名的传声器品牌标志

4.2.2　扬声器和扬声器系统

1. 扬声器

扬声器的作用是将声频电信号转换成声信号，并向周围的空气媒介辐射。

（1）按工作原理的不同，扬声器主要分为电动式扬声器、电磁式扬声器（即舌簧扬声器）、静电式扬声器和压电式扬声器等。

①电动式扬声器：采用通电导体作音圈，并将它放在固定磁场里，当音圈中输入声频电流信号时，音圈会受到一个大小与声频电流成正比、方向随声频电流变化而变化的力。这样音圈就会在磁场作用下产生振动，并带动振膜振动，振膜前后的空气也随之振动，这样就将电信号转换成声波向四周辐射，其结构如图4-10所示。

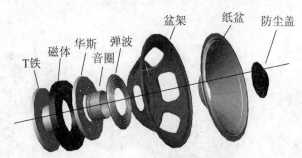

图4-10　电动式扬声器的构造

②电磁式扬声器：也叫舌簧式扬声器，声源信号电流通过音圈后会把用软铁材料制成的舌簧磁化，产生交变磁场，磁化后的可振动舌簧与磁体相互吸引或排斥，产生驱动力，使振膜振动而发音。

③静电式扬声器：这种扬声器靠静电积累的相吸相斥效应，利用电容原理，即将导电振膜与固定电极按相反极性配置，形成一个电容。将声源电信号加于此电容的两极，极间因电场强度变化产生吸引力，从而驱动振膜振动发声。

④压电式扬声器：又叫晶体扬声器，利用压电材料受到电场作用产生形变的原理，将压电元件置于声频电流信号形成的电场中，使其发生位移，从而产生逆压电效应，最后驱动振膜发声。

在这些扬声器中，电动式扬声器由于其辐射频率范围可达整个声频范围，而且声功率可以做得很大（可通过分频段制作大功率扬声器，运用组合发声方法，形成全频段放声），因而得到了广泛使用。

（2）扬声器振膜形状主要有锥形、平板形、球顶形、号筒形等，按振膜形状的不同，扬声器可分为以下几种。

①锥形振膜扬声器：锥形振膜扬声器中应用最广的就是纸盆扬声器，它的振膜呈圆锥形，是电动式扬声器中最普通、应用最广的扬声器，尤其作为低音扬声器应用最多。

②平板形扬声器：也是一种电动式扬声器，它的振膜是平面的，整体振动直接向外辐射声波。它的平面振膜是一块圆形蜂巢板，板中间是用铝箔制成的蜂巢芯，两面蒙上玻璃纤维。它的频率特性较为平坦，频带宽而且失真小，但额定功率较小。

③球顶形扬声器：球顶形扬声器是电动式扬声器的一种，其工作原理与纸盆振膜扬声器相同。球顶形扬声器的显著特点是瞬态响应好、失真小、指向性好，但效率较低，常作为扬声器系统的中、高音单元使用。

④号筒形扬声器：号筒形扬声器的工作原理与电动式纸盆扬声器相同。号筒形扬声器的振膜多是球顶形的，也可以是其他形状。这种扬声器和其他扬声器的主要区别在于它的声辐射方式，纸盆振膜扬声器和球顶形扬声器是通过振膜直接鼓动周围的空气将声音辐射出去，是直接辐射，而号筒形扬声器是把振膜产生的声音通过号筒辐射到空中，是间接辐射。号筒形扬声器最大的优点是效率高、谐波失真较小，而且方向性强，但其频带较窄，低频响应差，所以多作为扬声器系统中的中、高音单元使用。

图4-11为几种不同振膜的扬声器实物图。

（a）平板形扬声器　　　　（b）球顶形扬声器　　　　（c）号筒形扬声器

图4-11　几种不同振膜的扬声器实物图

（3）按放声频率的不同，扬声器可分为低音扬声器、中音扬声器、高音扬声器、全频带扬声器等。

①低音扬声器：主要播放低频信号的扬声器称为低音扬声器，其低音性能很好。低音扬声器为使低频放音下限尽量向下延伸，因而扬声器的口径做得比较大，一般有200~500mm等不同口径规格的低音扬声器。一般情况下，低音扬声器的口径越大，重放时的低频音质越好，所承受的输入功率越大。

②中音扬声器：主要播放中频信号的扬声器称为中音扬声器。中音扬声器可以实现低音扬声器和高音扬声器重放音乐时的频率衔接。由于中频占整个音域的主导范围，且人耳对中频的感觉较其他频段灵敏，因而中音扬声器的音质要求较高，有纸盆形、球顶形和号筒形等类型。

③高音扬声器：主要播放高频信号的扬声器称为高音扬声器。高音扬声器为使高频放音的上限频率达到人耳听觉的上限频率20kHz，因而口径较小，振动膜较韧。常用的高音扬声器有纸盆形、平板形、球顶形、带状电容形等多种形式。

④全频带扬声器：全频带扬声器是指能够同时覆盖低音、中音和高音各频段的扬声器，可以播放整个声频范围内的电信号。其理论频率范围是从几十赫兹至20kHz，但在实际中由于采用一只扬声器是很困难的，因而大多数都做成双纸盆扬声器或同轴扬声器。同轴扬声器的低频单元和高频单元被设计在同一轴心线上，外侧是低频，内侧是高频，但发声点在同一物理位置。这种设计可以消除高、低频单元由于频率范围的不同而引起的声音漂移，但是因为高、低音都是从一个点发出的，所以音色的失真较大。

2. 扬声器系统

扬声器系统就是扬声器箱，也称为音箱，它是选用高、低音或高、中、低音扬声器装在专门设计的箱体内，并用分频网络把输入信号进行分频，然后分别送给相应的扬声器的一种全音域系统。

扬声器系统按分频方式分为二分频音箱、三分频音箱、四分频音箱、多分频音箱和超低音音箱。

（1）按其外形可分为书架式、落地式等。

（2）按用途可分为监听式、电影立体声、舞台专业大功率、有线广播、防水、迷你型、返送式等。

监听音箱是供录音师、音控师监听节目使用的音箱。这类音箱拥有极高的保真度和很好的动态特性，不对节目做任何修饰和夸张，真实地反映声频信号的原来面貌。

舞台专业大功率音箱主要用于舞台或场地扩声，灵敏度比较高、功率比较大，种类及样式很多，如主扩声音箱、返听音箱、超重低音音箱等。图4-12为舞台专业音箱实物图。

图4-12　舞台专业音箱实物图

（3）按基本结构可分为有限大障板型、背面敞开型、封闭式（箱体全封闭，音箱灵敏度比较低）、倒相式（箱体非全封闭，有倒相孔，音箱灵敏度比较高）等多种结构音箱。

（4）线阵列音箱（扬声器系统）

简单来讲，线阵列音箱是具有相同频率和相位响应，且在垂直方向紧凑安装的一系列扬声器的总称。线阵列音箱有很多优点，如水平角度覆盖大（部分可控）、垂直角度可控、流动演出安装极为方便、可以按需求自由搭配等。

线阵列音箱主要用于大型演出的远程扩声，是远程音箱，大多是3分频，线阵列音箱声音覆盖范围更广，并且多只音箱可以组合成一个具有相同振幅与相位的音箱组。

图4-13为几种常见音箱的实物图。目前比较著名的专业扬声器音箱品牌有美国的JBL、英国的玛田（MARTIN）法国的力素（NEXO）、美国的百威（PEAVEY）、美国的EV和Bose。图4-14为它们的品牌标志

（a）书架式　　　（b）落地音箱（倒相式）　　　（c）监听音箱（封闭式）

（d）线阵列音箱

图4-13　几种常见音箱的实物图

图4-14 几种著名的扬声器音箱的品牌标志

4.2.3 调音台

调音台是将音源信号进行放大、均衡、定位、混合、监听、分配的综合性电子设备，其性能直接影响整个系统的效果和质量，而操作界面的灵活性则影响音响师的临场发挥。在专业扩音和录音系统中，都是以调音台为中心，把各种声源设备、输出设备和信号处理设备连接起来，完成扩音或录音工作。调音台应能满足电视演播室整体节目制作、现场扩音以及直播的要求，同时还具备兼容性和扩展性。随着数字化革命进程的不断深入，调音台目前分为模拟型和数字型两类，其中数字调音台由于其电路数字化程度较高，用于现场调音时，对大型综艺演出和场景编程可操作自如，图4-15为调音台实物图。

按照输入通路数，调音台可以分为小型调音台、中型调音台、大型和超大型调音台。

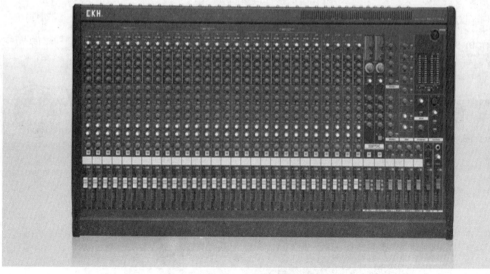

图4-15 调音台实物图

按照用途的不同，调音台可以分为直播调音台、录音调音台、扩音调音台以及混音调音台等。

按照信号输出方式，调音台可以分为模拟式调音台和数字式调音台。

调音台主要由三部分构成：输入部分、母线部分、输出部分。母线部分把输入部分和输出部分联系起来，构成整个调音台。

对调音台工作有较大影响的主要技术性能指标有增益、动态余量、噪声、频率响应、谐波失真以及串音。

图4-16是一款常用的雅马哈DM1000数字调音台的操作面板，根据图中的标注，可以了解调音台在演播室制作技术中常用的按钮以及它们的区域分布。

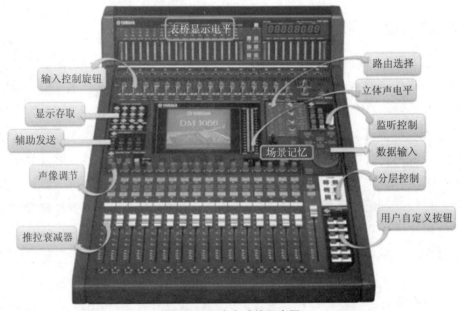

图4-16 调音台功能示意图

目前比较著名的调音台品牌有英国艾伦赫赛（ALLEN&HEATH）、英国声艺（Soundcraft）、德国百灵达（Behringer）、日本雅马哈（AHAMAY）等。图4-17为它们的品牌标志。

图4-17 几款调音台品牌标志

4.2.4　录音设备

电视综艺节目的音源极具多样性，素材可能录制在CD、MD、DAT、盒式录音带、DVD或VCD等介质中，格式很多，因此，必须尽可能配齐各种录放设备。电视演播过程中，经常会根据现场情况，播出一些小的音乐或动效片段，以配合现场气氛，如笑声、滑稽音乐等，这时硬盘即时播放机类的设备就发挥了作用。工作人员可事先将可能有用的素材全部录入，通过对应不同素材片段的热键，及时迅速地进行现场播出，使用简便且不易误操作。图4-18为某款专业数字录音设备。另外传统的录音设备还有盘式录音机、盒式录音机、电唱机等。

图4-18　专业数字录音设备

4.2.5　监听耳机

监听耳机是没有加过音色渲染（音染）的耳机，是相对于高保真耳机而言的。通过监听耳机，能够听到最接近真实的、未加任何修饰的音质。监听耳机广泛应用于录音棚、配音室、电视台、广播电台以及MIDI工作室等领域。

监听耳机要具备的特点是频率响应范围要足够宽，响应速度足够快，保证需要监听的频带范围内信号的失真尽量小，具备清楚地反映监听对象声音特点的能力；坚固耐用，易于维修和维护。

在监听耳机市场中比较有影响力的品牌主要有森海塞尔（SENNHEISER）、铁三角、AKG、索尼、飞利浦、舒尔等，图4-19为森海塞尔、铁三角监听耳机实物图。

（a）森海塞尔　　　　　　　　　（b）铁三角

图4-19　监听耳机实物图

4.2.6　周边设备

选用合适的周边设备，可对声音进行更准确的调整，弥补原始声音的不足，使现场得到完美的声音效果。采用均衡器，通过对不同频率或频段的信号分别进行提升、衰减或切除，以达到加工美化声音和改进信道传输质量的目的。反馈抑制器可对啸叫进行有效的抑制，提高传声增益。双通道压限器对声频信号进行动态范围的压缩或扩展，以达到美化信号、防止失真、防止烧毁后级设备及降低噪声等目的。同时为了兼容其他设备，还可配置效果器，通过对声音进行处理来满足不同功能的需要。

1. 均衡器

均衡器是一种可以分别调节各种频率成分电信号放大量的电子设备，通过对各种不同频率电信号的调节来补偿扬声器和声场的缺陷，补偿和修饰各种声源及其他特殊作用，一般调音台上的均衡器仅能对高频、中频、低频三段频率的电信号分别进行调节。

均衡器分为三类：图示均衡器、参量均衡器和房间均衡器，图4-20为均衡器实物图。

2. 压限器

压限器是压缩与限制器的简称，其中压缩器是一种随着输入信号电平增大本身增益减少的放大器；限制器是当输出电平达到一定值以后，不管输入电平怎样增加，其最大输出电平保持恒定的放大器，该最大输出电平是可以根据需要调节的。一般来讲，压缩器与限制器大多结合在一起出现，有压缩功能的地方同时就会有限制功能。图4-21为限制器实物图。

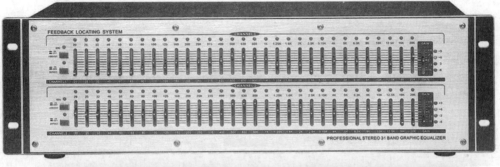

（a）图示均衡器

（b）参量均衡器

图4-20 均衡器图示和实物图

　　动态变化大的信号，例如交响乐演奏时，钢片琴、碰铃等弱信号与铜管、定音鼓等强信号的动态差别很大，按大动态信号设定输出电平则微弱信号就听不到了；反之，按小动态信号设定输出电平，大动态信号就会超载。压缩器可以把大动态信号按比例进行压缩，如2∶1、4∶1等。这时既可以听到微弱的声音，大动态信号又不会过载。实践中场地扩音时可以防止突发情况，如对话筒跌落时出现的大电平信号，限制器可以有效地保护扬声器系统。

图4-21 限制器正反面实物图

3. 扩展器

扩展器是一种随着输入电平的减小输出电平增加的放大器。通过使强的声音信号更强、弱的声音信号更弱的工作方式来改善或增加影视节目中的声音动态范围。当输入电平低于起始阈电平时，扩展器才起作用。

4. 延时器

延时器是将声音信号延时一段时间后输出的周边设备。延时器输出时间的长短可调，与混响联合使用时，可获得许多特殊的声音效果。例如一个在强吸声（短混响）录音棚录制的声音，进行延时处理后，听上去就像在山谷中发出的声音，有很多的回声。图4-22为延时器实物图。

图4-22　延时器实物图

4.3　视频系统

视频系统由摄像机、视频切换台、特技机、录像机、图文字幕设备和信号转换分配、设备控制和技术监测系统等组成。

4.3.1　摄像机

摄像机是前期信号的采集设备，在视频系统中占有很重要的地位。摄像机是一种把景物的光像信息转换为电信号的装置。从能量的转换来看，摄像机的工作原理是一个光—电—磁—电—光的转换过程。

1. 摄像机的分类

按照信号处理方式，可分为模拟摄像机和数字摄像机两类。

按摄像器件的类型，可分为摄像管摄像机以及CCD/CMOS摄像机。

按用途，可以分为广播级、专业级、家用级以及特殊用途摄像机。电视广播用摄像机的图像质量高，价格也较为昂贵，又可分为演播室用摄像机、电子现场节目制作（EFP）用摄像机、电子新闻采集（ENG）用摄像机。

按彩色转换方式，可分为三片CCD和单片CCD。一般专业级或广播级采用三片CCD摄像机；家用和普及型采用单片CCD摄像机。

按清晰度等级，可以分为标准清晰度摄像机、高清晰度摄像机以及4K超高清晰度摄像机。

2. 摄像机的组成

摄像机主要包括光学系统、光电转换系统、附属电路系统三部分。光学系统包括变焦距镜头、分光装置；光电转换系统包括CCD/CMOS芯片及其附属电路；电路系统包括信号处理电路、自动控制电路和其他附属电路。

1）光学系统

（1）变焦镜头。

变焦距镜头是一种能任意改变焦距而成像面位置固定不变的镜头。变焦距镜头主要由调焦组、变焦组、补偿组、光圈、固定组（光学透镜）多片透镜组成。每组透镜由多个不同曲率、不同材料的透镜组成，以矫正镜头系统中的像差和色差。其中调焦组固定不动，变焦组位置可变，以改变焦距。补偿组在改变焦距时确保成像面的位置不变，随变焦组一起移动。光圈是一种孔径大小可以调节的薄片装置，用以控制通过镜头的光通量。固定组是固定的，可以将镜头的成像面后移一段距离，以便在镜头和摄像器件间安装分光系统。镜头的变焦倍数是指变焦镜头的最长焦距和最短焦距之比。

（2）分光装置。

分光装置由R、G、B三块棱镜组成，在棱镜的端面上分别镀上不同的分色薄膜（干涉薄膜），分色薄膜的厚度和折射率决定其可以反射某些波长的光而透过另一些波长的光，从而起到分色作用。

2）光电转换系统

光电转换系统主要是成像器，它负责进行光电转换，有CCD成像器和CMOS成像器之分，在广播级专用设备中以前主要使用CCD，由于COMS技术的不断进步，大有替代CCD的趋势。

3）附属电路系统

（1）声频系统。

声频系统包括内接话筒接口和外接话筒接口、声音信号放大器和电平调节电路、声音信号输出接口、摄像机与控制单元的对话系统等。此外还有用于录像机记录和重放的监听系统。

（2）寻像器。

寻像器是摄像机的"取景框"，实际是一个小小的电视监视器。主要完成聚焦和选景构图，检查工作状态和图像质量等功能，以便进行正确的调整和操作。

（3）电源管理系统。

摄像机的供电一般要求 DC +12V。摄像机内部是直流变换（DC-DC）电路，可从DC 12V 电压变换出各电路板及摄像器件所需的各种直流电压。

3. 数字摄像机的工作原理

数字摄像机的工作原理如图4-23所示，被摄景物的光像通过变焦镜头、分光系统形成红、绿、蓝三个基色光像（三基色原理），三个基色光像同时进行光电转换，形成相应的红、绿、蓝三基色电信号，将三基色电信号分别进行放大处理，再进行数字编码，最终从编码器输出视频信号。

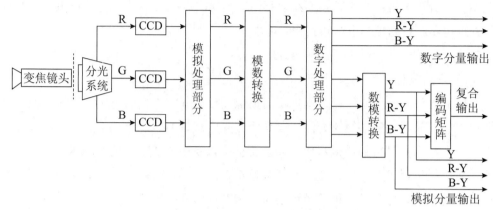

图4-23　数字摄像机的工作原理

4. 摄像机的主要技术指标

摄像机的主要性能由以下技术指标决定。

（1）清晰度：主要由CCD芯片的像素多少决定，一般单片CDD的像素为80万～200万，而三片CCD的每一片像素为40万～100万。图像清晰度是指摄像机分解黑白细线条的能力。一般家用级摄像机的清晰度为400～500线，广播级摄像机的清晰度为600～800线。分辨的条纹数越多，图像的清晰度越高。

（2）灵敏度：主要与CCD芯片的面积和镜头的孔径有关，一般广播级摄像机的芯片采用1/2～2/3in，其灵敏度较高，而家用级摄像机的芯片采用1/6～1/4in，其灵敏度较低。通常在标准光源照明下，使摄像机拍摄测试卡，输出达到标准值所用的光圈越小，表示摄像机的灵敏度越高。一般广播级摄像机光圈值为F8～F11，家用级摄像机的光圈值为F4～F5.6。

（3）最低照度：指在一定的信噪比条件下，比较被摄景物所需照度的大小。照度越低，说明摄像机灵敏度越高。摄像机的最小照度可达0.5Lux。

（4）彩色还原：表明摄像机拍摄彩色画面的逼真度。一般三片CCD摄像机的彩色还原要优于单片CCD摄像机。

摄像机还有其他一些指标，如几何失真、重合精度、自动化程度、耐冲击振动能力、工作环境温度范围及信号接口的多功能化、操作的方便性等，都是选用时需考虑的因素。

5. 摄像机的视频格式

1）DV格式

DV（Digital Video Cassette）格式的亮度信号的取样频率高达13.5MHz，而色信号的取样频率也可达3.375MHz，清晰度理论上可达500线，视频信噪比可达54dB。在音响方面，有16b /48kHz、 44.1kHz、32kHz两声道及12b/32kHz四声道几种规格。

2）DVCPRO 格式

DVCPRO格式是1996年松下公司在DV格式基础上推出的一种新的数字格式，水平解析度达700线。它采用 4：1：1取样，5：1压缩，18μm的磁迹宽度。1998年又在DVCPRO的基础上推出了DVCPRO50，它采用4：2：2取样，3.3：1压缩。图4-24为DVCPRO格式摄像机实物图。

图4-24 DVCPRO格式摄像机实物图

3）Digital-S 格式

Digital-S格式是日本JVC公司于1995年4月推出的一种新型的广播专业级数字分量录像机格式，也称为D-9格式。它是以S-VHS技术为基础开发的具有高效编码数字技术S格式的录像标准，可以重放S-VHS的图像信号，录像带宽度为12.7mm（1/2in），采用4：2：2取样，8b量化，帧内为3.3：1压缩，视频数据率为50Mb/s。可记录4路声频，每路48kHz取样，16b量化。图4-25为Digital-S格式摄像机实物图。

图4-25 Digital-S格式摄像机实物图

4）Digital 8格式

Digital 8格式与DV格式一样，拥有500线水平解析度以上的画质，所以质量上比旧式摄像机要好。Digital 8格式采用8mm的金属磁带，比DV格式的磁带要粗，而且Digital 8兼容旧式的8cm磁带，灵活性和适应性更高。

5）DVCAM 格式

1996年推出的 DVCAM 格式的数字设备采用5∶1的压缩比，4∶2∶0 (PAL) 取样方式，8b数字分量记录，保证了画面的高质量，并可兼容重放家用数字 DV 录像带，具有优越的性价比。图4-26为DSR-300P摄像机实物图。

图4-26　DSR-300P摄像机实物图

6）Betacam-SX 格式

Betacam-SX采用MPEG-2 MP@ML 的扩展4∶2∶2P@ML 标准。在保证高图像质量的同时，还有较高的压缩比（10∶1）。

7）Betacam数字分量格式

SONY公司于1993年推出Betacam数字分量格式的录像机。视频信号采用4∶2∶2取样，数字输入10b量化，模拟输入8b量化，帧内2∶1数据压缩。

目前，市场可供选择的数字摄像机型号很多，各厂家高级摄像机都采用12b模数转换，在信号处理上采用16b以上的数据处理，保证了更精确的伽马、拐点、轮廓校正。另外，演播室摄像机所用电缆长度最好不超过200m，超过时应用光纤，接插件要采用镀金措施，防止腐蚀。摄像机质量直接决定演播室的节目技术质量，因此，需慎重考虑性能、价格和需求。现在实现4∶3和16∶9兼容时，各厂家采取的技术不同，日本各摄像机厂家采用的是16∶9的CCD元件，通过改变水平尺寸以实现对4∶3的兼容。在进行4∶3和16∶9的转换时，由于成像面的水平尺寸不同，因此需要通过可转换镜片来弥补视角的变化。而飞利浦的LDK系列摄像机采取动态像素管理（DPM）技术，在4∶3的CCD上实现16∶9的兼容，DPM技术没有改变CCD成像区域的水平尺寸，只改变了垂直尺寸。

6. 专业级摄像机和广播级摄像机的区别

1）应用领域

广播级摄像机：主要应用于广播电视领域，如电视台节目的制作和播出。广播级摄像机对图像质量和性能有极高的要求，以满足广播标准。

专业级摄像机：通常应用于广播电视以外的专业电视领域，如电化教育、工业、医疗等。这些摄像机要求轻便、价格适中，图像质量略低于广播用摄像机。

2）图像质量

广播级摄像机：具有极高的图像质量，水平分辨率一般在700线以上。广播级摄像机采用高质量的CCD作为光电转换装置，大小为2/3in，三片式。此外，广播级摄像机还有完整的参数控制，如色温、白平衡、灰片等，以确保图像质量。

专业级摄像机：图像质量略低于广播级摄像机，近年来随着CCD摄像器件质量的提高，高档专业级摄像机的性能指标已接近广播级摄像机。专业级摄像机的水平分辨率一般在500线以上，采用CMOS作为光电转换器材，尺寸通常为1/3in。

3）性能参数

广播级摄像机：具有更高的码流，以高清为例，广播级的高清码流要达到140Mb/s，从而确保画面的高质量。此外，广播级摄像机的镜头为标准倍增镜头，焦距、聚焦、光圈等参数都是固定的。

专业级摄像机：码流相对较低，高清码流通常为25Mb/s左右。专业级摄像机的镜头参数并不是确定的，光圈值在广角状态和长焦状态下并不恒定。这使得专业级摄像机在操作上更加灵活多变。

近年来，随着技术的发展和市场需求的变化，专业级摄像机和广播级摄像机之间的界限逐渐模糊。高档专业摄像机在性能指标等很多方面已很接近广播级摄像机，只是在某些特定方面（如彩色还原性、自动化等）还略逊于广播级摄像机。

目前比较知名的摄像机品牌有索尼、JVC、池上、松下、佳能等。图4-27为它们的品牌标志。

SONY   **JVC**   **Ikegami**

（a）索尼   （b）JVC   （c）池上

Panasonic   **Canon**

（d）松下   （e）佳能

图4-27 几款摄像机品牌标志

4.3.2 录像机

录像机是电视节目制作的基本工具，用于记录电视图像及伴音，能存储电视节目视频信号，还可把视频信号重新送到电视发射机或电视机中的磁带记录器。图4-28是录像机实物图。

图4-28 录像机实物图

磁带录像机的发展历程也是从模拟信号形态过渡到数字信号形态的。由于视频信号处理有4∶2∶2、4∶1∶1、4∶2∶0格式之分，压缩方式有场内DCT、帧内DCT和MPEG-2之分，码率压缩比不同，记录码率有200Mb/s左右、100Mb/s左右、50Mb/s和25Mb/s之分，磁带宽度有3/4in、1/2in、1/4in以及MP与ME之分等，因此数字录像机的格式十分多样。

目前，对于串行分量，数字演播室可供选择的广播级录像机有D1、D5和Betacam DVW系列产品。近年来推出的DVCAM、DVCPRO、DVCPRO 50、DIGITAL–S、HD等都是数字分量记录格式，但互不兼容。它们都是进行码率压缩后将数字信号记录到磁带上，这在简单的节目编辑和复制时，进行多次D/A、A/D转换后，信号的质量会下降，因此比较适用于新闻节目的制作。

4.3.3　切换台

切换台是演播室的核心设备，主要用于多摄像机演播室或外景制作，通过切、叠画、划像来连接所选视频，进而创作和嵌入其他特技米完成节目制作的设备。图4-29为切换台实物图。

图4-29　切换台实物图

1. 切换台的功能

切换台的主要功能是给实时编辑提供方便，选择各种视频素材，并通过过渡技巧将这些素材依次连接起来。

（1）从多路视频输入信号中选择一路视频信号作为节目输出。

（2）在两路视频信号之间执行基本转换，如CUT、MIX、WIPE等各种切换效果。

（3）创造特技效果，如抠像、画中画等。

（4）通过辅助母线实现信号的灵活调度。

切换台可以应用于电视信号播出或节目后期制作。在电视中心，需要从多路节目源选出所需的信号进行播出；在后期节目制作中，为加强艺术效果，也需要从不同的节目源中选择一路或多路实施组合输出。视频切换台同时还用于技术人员调整和监测电视中心设备。由于视频切换台能选择输出各路信号，技术人员可以随时监测并调整任一路或整个视频通道中某些关键部位的信号质量；发生故障时，便于探明故障所在部位，以便及时排除。

按信号处理能力不同，又可分为标清和高清数字视频信号切换台。高清数字信号视频切换台码率是1.5Gb/s，16：9；标清数字视频信号切换台码率是270Mb/s，4：3。高清/标清兼容数字视频切换台，可以随着格式转换开关进行画幅切换。还有视频切换台在同一硬件环境下，通过软件升级，实现标清和高清切换台的转换，如SONY公司的MSF-2000。

2. 切换台的组成

切换台主要由输入切换矩阵、混合/效果放大器、特技效果发生器、下游键处理与混合器、同步信号发生器、控制电路几部分组成。根据切换台的复杂程度，分为一级切换台、二级切换台、三级切换台等。

对于一级切换台，A母线即PGM（节目）母线，B母线即PVW（预监）母线，如图4-30所示。

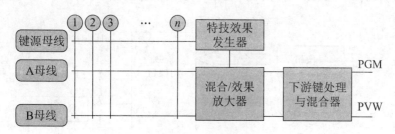

图4-30 一级切换台

对于二级切换台，包含PP级（PGM和PVW）与ME级（MIX和EFFECT），每一级又含有各自的A、B母线，如图4-31所示。

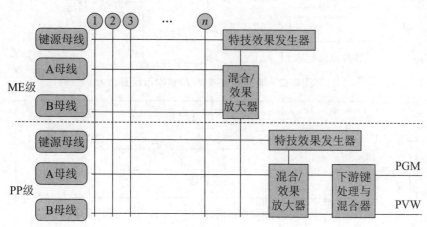

图4-31 二级切换台

切换台的数字化是演播室数字化的关键所在，目前，数字切换台无论在外观、操作还是内部框架结构上，均与传统的模拟切换台相似，不同之处在于，切换台和计算机技术相结合，实现了联网操作。其输入的SDI接口不再与控制面板按钮一一对应，而是由菜单设置其对应关系；输入的视频信号与键信号也不再区分，可接入任一路SDI输入口。数字切换台具有强大的设置菜单，可对制式、格式、宽高比、各种键及特技等在内的几乎所有参数进行设置。切换台的选型不仅要考虑演播室的节目制作类别和容量，还应考虑后期节目制作功能的兼顾，以充分发挥作用。

4.4 控制室和周边系统

控制室是整个演播室运行的中枢，周边系统为演播室的正常运行提供有力保障。

4.4.1 控制室

演播室录制的视声频信号通过各自的专用电缆与控制室的相应设备连接，将视频和声频信号传输到控制室，控制室主要实现视频控制、声频控制、灯光控制等功能，主要设备有录像机、字幕机、切换台、调音台、同步机、监视器、技术监测等。图4-32为演播室+控制机房结构示意图，图4-33为一般控制机房的布局图，图4-34为控制室实景图。

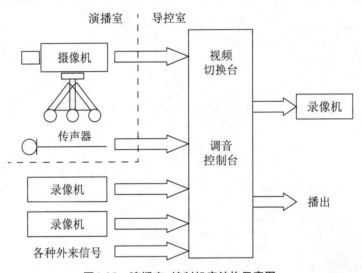

图4-32　演播室+控制机房结构示意图

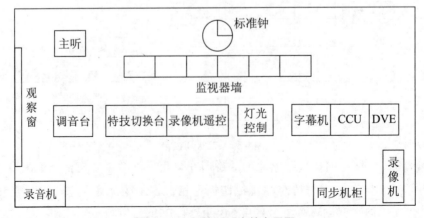

图4-33　一般控制机房的布局图

图4-34 控制室实景图

节目制作播出的总指挥称为电视导播。导播在制作和播出过程中，依靠视频监视器、声频监听扬声器、时钟和计时器、内部通话和对讲系统等选择和组织不同的视声频输入信号，实现节目控制。

4.4.2 周边系统

周边系统包括电源、接地、授时、检测、监控等系统。

1. 电源系统

电源系统是电视中心所有能量来源，对中心稳定运行起着至关重要的作用。电视中心的电源主要有以下三种形式。

（1）单相电源：供电简单方便，但系统负荷能力较差，且安全性不高，对于有大功率灯光、空调的系统一般不采用单相电源。

（2）三相电源：可提高系统用电的负荷能力和安全性，主要用于带载大功率灯光、空调等设备，易对声视频设备造成干扰。

（3）UPS电源：又叫不间断电源，也有单相和三相之分，对于系统中输出声视频设备应首先考虑采用UPS电源，但总体造价与功率直接有关系。

2. 地线系统

地线系统主要有树状与网状结构。树状结构用于释放干扰，网状结构用于屏蔽干扰。有保护接地、防雷接地和工作接地之分。如果建筑物有联合接地系统，可以统一接建筑物等电位体。

3. GPS/北斗授时系统（同步系统）

为保证系统内部的时间同步，特别是为轮播播出提供标准时间，系统内校时服务器能够接收GPS/北斗时钟的授时信号，系统内部其他服务器均可通过以太网与校时服务器进行时间同步。

4. TALLY系统

在演播室里，TALLY系统起着非常重要的作用。它通常以字符或指示灯的形式出现在摄像头/摄像机的寻像器和电视墙等系统的节点上，分别给主持人、摄像和演播室制作人员予以提示，告知当前视频切换台切出的PGM和PST信号是什么。通过视觉提示协调各个岗位的工作人员，及时了解节目的进展状态。图4-35为TALLY系统架构框图。

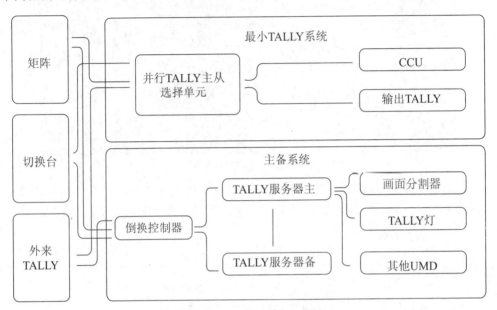

图4-35　TALLY系统架构框图

5. 检测系统

主要检测SDI数字视频信号电平、抖动、眼图以及SDI数字视频信号的报警等。对于视频信号的技术标准，可以通过示波器进行查看。调整时，亮度可参考视频的波形图，确保峰值不超过700mV；色度可通过矢量示波器查看系统输出的彩条信号，如果其矢量图显示的亮点与田字格区域偏差过大，说明系统色相出现偏差。摄像机拍摄的视频信号矢量图一般为不规则絮状图，某一区域越向外扩散，说明该部分颜色的饱和度越高。

6. 监控系统

节目播放时，不可避免地会发生一系列问题，节目视频停播、载波停播、伴音停播、静帧、黑场等故障随时都可能发生。所以监控系统必不可少。监控系统的主要作用就是对播出的节目进行监测，以便工作人员能够及时发现问题并给予解决，从而达到安全播出的目的。

7. 通话系统

主要负责总控机房与各分控机房、总控机房与各演播室、分控机房与演播室、分控机房与上载机房、外界与台内机房之间保持通话联系。

4.5 主要声视频接头与插口

电视中心中会用到各种各样的声视频接头与插口，下面介绍部分常用的接头与插口。

4.5.1 3.5mm和6.35mm插头

6.35mm插头又叫大插头，有大TS（Tip，Sleeve）和大TRS（Tip，Ring，Sleeve）之分；3.5mm插头又叫小插头，有小TS和小TRS之分，主要用于声频或控制信号的传输和转接。6.35mm插头常用于一些专业的声频设备中，而3.5mm插头常用于一些小型的声频设备和家用声频设备中。TS用于非平衡传输，T接芯线，S接地，TRS用于平衡传输，T接热端，R接冷端，S接地。图4-36是3.5mm插头实物图片，图4-37是6.35mm插头实物图片。

图4-36 3.5mm插头实物图片

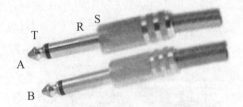

图4-37 6.35mm插头实物图片

4.5.2 卡侬头

卡侬头又称为XLR卡侬接口，英文名字为CANNON，按接头插针数有两芯、三芯、四芯等几种，按接头形式有公头和母头之分，可以用于声频信号或控制信号的传输，常用于专业声频连接的是三芯的卡侬接口，特点是连接牢固可靠，插头设计可以保证在连接时没有噪声，是一种平衡连接方式，卡侬头上标记1、2、3，1为信号地、2为信号热端、3为信号冷端。图4-38是其实物图片。

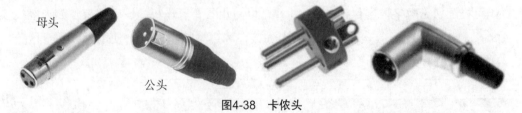

图4-38 卡侬头

4.5.3 RCA接头

RCA接头又称为莲花接头，也是一种用于同轴电缆的非平衡传输连接器，在专业声频设备中经常用来转接声频信号，在一些家用设备中也用来转接视频信号。RCA接头按接头形式有公头和母头之分，按制作方式有压接式、组装式和焊接式等，压接式需要专用工具，并且接头要与同轴电缆匹配，焊接式是最常见的形式。图4-39是其实物图片。

图4-39　几种RCA接头

4.5.4　BNC接头

BNC接头又称为Q9头，是一种用于同轴电缆的非平衡传输连接器，英文全称是Bayonet Nut Connector（刺刀螺母连接器，这个名称形象地描述了这种接头的外形）。目前它被广泛用于通信系统中，如网络设备中的E1接口有时就是用两根BNC接头的同轴电缆连接的，在专业视频设备、音响设备中经常用来转接视频、声频信号。此外在专业测试设备如示波器中也经常被用来制作测试连接线。BNC接头按接头形式有公头和母头之分，按制作方式有压接式、组装式和焊接式等，压接式需要专用工具，并且接头要与同轴电缆匹配。图4-40是几种BNC接头的实物图片。

图4-40　几种BNC接头

4.5.5　HDMI

高清晰度多媒体接口（High Definition Multimedia Interface，HDMI）是一种数字化视频/声频接口技术，是适合影像传输的专用型数字化接口，其可同时传送声频和影像信号，最高数据传输速率为4.5Gb/s，同时无须在信号传送前进行数/模或者模/数转换。HDMI可搭配宽带数字内容保护（HDCP），以防止具有著作权的影音内容遭到未经授权的复制。HDMI从外形上有标准接口、迷你接口和微型接口之分，使用时要注意区分，图4-41为HDMI的实物图。

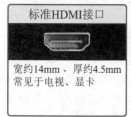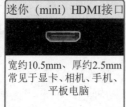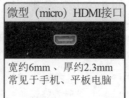

图4-41　HDMI的实物图

4.6 思考题

（1）电视中心主要功能是什么？主要由哪些系统构成？

（2）简述演播室的声学要求以及布光技巧。

（3）什么是传声器？什么是扬声器？

（4）简述调音台的主要功能以及基本组成。

（5）简述数字摄像机的组成、工作原理以及技术指标。

（6）简述切换台的主要功能。

（7）TAllY系统的主要功能是什么？

（8）常用的视声频接口有哪些？简述各自的特点。

第5章　电视节目制作

电视节目编辑制作系统的主要功能是根据节目内容及要求，采用有效的技术手段及制作方法，制作具有声音、图像和艺术效果的电视节目。主要分为前期制作和后期制作。前期制作的主要任务是收集各种节目素材，后期制作则是制成节目成品的全部过程，包括图像与声音编辑、特技处理、字幕叠加及配音（音乐、对话、解说、拟音、效果）等。

5.1　编辑制作技术

用电子方式将不同的素材按一定顺序组合成一个有完整内容的节目制作技术称为电子编辑制作技术，分为线性编辑和非线性编辑。

5.1.1　线性编辑

线性编辑是一种磁带的编辑方式，利用电子手段，根据节目内容的要求将素材连接成新的连续画面。通常使用组合编辑将素材顺序编辑成新的连续画面，然后再以插入编辑的方式对某一段进行同样长度的替换。但要想删除、缩短、加长中间的某一段是不可能的，除非将那一段以后的画面抹去重录，即存储模式与时间顺序有关，受时间顺序"线性"约束，不可随机存取。

线性编辑通常需要的设备为一台（或多台）放像机、一台具有编辑功能的录像机以及一台编辑控制器。线性编辑具有以下优点。

（1）可以很好地保护原来的素材，能多次使用。

（2）不损伤磁带，能发挥磁带能随意录、随意抹去的特点，降低制作成本。

（3）能保持同步及控制信号的连续性，组接平稳，不会出现信号不连续、图像跳闪的现象。

（4）可以迅速、准确地找到最适当的编辑点，正式编辑前可预先检查，编辑后可立刻观看编辑效果，发现不妥可马上修改。

（5）声音与图像可以做到完全吻合，还可各自分别进行修改。

虽然具有以上优点，但线性编辑也有以下缺点。

（1）素材不可能做到随机存取：线性编辑系统以磁带为记录载体，节目信号按时间线性排列，在寻找素材时录像机需要进行卷带搜索，只能在一维的时间轴上按照镜头的顺序一段一段地搜索，不能跳跃进行，因此素材的选择很费时间，影响编辑效率。另外大量的搜索操作对录像机的机械伺服系统和磁头的磨损也较大。

（2）模拟信号经多次复制，信号衰减严重，声画质量降低：节目制作中一个重要的问题就是母带的翻版磨损。传统的编辑方式的实质是复制，是将源素材复制到另一盘磁带的过程。而模拟视频信号在复制时存在衰减，当进行编辑及多代复制时，特别是在一个复杂系统中进行时，信号在传输和编辑过程中容易受到外部干扰，造成信号的损失，使图像的劣化更为明显。

（3）线性的编辑难以对半成品完成随意的插入或删除等操作：因为线性编辑方式是以磁带的线性记录为基础的，一般只能按编辑顺序记录，虽然插入编辑方式允许替换已录磁带上的声音或图像，但是这种替换实际上只能替掉旧的，它要求替换的片段和磁带上被替换的片段时间一致，而不能进行增删，即不能改变节目的长度，这样对节目的修改就非常不方便。

（4）所需设备较多，安装调试较为复杂：线性编辑系统连线复杂，有视频线、声频线、控制线、同步机，构成复杂，可靠性相对降低，经常出现不匹配的现象。另外设备种类繁多，录像机（被用作录像机/放像机）、编辑控制器、特技发生器、时基校正器、字幕机和其他设备一起工作，由于这些设备各自起着特定的作用，各种设备性能参差不齐，指标各异，当它们连接在一起时，会对视频信号造成较大的衰减。另外，大量的设备同时使用，使得操作人员众多，操作过程复杂。

（5）较为生硬的人机界面限制了制作人员进行创造性的发挥。

5.1.2 非线性编辑

非线性编辑是指一种可以对画面进行任意顺序的组接，而不必按照镜头稿本顺序编辑影视节目的、基于硬盘存储、存储模式与时间顺序无关的、不受时间顺序"线性"约束、可随机存取的电子编辑方式。"非线性"的含义是指所用素材的长短和前后顺序可以不按制作的长短和先后顺序进行任意编排和剪辑。

1. 非线性编辑系统的组成和功能

非线性编辑借助计算机进行数字化制作，几乎所有的工作都在计算机中完成，不再需要那么多的外部设备，对素材的调用也是瞬间实现，不用反反复复在磁带上寻找，突破单一的时间顺序编辑限制，可以按各种顺序排列，具有快捷简便、随机的特性。非线性编辑只要上传一次就可以多次编辑，信号质量始终不会变低，所以节省了设备、人力，提高了效率。非线性编辑需要专用的编辑软件、硬件，现在绝大多数的电视电影制作机构采用了非线性编辑系统，图5-1为非线性编辑系统实物图。

非线性编辑系统是以计算机平台为基础，辅以专业视频显示卡、视声频输入/输出通道卡（一般称为I/O卡），以及可高速读写的大容量存储设备等构建的一整套硬件/软件集成系统，图5-2为非线性编辑系统框图。

图5-1　非线性编辑系统实物图

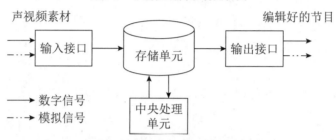

图5-2　非线性编辑系统框图

1）视声频输入/输出通道卡

主流的I/O卡除了具备一般非编卡中的编解码芯片外，还具备全面的信号输入与输出接口。当需要将编辑好的内容输出到监视器上，或者录制到磁带中时，则需要使用I/O卡的输入接口；当需要将编辑好的内容输出到监视器上，或者录制到磁带中时，需要使用I/O卡的输出接口。

2）大容量存储设备

随着视频从标清到高清、高清到2K、4K的升级，视声频素材占用的磁盘存储空间呈指数级放大。现在的非编工作站除了系统硬盘以外，一般可以容纳2～4块数据硬盘，如果存储还不够的话，还可以使用外接的磁盘阵列来扩充存储容量，以满足素材等资源存储的需求。

除了容量满足要求之外，存储的读写速度也很重要，存储的读写带宽标准也越来越高。高清多层节目编辑需要的读写带宽随着码率的提升，已提高到600~800Mb/s。进入4K超高清编辑时代后，这一要求又大幅提升到了1200~1400Mb/s。

3）计算和渲染平台

最新的非编设备均采用CPU+GPU处理技术。CPU支持大量运算，且最好拥有超线程功能和性能同样强大的显示卡，以满足苛刻的渲染需求，还需要一定容量的内存为CPU和GPU运算服务。

4）专业存储接口设备

非线性编辑软件在使用时，需要连接专业存储接口设备进行素材资源的上传和下载，这类设备一般分为两类：基带设备和非线性介质设备。

基带设备指的是使用传统模拟/数字磁带的设备，主要有摄像机和录像机，一般通过设备上的SDI、复合、分量或者I.LINK1394接口与工作站连接，而素材的上传和下载需要按1：1的时长进行，造成了较长的上传和下载时间和磁带长时间使用的损耗。

非线性介质设备是使用光盘或者半导体介质作为载体的设备，非线性介质存储设备非常便捷，且由于离散的非线性特性（因为都是以文件的形式分片段记录），使得素材上传和下载的时间可以被自由编辑。目前最常用的有SONY XDCAM蓝光盘、SONY XDCAM EX卡等，通过I.LINK 1394或USB接口连接工作站。实际中也常用CD光盘、DVD光盘、利用HDMI输出信号的播放设备等。

5）非线性编辑软件

非线性编辑系统是一个集采、编、播、存、管于一体的庞大软件系统。以索贝非线性编辑系统为例，可以在软件中上传和下载素材，编辑节目和素材，为视频与声频制作特技特效，制作图文字幕，以及输出和下载等。表5-1为几款常用的非线性编辑软件的性能比较。

表5-1　几款常用的非线性编辑软件的性能比较

参数	DMC公司	中科大洋公司	索贝公司	新奥特公司	苹果公司
自主产权	√	√	√	√	
系统检测报告	√	√	√	√	
中文编辑界面	√	√	√	√	部分汉化
ISO认证	√	√	√	√	
文件兼容格式	17种格式	自认格式	自认格式	自认格式	7种格式
其他设备兼容	可以	不可以	不可以	不可以	可以
操作系统	Windows	Windows	Windows	Windows	macOS
实时性	4层实时	4层实时	4层实时	4层实时	2层实时
视频接口	全接口	全接口	全接口	全接口	全接口
遥控接口	RS422	RS422	RS422	RS422	RS422
声频接口	全接口	全接口	全接口	全接口	全接口

2. 非线性编辑流程

1）创建工程项目与节目

首先创建一个项目和节目，包括制定项目的分辨率、帧率等制式。

2）素材入库

通过I/O板卡实时采集素材，或者通过蓝光、P2快速上传素材，也可以通过导入硬盘中的视声频文件来入库素材。

3）素材上线编辑

素材入库后，需要在时间线上进行镜头的剪辑和拼接，之后再添加特技或字幕来完善画面效果。

4）特技创作

特技分为画面内部特效和过渡特效，用来修饰剪辑完成的画面。

5）图文字幕创作

图文字幕可以用来创作包装效果、提板效果等。一般非线性编辑系统会内置或外挂图文字幕工具，更高级的系统还会提供类似3D Max的全三维字幕编辑功能。

6）声频编辑

通过声频编辑功能或者专用声频软件来创作音效，最后在时间线上剪辑并且合成需要的音效。

7）合成和输出

一般广电系统编辑完成的成片可以通过审片流程和播出流程将其发布出去，而非广电系统则是最终输出，涉及节目的整体渲染打包、节目输出到文件或者节目直接刻录到DVD等。

8）第三方交互

在电视电影的后期制作过程中，经常需要同时使用多个后期软件完成一个节目，这时就需要EDL、XML、AAF等在多个软件系统之间进行工程项目与素材资源的共享交换。

9）网络化编辑

网络化编辑是利用局域网将所有制作终端连接起来的网内制作形式，网内制作者可以分享资源，协同接力节目制作，流程化生产。

目前，电视技术已经全面进入数字技术时代。相对于模拟电视，数字电视节目制作技术最根本的变化在于使用了数字摄像机、数字录像机等前期数字设备，使用了基于硬盘的非线性编辑系统。模拟摄像机、录像机以及基于磁带的线性编辑系统全面退出历史舞台。

3. 非线性编辑的优点

（1）信号质量高，数字信息多次复制质量也不会下降。

（2）制作水平高，具有图像处理功能，有键控抠像、多种划像、场景过渡等特技功能。

（3）编辑能力强、制作方便，使用EDL表进行编辑，无须复制素材，素材随机存取，且实现零帧精确编辑，编辑界面可视性强，工作流程比较灵活，节目编辑方便快捷。

（4）便于网络化，实现资源共享协同创作，大大提高工作效率。

（5）可以兼容各种视频、声频设备，也便于输出为各种格式的资料。

4. EDIUS非线性编辑软件

EDIUS是Canopus公司的非线性编辑软件，Canopus HQ是专为HD编辑设计的一种文件保存格式编码，采用帧内压缩，4∶2∶2采样，两遍（two-pass）可变比特率（VBR）压缩技术等先进的运动预测算法和几乎完美的YUV色彩空间处理，保证了图像的高质量和输出的高速度。图5-3为EDIUS非线性编辑软件界面。

实际应用中，对于相同的视频素材，Canopus HQ编码的AVI文件比常见的无压缩AVI和TGA序列，在输出时间上差不多少1/2。而且，由于HQ使用可变比特率，视具体的视频内容而言，其文件容量有可能是无压缩的1/20。

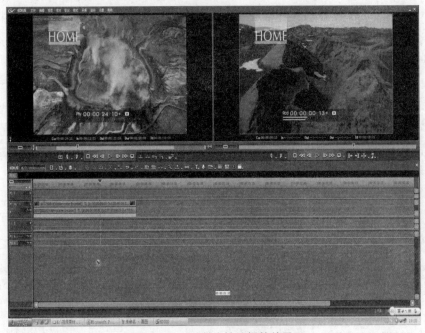

图5-3　EDIUS非线性编辑软件界面

EDIUS非线性编辑软件具有以下功能。

（1）基于时间线（Time Line）的结构以及轨道（Track）的概念，使得多媒体文件的组织、编辑变得直观而高效。

（2）支持即时预览。

（3）视频编辑项目支持以XML文档的形式保存。

（4）支持对视频/声频的效果处理，以及视频之间切换的过渡处理。

（5）可以直接使用软件提供的100多种视频过渡效果，以及微软公司的Internet Explorer浏览器自带的各种Transform、Transition组件。

（6）支持通过色调、亮度、RGB值或者alpha值进行图像的合成。

（7）自动对源文件输出的视频帧率、声频的采样率进行调整，直接支持视频的缩放。

5.非线性编辑系统的网络化

采用一二套单机非线性编辑系统和少量的线性编辑系统基本可以满足节目制作量较小的电视台节目后期制作的需求。但对于制作量较大的电视台，需要配备大量的单机非线性编辑系统和线性编辑系统才能满足要求，这样不仅成本高、效率低，而且也很难实现各制作孤岛间的资源共享和信息的高速传输。因此，实现非线性编辑网络化是必然的选择。

网络化主要有以太网和光纤网两种方式。中科大洋、索贝、新奥特等公司提出双网结构，即结合光纤网和以太网的特点，将压缩比低的播出用高质量画面与压缩比高的编辑用低质量画面分开管理，以较低的开销解决了困扰非线性编辑网络发展多年的网络带宽问题，其系统架构如图5-4所示。电视节目制作网络系统通常采用双网结构，即传输低压缩比、高质量视频文件的高速可靠的光纤网和传输高压缩比、低质量视频文件的低成本易管理的以太网共存互补的网络结构。

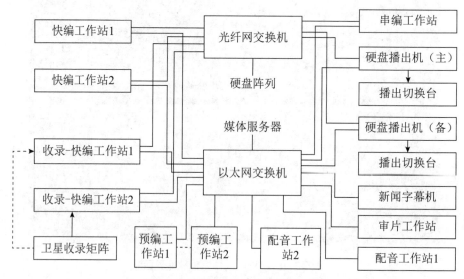

图5-4　双网结构的非线性编辑系统

双网结构体系是以光纤网为骨干、以太网为辅助的双网并行结构。光纤网传输数据量非常大的视频素材，满足实时传输要求；以太网传送数据量相对较小的高压缩比的视频数据、存储位置的指针信息、管理信息等。高压缩比的素材经过粗编后，一路通过以太网送给领导审片用，另一路可以自动调用下载工作站的本地硬盘资料，进行低压缩比、高质量的素材自动下载录制，完成节目播放母带的制作。

5.1.3　视频切换

视频切换是指在多路输入视频信号中任选一路或数路信号输出，通常由切换台完成视频切换功能。切换台的切换方式包括快切、慢切换、扫换和键控四类（现在都可以用软件实现）。

（1）快切（CUT，也称硬切），对PP级A母线的选择直接输出节目信号，转换图像之间没有任何过渡和变化。快切是镜头组接最常用的方式，不同长度的镜头画面以快切的形式连接在一起，决定节目内容的节奏。

（2）慢切换 (MIX)，分别选择A、B母线信号，然后将信号以X混合（化入化出）或V混合（淡入淡出）的方式实现转换，可手动控制转换的速率，X混合和V混合的图像变化过程的曲线如图5-5所示。

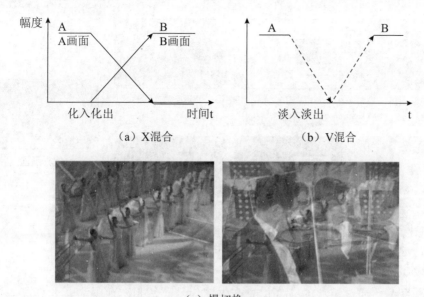

（a）X混合　　　　　　　　　　（b）V混合

（c）慢切换

图5-5　慢切换的两种方式

（3）划像（WIPE）又称为扫换、分画面特技，指一个画面以某种形状和大小沿某个方向逐渐取代另一幅画面，可手动控制转换的速率。划像过程中图像的变化如图5-6所示。

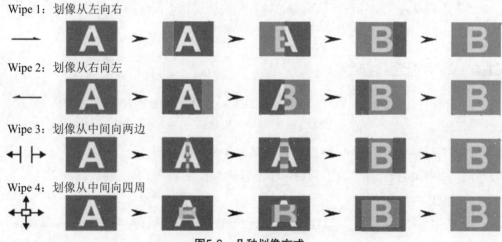

图5-6　几种划像方式

（4）键控（KEY，也称为抠像）是在一幅图像中沿一定的轮廓线抠去其中的一部分，然后填入另一幅图像的特技手段，通常用于在电视画面中插入字幕、符号，或以某种较复杂的图形、轮廓线来分割屏幕。

"抠"和"填"是键控技术的核心。正常情况下，被抠的图像是背景图像，填入的图像是前景图像，用来抠去背景图像的电信号称为键信号，形成这一键信号的信号源称为键源。

键信号也是一种视频信号。键信号的黑电平表示全透，白电平表示不透明，黑、白之间表示部分透明。键控原理如图5-7所示。

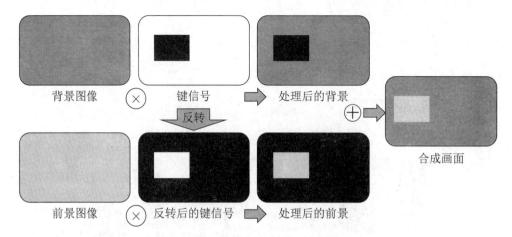

图5-7 键控原理

切换台的键控方式主要有以下几种。

（1）亮度键，通过键源的亮度信息产生键信号。适用于前景与背景亮度差别大的场合。

（2）色键，通过键源的指定背景色产生键信号。

（3）图形键，通过系统提供的图案形状作为键信号。

（4）线性键，通过调节键信号的过渡区域，软化图像结合的边缘。

（5）下游键，处于切换台的最后一级，利用键控技术进行图形和字幕的叠加。字幕机需要输出键源和键填充两路信号给切换台。

5.1.4 数字视频特技

数字视频特技（Digital Video Effects，DVE）是对视频信号本身进行尺寸、位置、时间、形状和亮、色等变化的数字化处理，产生各种特别镜头效果的技术。数字特技机是软件与硬件结合起来实现的，速度快，视频指标高。制作部门一般采用数字视频切换台和专用数字视频特技完成节目的后期制作，包括二维数字特技和三维数字特技。

1. 二维数字特技

二维数字特技包括单镜头特技、多镜头组合特技、镜头过渡特技等。

1）单镜头特技

对单个镜头中图像的亮度、颜色、形状、时间等属性进行处理而得到的特殊视觉效果。包括亮、色特效，几何变形特效，稳定与晃动特效，时间特效等。

亮、色特效是对图像的亮度、色调、饱和度、对比度的调整，如油画、版画、负像等效果，如图5-8所示。

几何变形特效是通过改变几何形状而获得透视、卷页、水波等效果，如图5-9所示。

时间特效包括快放、倒放、慢放、定格、拖尾、频闪等效果，如图5-10所示。

（a）油画效果　　　　　　　　　　（b）版画效果

B——Y

G——M

R——C

（c）负像效果

图5-8　亮、色特效

2）多镜头组合特技

对两个或两个以上镜头中的图像进行空间组合处理而获得的特殊视觉效果。如键控特效、画中画特效等。画中画即在一个视频上叠加另一个视频的多画面效果，如图5-11所示。

图5-9　水波特效效果

图5-10　拖尾特效效果

图5-11　画中画特效效果

3）镜头过渡特技

镜头过渡特技指添加在时间线上两个相邻的镜头之间，丰富镜头过渡形式的特殊视觉效果，也称为镜头转换特效。如叠化、划像、变形等，如图5-12所示。

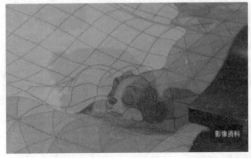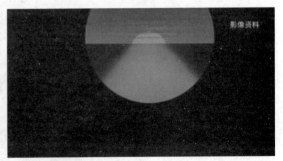

图5-12　镜头过渡特技效果

2. 三维数字特技

三维数字特技的主要原理是通过变换存储器地址的读写顺序，改变样值在图像上的位置，将画面上每一点在三维XYZ空间内沿Z轴的变化量折算到二维屏幕的XY轴上，获得一系列有透视效果的几何变形画面。图5-13所示为三维数字特技所形成的场景。

图5-13 三维数字特技所形成的场景

三维数字特技是制作三维空间运动图像在荧光屏上的投影，即仍然是平面图像。变换时输入和输出都是平面图像，三维运动效果是通过图像平面坐标和投影平面坐标间的变换实现的，其变换基础是映射变换学（mapping transform）。

DVE是对已有的图像进行各种变化处理，动画是按照创意者的创作意图制作画面。与计算机动画不同的是，软件特技主要由计算机完成，速度慢，视频质量一般，没有数字特技机质量好；但是软件特技能同时完成特技、动画、字幕、配音等工作，灵活性强。

5.1.5 字幕

字幕指以文字形式显示电视、电影、舞台作品里面的对话等非影像内容，也泛指影视作品后期加工的文字。

影视作品的对话字幕一般出现在屏幕下方，而戏剧作品的字幕则可能显示于舞台两旁或上方。从呈现方式看，字幕分为静态字幕和动态字幕。

在电视节目制作过程中，字幕机系统主要由计算机系统、图像板卡、字幕软件系统组成。普通字幕机包装手段单一，前期制作量大，不灵活，因此很多节目采用了在线包装系统。在线包装系统可提供全三维空间字幕、图像、视频的实时处理，可融入三维图像效果，如视频回放和特效等。

5.1.6 索贝公司4K后期制作整体解决方案

伴随着视频业务流程的专业化进步，非编系统中的节目生产越来越难以脱离其他流程独立存在。尤其是在4K超高清出现后，需要更多地、更有效地利用各种后期系统，譬如非编系统与调色系统的互动、与配音系统的互动、与包装合成系统的互动。同样地，除了传统采、编、播流程之外，非编系统与网络平台的交互应用也将更加顺畅，云的应用会更多地涉及日常编辑领域。图5-14所示为索贝公司4K后期制作整体解决方案的系统框图。

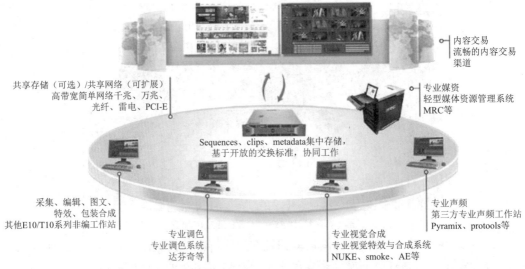

图5-14　索贝公司4K后期制作整体解决方案的系统框图

5.2　电视节目制作方式

电视节目的制作方式主要有ENG（Electronic News Gathering，电子新闻采集）系统、EFP（Electronic Field Production，电子现场节目制作）系统、ESP（Electronic Studio Production，电子演播室节目制作）系统以及VSS（Visual Studio System，虚拟演播室系统）。

5.2.1　ENG系统

ENG是一种单机采访模式，使用便携式的摄像、录像设备，进行电视新闻采集的系统称为ENG系统。该系统一般由便携式摄像机和录像机、一名摄像师和一名记者构成，如图5-15所示。

图5-15　ENG系统

ENG系统具有适应新闻事件的突发性、电视报道时效性、现场性等特点，此外要求携带的采录设备具有小型、轻便、灵活、机动的特点。

5.2.2　现场节目制作系统（EFP）

EFP系统一般包括三台以上的摄像机，一个视频信号切换台，一个调音台及其他辅助设备，如图5-16所示。EFP方式主要是在事件发生的现场，或演出、竞赛现场制作电视节目，进行现场直播或录播，因此，现场性特别强烈。EFP技术是一个系统集成技术，一般需要转播车（图5-17）完成，绝大多数电视台具备EFP设备和技术人员。

图5-16　EFP系统

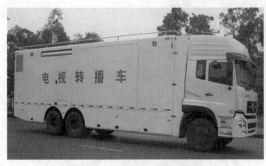

（a）电视转播车外形

（b）车内场景

图5-17　转播车

5.2.3　ESP系统

ESP系统是一个高科技制作系统，设备和技术要求高。包括演播室数字灯光系统、广播级摄像机系统、高保真音响，还包括数字特技、动画特技系统，如图5-18所示。ESP系统既可以录播，也可以直播。是电视台自办节目的主要手段，如大型综艺节目的制作。高校广播电视专业实验室建设的演播室，设备达不到演播室要求的设备标准，一般配备ENG设备，再配备切换台、调音台、非编系统，形成一个电视节目制作系统，同时完成ENG、EFP、ESP各种电视制作方式的实验教学。

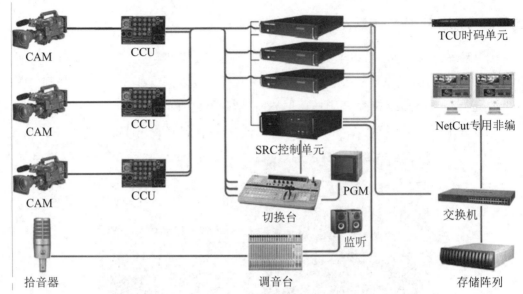

图5-18　ESP系统

在演播室内，多台用于景物拍摄的配有三脚架（图5-19）、升降台（图5-20）或摇臂（图5-21）的摄像机和用于声音拾取的传声器，通过各自的专用电缆和控制室的相应设备连接起来，将视频和声频信号传输到控制室，此外还装有用于节目制作的布景和道具、照明设备、监视设备和用于同期声音录制的扩音设备等。

图5-19　三脚架　　　　　　　　　　　图5-20　升降台

图5-21 摇臂

5.3 虚拟演播室

虚拟演播室技术是计算机技术、虚拟现实技术、电视摄像技术、电视抠像技术结合在一起形成的，计算机技术和虚拟现实技术产生二维或三维虚拟场景，电视摄像技术产生真实画面，电视抠像技术将真实画面融入虚拟场景中，使电视画面具有特别的艺术效果，如图5-22所示，图5-23所示为某校园电视台虚拟演播系统布局图。

图5-22 虚拟演播室效果

图5-23　某校园电视台虚拟演播系统布局图

　　虚拟演播室背景大多是由计算机生成的，可以迅速变化，使得丰富多彩的演播室场景设计可以用非常经济的手段实现。虽然其发展时间短，技术上还存在一些问题，但是由于其本身所具有的无穷魅力和不可低估的发展前景，目前国内越来越多的节目采用虚拟演播室系统制作完成，如甘肃卫视的《决胜海陆空》、深圳卫视的《军情直播间》等，如图5-24所示。

（a）《决胜海陆空》节目

（b）《军情直播间》节目

图5-24　国内采用虚拟演播室制作的节目

5.3.1 虚拟演播室的发展

由虚拟演播室概念到可实用的虚拟演播室技术，经过了20多年的发展，可以分为以下几个阶段。

（1）20世纪70年代中期，BBC使用了一种电动的控制装置，通过电动的方式控制云台的水平摇动和上下俯仰。这个设计被称为"场景同步"。

（2）最早的实时虚拟演播室系统于1991年在日本得到应用，NHK使用虚拟演播室的雏形制作了一部科学纪录片《极小空间》。这部借助虚拟演播室系统制作的电视片获得相当不错的效果。

（3）1993年，IMP和VAP两家公司同时研究全新的色键应用解决方案，即计算机生成的背景图像根据摄像机的运动而同步运动，并将生成的背景图像输入色键器中。

（4）1994年，在荷兰的阿姆斯特丹举行的国际广播电视大会（IBC）上，虚拟演播室系统第一次展现在广电业工作者面前。

（5）1995年，以色列的ORAD公司开发了一套名叫CyberSet的虚拟演播室系统，它采用改进后的基于网格识别的摄像机跟踪方式。通过使用一台专用的高端计算机以及在演播室蓝箱墙壁上绘制的浅蓝色网格，系统就能够计算出摄像机的准确位置。

（6）1996年，SGI公司引入了一款新型的图形渲染引擎——Infinite Reality。这款新的渲染引擎的性能确保了一些新技术的实现，它能够处理由更多多边形构成的虚拟场景，并首次实现了场景虚焦的特殊效果。

（7）1997年，SGI公司的Onyx图形工作站不再是虚拟演播室中唯一采用的图形渲染设备。Accom公司开发了Elset-Live-NT系统，同时Evans&Sutherland公司也完成了Mindset系统的开发，这两个虚拟演播室系统都是基于Windows NT平台。

我国虚拟演播室技术的研发起步于20世纪末，新奥特公司、中科大洋公司、索贝公司等多家国内视频产品生产厂商，在虚拟演播室系统的研发上投入了大量人力，并逐步在关键技术上取得了突破和创新，开发出了更适合国内电视台使用的虚拟演播室系统。

现在，三维虚拟演播室已逐渐成为主流产品，技术日渐完善。虚拟演播室技术已经扩展到互联网，目前已有具有虚拟实况和网络重放功能的互联网节目。

5.3.2 虚拟演播室的分类

虚拟演播室系统从功能上划分，可以分为二维虚拟演播室系统和三维虚拟演播室系统。二维虚拟演播室系统普遍具备遮挡功能，通常也称为"二维半虚拟演播室系统"。

二维系统通常以一张或一组平面图像为背景，根据摄像机推、拉、摇、移的参数变化，对整幅图像进行缩放或平移处理，以提供相应的背景，如图5-25所示。此系统摄像机不需移动。

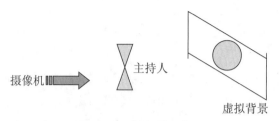

图5-25　二维系统示意图

　　需要注意的是，二维系统的背景一般是事先做好的平面图像，这是二维虚拟演播室系统的重要特征，也是区别于三维虚拟演播室系统的本质特点。

　　三维系统基于Open GL或D3D图形渲染平台之上，采用高质量的专业3D图形加速处理卡，配以相应的场景处理技术，保证系统能够流畅地运行复杂的三维场景。三维系统的特点是构建真正三维的虚拟场景，三维系统调用的场景是用传统的3D建模工具（如3D Max、Maya、Softimage等）建立的标准虚拟场景模型文件（*.3ds），在专业图形工作站上，根据摄像机推、拉、摇、移参数的变化进行实时的三维填充和渲染，因此场景模型和实时渲染是三维虚拟演播室的重要特征。

　　三维虚拟场景中的景物具有真正的三维属性，随着摄像机的推、拉、摇、移，可以看到景物的侧面和背面，而且在三维场景中，物体之间是有景深效果的，随着摄像机的推、拉、摇、移，物体间的空间位置关系也有相应的变化，如同真正实景搭建的效果一样。图5-26为三维虚拟演播室系统框图。

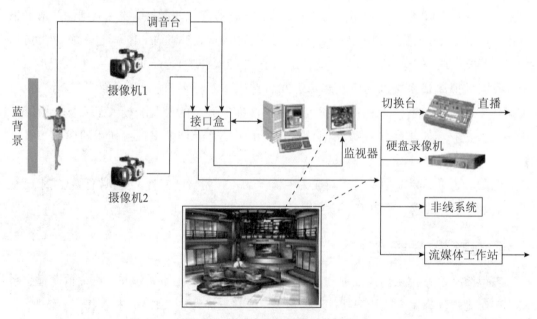

图5-26　三维虚拟演播室系统框图

5.3.3 虚拟演播室的构成

虚拟演播室系统是由计算机软件、主机、现场摄像机、摄像机跟踪器、图形图像发生器、色键器以及声/视频切换台构成的一套节目制作系统。图5-27为虚拟演播室系统图，从系统结构看，虚拟演播室主要包括三部分：摄像机运动参数的获取和实时计算、实时色键计算、三维虚拟场景实时生成和输出。

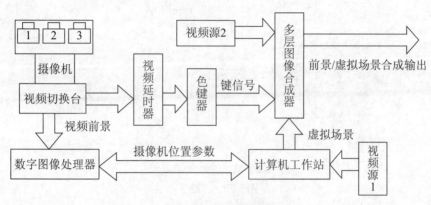

图5-27 虚拟演播室系统图

虚拟演播室系统从结构上可以分为两种，即独立通道化系统结构和共用式系统结构，如图5-28所示。

这两种结构设计方式不同，系统所具备的功能、操作方式以及成本都有比较明显的区别，各电视台可以根据具体使用情况选择适合自己的结构来组建系统。当用户的演播室只采用一个机位时，也就没有以上两种结构的区别了。当用户需要在两个机位的合成信号间运用切换和叠化等特技时，系统结构的设计就会变得复杂一些，需要配置更多的设备，这时就需要考虑采用独立通道化的结构了。当用户不需要特技切换或直播时，可以采用共用式结构。

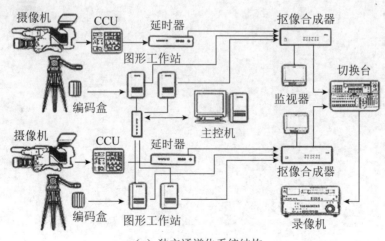

（a）独立通道化系统结构

图5-28 虚拟演播室系统结构

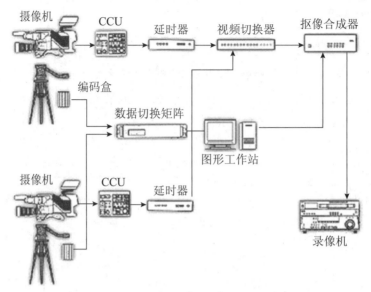

（b）共用式系统结构

图5-28 （续）

5.3.4 工作原理

虚拟演播室技术是在传统色键抠像技术的基础上，充分利用计算机三维图形技术和视频合成技术，根据摄像机的位置与参数，使三维虚拟场景的透视关系与前景保持一致，经过色键合成后，使得前景中的主持人看起来完全沉浸于计算机所产生的三维虚拟场景中，而且能在其中运动，从而创造出逼真的、立体感很强的电视演播室效果，如图5-29所示。

图5-29 数字合成的逼真虚拟图像

（1）真实摄像机拍摄的人物在带识别标志的蓝屏前表演的视频图像首先进入视频切换台。

（2）一路数据送到数字图像处理器，实时获取现场摄像机运动时的各种参数，并与虚拟场景中的虚拟摄像机匹配，接着把摄像机位置与三维虚拟场景相匹配。

（3）一路数据送到视频延时器，以保证前景与虚拟背景在合成时严格同步，接着其输出送色键器，从带识别标志的人物图像中去掉识别标志和蓝背景部分，并且给出描述前景与虚拟背景整合比例的键信号。

5.3.5 虚拟演播室的关键技术

虚拟演播室的关键技术主要有摄像机跟踪技术、色键抠像与合成技术、实时渲染技术及蓝室设计等。

1. 摄像机跟踪技术

与传统的演播室相比，虚拟演播室必须增加的一套系统便是摄像机跟踪系统。而摄像机跟踪技术也是直接影响最后节目效果的关键技术。后期的合成系统及场景生成系统等工作均建立在此基础上。摄像机跟踪系统为其他系统提供摄像机、主持人、计算机虚拟场景之间的对应位置关系数据。虚拟演播系统需要测量的与摄像机运动及镜头运动相关的参数有8个：三个位置参数（X水平、Y深度、Z高度），三个角度参数（分别沿X、Y、Z轴的旋转角度），推拉（Zoom）位置参数，聚集（Focus）位置参数。

目前主要的跟踪技术有机械传感跟踪、网格识别跟踪和红外定位跟踪。

1）机械传感跟踪

基于机械传感器的跟踪方式是最先应用于虚拟演播室系统的一种跟踪方式，至今仍然广泛应用，如图5-30所示。

图5-30 机械传感跟踪

机械传感跟踪方式先在摄像机镜头上安装好传感装置，获取摄像机变焦和聚焦的参数。然后将摄像机放置在云台上，在摄像机的云台上安装的高精度传感器和机械齿轮与安装在镜头上变焦环和聚焦环上的齿轮咬合紧密。一些设备的机械传感跟踪摇移精度达到0.00035°，重复精度为0.00011°，俯仰精度达到0.00026°，重复精度为0.00013°，拍摄局部特写不受限制。

机械传感跟踪的缺点是摄像机不能大范围移动，不能根据演员坐、站来升降摄像机。而且在拍摄前有复杂烦琐的摄像机定位和镜头校准，不能与实景演播混用一个演播室，摄像机等设备不能共享。

2）网格识别跟踪

基于网格识别技术的虚拟演播室，是在演播室的蓝幕上用两种深浅不同、线条粗细不等、线间空格两两不相同的蓝色绘制的网络图案。蓝箱内的真实摄像机在摄取前景图像的同时，也摄取了网格图案的影像，将这一图像进行数字化处理并打上标签，然后送入图形处理计算机，利用图像分析法，参照在摄像机中设置的起始参数，根据图像中的网格图案，计算摄像机机头运动参数（摇移、俯仰）及空间位置参数（地面位置X、Y和高度Z）的变化，用这些参数的变化量去控制图形计算机生成虚拟背景的变化，使场景中物体位置的变化及透视关系与真实摄像机中看到的一致。网格线如图5-31所示。

图5-31　蓝箱网格线图

网格跟踪是目前使用较广、较方便快捷的摄像机定位方式。网格跟踪具有对摄像机的型号和镜头种类没有限制、无须镜头校准、定位快捷（只需要1帧）等优点，但同时有被拍摄物体的活动范围以及可拍摄范围受到一定限制等缺点。

3）红外定位跟踪

在演播室的蓝箱上方两侧安装2～4台可以发射和接收红外线的装置，对演播室摄像机布局的空间进行覆盖。在演播室摄像机顶部安装4个排列好的低强度红外线发射器。每个红外线发射器的发射频率都不一样，并且要求至少要被两台红外线摄像机拍到。图像计算机根据传送来的信号识别红外跟踪摄像机输出画面中的光源图像，通过对摄像机反射回来的红外线进行处理，来计算和确定摄像机在演播室中的位置和方向。根据主持人佩戴的红外反射器反射回来的红外线来获得主持人的位置，这样红外接收器接收到主持人的信号，就能感知深度，这就是景深识别功能，如图5-32所示。

2. 色键抠像与合成技术

最终输出要把三维背景和摄像机实际拍摄的前景图像合成在一起。在合成之前首先要把前景图像中的人物图像提取出来，使用传统的色键抠像技术分离人物图像和蓝色背景。由于前景图像要与最终的三维背景相结合，所以必须考虑前景图像的深度信息。深度是指背景和前景演员的各像素到摄像机的距离，所以这里的合成又被称为深度合成。

图5-32 演播室红外定位跟踪

虚拟演播室采用传统的色键合成系统，却突破了传统色键系统的限制，消除了摄像机不能与背景同步运动的致命弱点，做到真实的演员能深入到虚拟的三维场景中，并能与其中的虚拟对象实时交互。在虚拟演播室中演员在一块蓝色屏幕代替的真实背景里进行现场表演，摄像机拍摄以蓝箱为背景的前景图像，经延时后与产生于计算机的实时虚拟背景以相同定位时间进行工作，并通过色度监控器"联动"在一起，实时产生一个组合的图像。

由于计算机图形技术的迅速发展，计算机实时绘制各种复杂逼真的三维场景已成为可能。这些场景可以与摄像机摄制的视频信号完美地合成在一起，使演员的表演空间得到扩展。同时"虚拟摄像机"也可合成进系统中，可实现的功能如在演播室范围外游移，以完全不同的场景出现或飞出演播室之外到达遥远的地方，并可在运动中安全、平滑地返回虚拟演播室场景，过渡到真实的摄像机。

3. 实时渲染技术

实时渲染是指将虚拟场景、贴图、虚拟灯光等元素利用计算机图形工作站快速转换成可视画面的过程。在虚拟演播室中，实时渲染技术可以用于实现场景的实时渲染和播放，提高演播室的效率和稳定性。

4. 蓝室设计

蓝室一般由一面或多面蓝色墙和蓝色地板组成，墙面与地面的角度应大于90°，这样更容易打灯光。

5. AR技术

AR（增强现实）技术是虚拟演播室技术不可或缺的一环。AR技术是一种将虚拟信息与真实世界进行融合的技术，能够在真实环境中添加虚拟元素，使其看起来像真实存在于现实场景中一样。在虚拟演播室中，AR技术可以用于实现虚拟元素的投射和交互，提高观众的沉浸感和参与度。

6. VR技术

VR（虚拟现实）技术也是虚拟演播室技术的重要组成部分。VR技术通过模拟人类视觉、听觉等感官体验，创造出一种仿真的虚拟世界，使观众产生身临其境的感觉。在虚拟演播室中，VR技术可以用于实现场景建模、虚拟人物设置等功能，提高演播室的逼真度和效果。

7. 虚拟演播室系统中的几项其他技术

1）"像素级"深度键技术

处理演员在虚拟场景中的位置时，以前采用"分层次"深度键技术，物体被分别归类到有限的几个深度层次中，演员在虚拟场景中的位置不能连续变化。对于"像素级"深度键技术，构成虚拟场景的每一个像素都有相应的Z轴深度值，因此演员在虚拟场景中的位置可以连续变化，使用这种技术后，虚拟物体、真实物体及表演者可在节目中动态地相互遮挡，从而增加虚拟场景的真实感，如图5-33所示。

图5-33　"像素级"深度键效果

2）"垃圾色块"技术

用虚拟演播室系统制作节目时，当摄像机拍摄到非蓝区域时会出现"穿帮"现象，为了解决这个问题，可采用"垃圾色块"技术。当摄像机拍摄到非蓝区域时，自动由"垃圾色块"填补虚拟背景，具有背景保护功能，使演播的范围可以超出演播室的蓝色背景范围，如图5-34所示。还可以用这个技术制作虚拟天花板。

3）视声频的同步

经过图像发生器的运算，生成后需要2～4帧的延长时间，现场同期声也需相应地延长。

图5-34 "垃圾色块"处理技术

4）灯光技术

灯光对虚拟演播室非常重要，灯光必须保证色键器抠像的技术要求，蓝色舞台需要被灯光照得非常均匀，灯光越均匀，用户需要在键控器上做的修饰越少，容易保留蓝背景上的阴影。

5.3.6 技术展望

纵观整个电视技术行业的发展趋势，单个传统演播室正在被超大型、高清至4K技术、多媒体交互、计算机特技效果等高技术含量的节目制作手段所取代。无论是中央电视台还是地方电视台，都逐渐依赖计算机来管理整个演播室系统，借助网络传递交换媒资。因此，新一代演播室系统的建设，成为一种可以引领国内同行的创新性研究方向。很多电视台在节目制作中开始使用这种新型技术手段，依托光纤网络、基于VSM（Visual Studio Management，虚拟演播室管理）系统，将视频系统、声频系统、非线性编辑系统等子系统控制打通，管理整个演播室系统。

5.4 在线图文包装技术

随着电视媒体的日益发展和科技的不断创新，在线图文包装技术得以迅速发展，高性能的硬件和先进的算法使得在线图文包装系统能够实现更高效、便捷的内容制作与传播，提供更丰富、引人入胜的视听体验。

5.4.1 在线图文包装技术的概念

在线图文包装是指在演播室、转播车、播出机房的节目转播过程中，在播出线上实时将字幕、动画、栏目风格、节目模板、实时资讯等内容结合、渲染、播出。预先制作完成在线动画场景文件和模板，不仅减少演播室录制或者直播过程中的制作环节，也节省时间、人力和物力，节约节目制作的成本，提高节目的制作效率、质量和观看性，为同时执行多播出任务或者插播功能提供完整的支持。

在线图文包装系统集多时间线处理技术、数据库技术、实时视频开窗技术等于一体，能够实现三维场景的实时渲染播出，主要用于美化电视节目实时播出的效果。

在线图文包装是对电视频道、栏目、节目甚至电视台的整体形象进行一种外在形式要素的规范和强化。这些外在的形式要素包括声音（语言、音响、音乐、音效等）、图像（固定画面、活动画面、动画）、颜色等。

5.4.2 在线图文包装技术的特点

在线图文包装技术按节目形态可分为新闻类、体育类、综艺类，通过不同的在线包装元素组合体现不同形态节目的风格特点。在线包装的元素模块包括虚拟场景、多层字幕包装、三维图文包装、多通道视频包装、过渡动画特技包装、实时外部数据展示、在线声频包装等。通过这些元素包装模块，可实现各种图文字幕、三维图表、直播连线、实时数据的包装效果，如图5-35所示。

（a）图文字幕的三维包装　　　　　（b）实时数据的三维包装

（c）异地视频连线　　　　　（d）实时外部数据读取

图5-35　在线包装效果

在线包装的特点如下。

1）实时三维渲染

在线图文包装提供高质量、高清实时三维渲染，其三维渲染引擎的渲染核心是基于计算机图形卡的GPU技术实现的。

2）三维场景、字幕与视频结合

在全三维空间中，不仅处理三维物体，而且同时可以采用各种纹理贴图方式处理字幕、图像、动画序列、输入活动视频和视频文件回放，使它们作为三维场景中的纹理贴图无缝融入其中，从而展现各种三维图形效果。

3）实时输入视频

支持高清或标清视频输入的实时开窗功能。采用贴图模式进行的DVE，可以将实时画面作为材质纹理，以多种混合方式贴加在任意物体的表面，进行所有平面和三维特技处理和各种变换，适合后期制作类节目使用。

4）视频、图像序列回放

支持多种格式视频文件和图像文件序列的实时回放，回放画面均作为材质纹理，以多种混合方式贴加在任意物体的表面，可进行所有平面和三维特技的处理和各种变换，非常适合制作画中画效果和各种复杂的活动纹理及背景效果。

5）声频支持

支持各种声频接口，支持直通背景视频的嵌入式声频或者其他接口输入的声频直通。通过时间线支持声频文件与视频画面的同步回放，产生声频效果。

6）强大的数据库支持

支持多种格式的数据库和数据文件类型。新闻专题、体育报道、财经资讯、天气预报等节目中，对大量外部数据处理的需求十分明显，由此可见数据库技术在在线包装系统应用中的重要地位。

7）网络化、系统化的工作流程

提供完整的涵盖制作、播出和模板管理功能的软件包，这些软件可以根据实际应用的不同需求，配置在单机或者是多机系统中，通过网络通信以及控制支持不同岗位的明确分工和协作配合的工作流程，共同完成图文的制播工作。

8）在线、后期图文包装和虚拟演播室为同一平台

渲染引擎和制作平台在支持三维在线及后期包装的同时，也是虚拟演播室系统的构建平台，使用构建的虚拟演播室系统可以同时具备字幕图形包装的技术能力。

5.4.3 渲染技术

目前电视节目制作对于新一代图文包装系统的技术要求可以归纳为：高清、标清全面支持，高质量实时三维渲染，三维场景、字幕与视频无缝结合，实时输入视频多窗口DVE，多层多物件混合播出，在线数据修改与数据库支持，完善的网络制作与播出流程等。

最新字幕三维实时渲染技术主要包括系统构架、视频输入/输出接口，以及基于CPU和GPU的图形图像、三维加速、三维特效等软件编程技术。

三维实时字幕的系统构架要实现各项渲染任务在CPU和GPU的合理分工，图文系统的字型字效算法和图像的压缩解压等工作可以交由CPU完成，而图文的各种动态光效、三维特技可以交由GPU完成，以确保图文系统的实时性。

在CPU和GPU的编程方面，SGI公司的OpenGL和Microsoft公司的DirectX都提供了解决方案，这使用户可以对系统硬件可以进行深度控制和调配。针对最新图文对实时、

多层、三维、子像素的技术需求，必须寻找更先进的技术解决方案。三维图形加速引擎具有强大的图形处理能力，因而被引入广电技术领域。运用GPU强大的三维图形加速能力，结合计算机图形图像技术，设计新一代图文包装系统在技术上是完全可行的。

新一代图文包装系统的渲染处理将以GPU为图形图像的渲染核心，这将使图文包装系统的图形渲染模式符合多层、三维和子像素的渲染要求。因为在GPU进行图形图像处理过程中，每个物件都具有三维属性，都具有独立层的概念，每一层都有相应的深度Z坐标，以反映物件间的相互关系。另外，GPU除了在三维物件顶点渲染方面具有明显优势之外，在物件的纹理、颜色等像素渲染方面同样能力强大，应用GPU实现字幕系统子像素级的渲染已经成为可能。

5.4.4　在线图文包装系统

在线图文包装系统是一整套新型电视图文制播的技术平台和产品系列，为更高水平的电视节目视觉效果的创意和发布提供全新的解决方案。系统采用突破性的创新技术，兼容并突破传统的电视图文技术理念，同时支持图文包装、日常字幕和虚拟演播室等多方面应用，支持面向标清、高清过渡期的技术需求，真正满足今后一段时期广电领域的发展需要。目前在线图文包装系统主要由国内的新奥特、国外的傲威、威姿、凯龙等公司提供。

1. 傲威在线图文包装系统

傲威是以色列的一家在线包装媒体运营商，该公司的图文包装系统采用突破性的创新技术，兼容三维虚拟演播室技术、三维图文技术、数据库技术，支持在实景演播室拍摄中植入虚拟三维模型动画、虚拟三维数据图表、虚拟电视墙、虚拟三维图文字幕等，将枯燥的数据可视化、直观化，将三维图文、三维模型动画真实地融入摄像机拍摄的节目信号画面中，并且能跟随摄像机镜头的变化而变化，突破传统的电视图文制作理念，为演播室节目的拍摄和制作提供全新的制作手段。

傲威在线图文包装系统与虚拟应用三机位系统图如图5-36所示。

通过摄像机实时拍摄运动参数的精确传感，每个摄像机都配置一套传感跟踪系统，将实时景物参数传到CCU，再通过图形渲染工作站将传输来的实时景象和虚拟背景结合起来，一同传输到视频切换台进行整理播出，为防止实时播出时有意外发生，在机位上还配置了一套延时系统。延时系统主要有两个作用，一是当进行某些大型晚会或体育赛事直播时，延时系统会合理地安排10s左右的时间延时播出，这样如果现场有意外情况可以随时切换和剪辑；二是当进行节目播出时演播室如有意外情况发生，延时器可以将插播的广告延迟或提前播出，争取时间换另一套系统播出。

2. 新奥特在线图文包装系统

新奥特Mariana在线图文包装系统图如图5-37所示，系统包括场景设计器、字幕创作工具、播出服务器、演播室播出、自动播出控制器、数据库播出控制器、模板文件管理

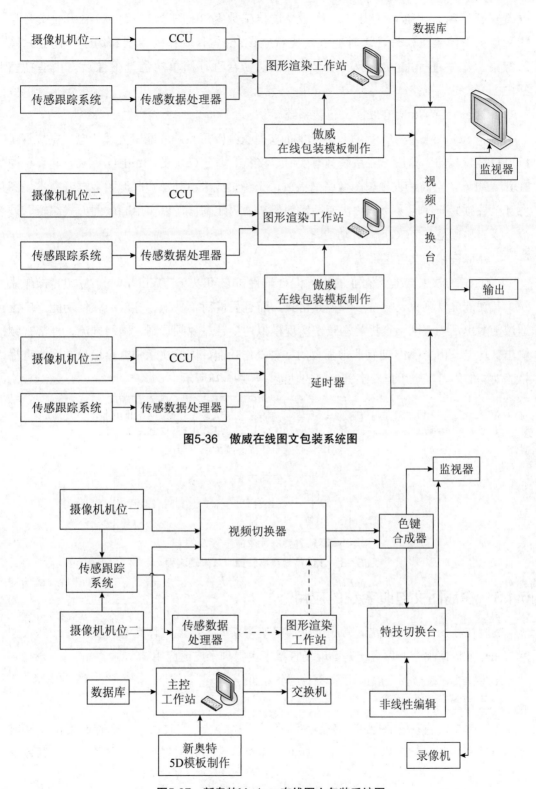

图5-36　傲威在线图文包装系统图

图5-37　新奥特Mariana在线图文包装系统图

中心、模板打包工具、模板文件同步传送工具、播出表单编辑工具等。主控工作站和
图形渲染工作站是核心部分，当摄像机在演播室进行实时拍摄时，传感跟踪系统也会

跟着一起运动，跟踪系统得到的数据经过传感数据处理器处理后，和拍摄的实时景物到达图形渲染工作站，这时通过新奥特Mariana软件制作的模板和场景一同导入图形渲染工作站进行虚实结合，再经过视频切换台进行简单的色键抠像后，由演播室播出。

3. CharacterWorks在线图文包装系统

CharacterWorks是一个完整、多功能的实时直播图形系统，能够处理从电子竞技到传统电视等苛刻的广播情况。系统具有实时、多核、基于GPU的UltraHD（4K），真正的3D渲染引擎，全高清视频和图像序列播放，无缝集成来自外部实时源的数据（文本、图像甚至视频），使用多功能的快速编辑功能和播放控制器，以实用高效的方式编辑、过滤、播放和预览多个CG元素等功能。

4. vMix在线图文包装系统

vMix是一款来自澳大利亚的视频混合软件，它可以支持Windows 7/8/10等操作系统。其功能非常强大，支持多种视频格式，而且凭借简单易用、开放的软件功能，广泛适用于演出活动、网络直播等场景，实现模拟切换台、视频录制、网络推流、外部视频输出等功能。由于vMix拥有非常强大的字幕制作功能，因此在承担赛事信号的网络直播推流功能的同时，也承担着字幕包装的功能，如图5-38所示。

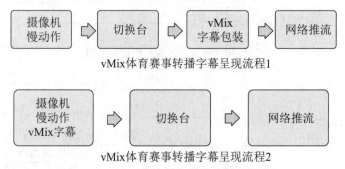

图5-38　vMix体育赛事转播字幕呈现流程

5.4.5　在线图文包装系统的应用

实时在线图文包装系统通常应用于演播室中新闻、财经、体育等栏目，在一些大型晚会如春晚、演唱会、体育比赛等现场直播中也得到了广泛应用。

在线图文包装产品一般应用于以下几个方面。

1. 演播室直播类栏目

在线图文包装系统的标题、字幕、动画、图片信息、实时信息、视频连接和3D实时图形包装和声频视觉包装手段，用于新闻、报纸、选举、天气预报、财务报告和其他形式的节目播出。

多场景、多任务的新闻直播在线图文包装系统综合应用多种在线包装元素模块，并可独立控制、实时转换，形成独特的新闻直播形式，如图5-39所示。

图5-39　多场景、多任务独立控制叠加播出

2. 大型体育赛事类栏目

在大型体育赛事转播中，在线图文包装系统主要负责播出所有的图文字幕，包括新闻标题、人名标题、运动员资料、计时计分结果、金牌榜、节目导视、赛事导视、图片新闻、多路连线视频窗、滚动新闻等。这个系统是整个体育赛事转播中重要的说明性系统，能够扩展与转播相关的信息量，全面实现对赛事预告、赛前介绍、赛中分析、赛后总结、精彩回顾的立体包装效果。世界杯赛事播报中虚拟现场三维重现如图5-40所示。

图5-40　虚拟现场三维重现

随着社会的发展和电子技术的成熟，电子竞技已经成为大型体育赛事中不可或缺的一部分。杭州第19届亚运会，电子竞技首次进入正式比赛项目序列。

电子竞技节目活动内容在精准诠释电子竞技精神的同时，极具美感的音乐和视觉等表达形式能够将内容辐射到更多观众群体。在线图文包装主要包括KV挂板、全屏倒计时挂板、解说人名条、权益条、晋级图、战队信息、BP挂板、游戏UI等，满足了观众对获取更多广泛、专业、准确、实时信息的需求同时，提供了绝佳的视听体验，如图5-41所示。

3. 频道和栏目整体包装

目前，越来越多的电视节目中增加了丰富的网上内容，包括短信互动、故事、实时新闻、天气信息、广告倒计时等多方面内容，如图5-42所示。这类包装程序属于渠道的整体包装，在一定程度上与观众建立一种互动关系，可以吸引观众的注意力，是创建频道整体形象的一个重要组成部分。

图5-41　"韵味杭州"电子竞技亚运会测试赛效果展示

图5-42　某频道的在线包装

4. 春晚等大型直播类节目

2006年以来，几乎每届春晚都会运用在线图文包装技术，一开始只用于像贺词、视窗连线、底飞歌词等小项目，2010年以后，虚拟图文包装技术开始大面积使用，2014年春晚节目转场过程中用到的在线图文包装技术如图5-43所示。

在线图文包装系统未来的发展应该是以系统化、网络化的应用为主，同时应用到更多的领域中，例如频道总控播出等。总控播出在线图文包装系统建设的目标是，通过全新图文包装设计改版，使频道风格耳目一新，提高频道品牌；通过丰富图形渲染效果，增强系统功能，完善操作便捷性，提高系统安全性，从而保证系统更加安全顺畅地运行。以网络化、系统化的工作模式应用于播出在线领域，取得了重大的成功。在不久的将来，在线图文包装系统还将应用于更多的新兴领域。

图5-43　春晚转场中的在线图文包装技术应用

5.5　全媒体演播室

5.5.1　全媒体的含义

习总书记指出："**全媒体不断发展，出现了全程媒体、全息媒体、全员媒体、全效媒体，信息无处不在、无所不及、无人不用，导致舆论生态、媒体格局、传播方式发生深刻变化，新闻舆论工作面临新的挑战。**"

全媒体是指采用文字、声音、影像、动画和网页等多种媒体表现手段，利用广播、电视、音像、电影、图书、报纸、杂志和网站等不同媒介形态，通过融合的广电网络、电信网络以及互联网络进行传播。最终实现用户在电视、计算机及手机等多种终端，均可完成信息的融合接收，实现任何人、任何时间、任何地点、在任何终端获得任何所需的信息。

全媒体包括电台、电视台、报纸的所有内容、新闻、娱乐、教育、体育、财经、生活、法律等各方面，几乎无所不包。形式上，过去报纸主要是文字和图片，电台是声音，电视台是图像以及伴音，全媒体则汇集了文字、图片、声音、图像。从传输来看，报纸是印刷发行，电台是调频、调幅发射，电视台是高频的调制发射和有线传输。

全媒体不仅支持原有的模式，还可以支持网络和互通，也就是报纸的版面可以给电视、手机和计算机网络；电台的节目可以给电视、手机和计算机网络；电视台的节目也同样可以提供给手机和网络。当然也包括互相引用，如报纸在网络中可能会采用电视的图像、电台的声音；电台在转播体育比赛时也会参考电视台播出的图像来解说；目前电视节目中的报评就是结合了报纸，有些热点评论，就是电台节目的照搬。所以全媒体就意味着包容了目前所有的媒体信息、模式和传输。

过去的媒体模式需要各自的记者去采访，回来加工、编排，再审核、发布。全媒体则可将所有信息提供给读者和观众，由读者、观众自己选择需要的内容。

因此全媒体是信息资料的全面结合和有效利用，是资源效率的最大限度发挥。

5.5.2 全媒体演播室系统的组成

全媒体演播室系统由视声频系统、大屏包装系统、集中控制系统、4G/5G在线直播和全媒体综合信息处理平台等组成。

1. 视声频系统

全媒体演播室的视频系统由高清摄像机、高清切换台、多码流视频矩阵、特技机、高清录像机、硬盘录像机、在线包装工作站、图文字幕设备和信号转换设备、设备控制和监测系统组成。声频系统可由声频工作站、调音台、声频信源设备、声频功放以及监听音箱等组成。

2. 大屏包装系统

大屏包装系统提供演播室背景大屏的实时内容呈现，通过主备大屏包装工作站进行控制，渲染服务器进行输出，效果丰富的图文在线实时渲染功能具备图文播出控制和管理功能，支持文字、图像、视频、动画等各种媒体信息在大屏幕上的精确显示和多种变化。

通过大屏包装系统，不仅可以展示预先制作的图文效果，还可与观众小屏互动相结合，采用虚拟观众座位的方式在大屏上展示多个虚拟座位，观众通过微信进行互动，便可加入虚拟观众席中，其头像、微信名可在大屏的相应座位实时展示，根据导播控制，还可在大屏上展示不同观众对于节目的评论内容，仿佛观众在现场一般，互动感十足。其实现方式为预先通过包装工作站制作相应虚拟观众席背景模板，通过直播包装系统与资讯汇聚系统的接口对接，模板上屏后可自动读取资讯，汇聚系统中通过审核的用户数据信息，并填充到模板的相应位置，通过渲染引擎渲染后输出到背景大屏实时显示，如图5-44所示。

图5-44 演播室大屏包装系统

3. 集中控制系统

演播室集中控制系统用于实现演播室各设备之间的协作编排和配合播出。利用模板化的后台控制设计流程，根据不同节目的场景设置不同的场景模板。当制作不同的节目时，可以通过一键操作调用之前设置的场景模板，使切换台、矩阵、调音台、灯光系统、机器人摇臂、图形和文本虚拟化、大屏包装系统等设备达到播前预备状态，如图5-45所示。不需要单个设备各自进行调试，大大提高了节目的制作效率，解决了当前专业技术人员短缺等实际情况，使各系统、各工种之间更有效地协同，全方位融合高效率的节目制作系统，从而提升了节目的录制质量，提高了工作效率，极大地拓展了节目制作空间。

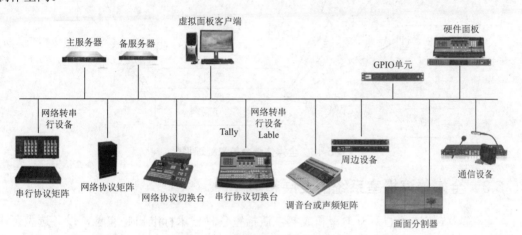

图5-45 演播室集中控制系统

4. 4G/5G在线直播

传统的卫星、微波等传输方式，虽然传输技术、稳定性都相当成熟，但存在时效性、区域性等多种限制，很难满足前线记者对新闻素材快速回传或突发性事件快速实时直播的要求。随着网络技术的发展，4G/5G在线直播可以突破新闻采集的地域、地形、温度等极端天气和环境限制，满足信号传输的高品质、保密性和稳定性等要求，是电视节目连线现场最好的技术之一。

5. 全媒体综合信息处理平台

在全媒体综合信息处理平台，不同来源的线索作为一个个独立的元数据存储起来，并进行相应的数据处理，例如查重、主题划分、类型筛选、格式检查等，根据发生时间的先后顺序，在平台门户上自动展现给用户，如图5-46所示。

全媒体综合信息处理平台汇聚了丰富的内容，网页、微博、微信、视频、短信、彩信、邮件、热线电话等一应俱全，避免零抓碎取，减少了搜集线索的困难。

6. 数字通话系统

在电视节目制作、播出、转播、现场直播、演播室连线、现场直播等过程中，各个岗位的工作人员需要使用演播室的数字通话系统进行沟通。

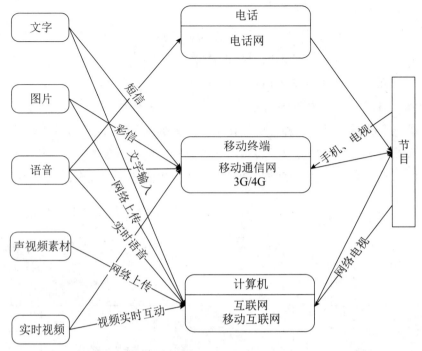

图5-46 全媒体综合信息处理平台

5.5.3 全媒体演播室系统的发展趋势

随着新媒体技术的不断丰富和成熟，演播室各种技术标准日趋完善，设备选型范围不断扩大。基于网络的全媒体演播室系统已经进入实用阶段，一些省、市级电视台已开始建设基于网络的智能互动全媒体工作室，制作并播放相关节目。

在传统的新闻、民生等直播节目中，受条件、观念等因素影响，一般都采用单向传播方式。随着互联网、移动互联网等的发展，特别是受微博、微信等交流方式的影响，观众对话题的参与意识越来越强烈，因此基于电视媒介的传统演播室单向播报形式已经不能吸引更多的观众收看。为了进一步提升节目效果，培养受众的对象感，营造一种平等交流的环境，在现场直播或录播中，以全媒体手段引入多个专家、观众、主持人的互动，会极大地提高收视率和关注人气。因此，近几年来，很多电视台陆续构建了设计理念先进、播出模式丰富、满足社会大众需求的全媒体交互式演播室。

1. 传输手段网络化

网络成为全媒体的核心，全媒体中心的内容来源有文字、图片、声频和视频，基本以文件模式传递，有文本文件和图片文件，用专门的排版软件排版，方便链接到网站上，提供给手机端和计算机端访问。

随着技术的发展，电台、电视台的播出都开始使用文件服务器和工作站，将事先制作好的节目存放在硬盘中，然后自动控制播出，这样也是基于文件模式，依靠网络来传输文件。同时，网络作为一种传输工具，网络电缆的带宽也在不断提升，目前已经可以支持到千兆网络。

2. 媒体界限模糊化

传统媒体界限比较分明，全媒体方式中所有的媒体几乎均以文件形式表现，因此界限比较模糊。例如，很多报纸有自己的网站，用来推广电子报纸。在内容上除了文字以外，图片也包括了视频模式，可以点击观看所报道事件的相关视频。

3. 技术架构"云"化

全媒体演播室趋向"云""场""端"的技术架构。云是指"多路进"汇聚电视、报纸、网络新闻、网络图片、现场信号、社交媒体、现场连线、网友爆料、互动信息、网友直播等全媒体信息素材，形成"媒资云""互动云""应用云"为一体的"云立方"供节目使用。"场"是指各个屏幕之间实现资源和互动的互联互通，现场导演和主持人通过遥控、触控、跨屏等交互手段完成播报场景的互动可视化包装及无缝对接。端是指"多路出"节目内容和相关素材、互动信息可以实时通过互联网及移动互联网实施分发反馈，让观众通过网络电台、移动客户端、微博、微信等社交平台即可轻松参与互动，互动结果在演播室实时呈现，形成双向互动的节目创新，如图5-47所示。

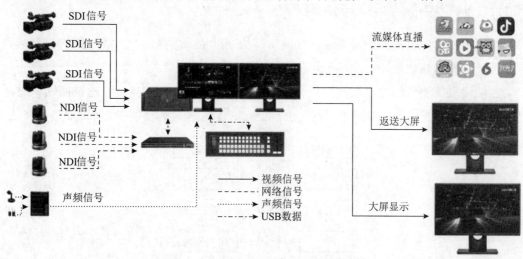

图5-47 全媒体演播室系统流程示意图

5.6 思考题

（1）简述节目编辑制作系统的主要功能。

（2）什么是线性编辑？什么是非线性编辑？简述非线性编辑系统的组成、各部分功能以及非线性系统的主要特点。

（3）电视节目制作系统有哪些？简述各个系统的主要特点及应用。

（4）什么是虚拟演播室？简述虚拟演播室的节目制作流程。

（5）与传统演播室相比，虚拟演播室增加了哪些设备和技术？

（6）什么是图文包装技术？简述在线包装的特点。

（7）简述全媒体演播室的系统组成及技术发展趋势。

第6章　电视中心节目播控系统

播控中心是电视台内外信号汇集的中枢，汇聚了本台制作的节目信号，卫星接收、微波接收的信号，以及光缆、同轴电缆引入的信号。节目播控系统根据节目编排表实时切换节目，由视频服务器播出节目信号，再通过光纤、电缆、微波、卫星将节目信号传送到发射台、微波站、有线电视前端、卫星地球站等场所，实现电视节目的播出控制与发送。

6.1　节目播控系统概述

6.1.1　播控中心的组成与结构

电视中心的节目播控系统是建立在网络结构基础上，集播出、上载、控制、存储等功能于一体的网络化系统，具有安全性高、功能强、扩展灵活的特点。

播控中心将输入的信号按照预先编排好的节目串联单实时切换后，通过同轴电缆、微波、光缆送往发射台、有线电视网、卫星上行站等。图6-1为播控中心系统框图。

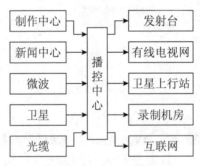

图6-1　播控中心系统框图

6.1.2　播出相关的概念

（1）素材：在播控系统中提到的素材是指可以用于播出的物理节目内容，主要包括磁带和存储在视频服务器上的硬盘节目。

（2）素材库：电视台有大量的用于播出的素材，放到一起构成了素材库。通常表现为硬盘素材库和磁带库。素材库还包含节目管理信息，如标题、计划播出时间等内容。

（3）段落：有时为了方便，需要把多条素材组合成一个完整的包来使用，这种包称为段落。例如，在播出广告时，可能有多条广告素材组合到一起构成一个广告段落，可以直接通过段落标识使用这个段落。

（4）段落库：多个已经做好的段落放在一起构成段落库，可以供编辑节目单时使用。

（5）节目编排表：初步的节目时间表，包括节目的名称和计划播出时间，但不包含具体的素材或者磁带信息。

（6）节目串联单：详细的节目播出单，已经充分细化，每条节目的准确播出时间和具体的硬盘素材ID或磁带号和出入点信息都已经确定。

（7）节目：节目单中的一条，指的是安排在某个时间播出的一段电视内容。

（8）帧精确：精确到帧，包括节目录入视频服务器时要根据给定的入点帧和出点帧，一帧不多、一帧不少地录入；节目播出时要按照给定的时间点开始播出，时间点也要精确到帧；实时响应GPI的外来播出信号，时间点也要精确到帧；播出时节目之间或节目与广告之间的衔接要精确到帧；播出时视频切换和声频切换要同步精确到帧等。

（9）延时播出：指有观众参与的现场直播节目提前一定时间开始，用专用的延时系统直接将节目信号采集到电视播出系统的内存储器中事先进行信号排队，不经过任何编辑、加工，按预先设定的直播时间自动直接播出的方式。主要是为监播人员提供一定的监播时间，以防止不利于社会稳定和安全的画面及语言播出。

国家广电总局规定，有群众参与的电视节目必须延时播出20s以上。延时直播绝非录播。

6.2　播控系统

数字播控系统由总控系统、播出系统、软件系统组成。

6.2.1　总控系统

总控系统负责台内外信号的接收、分配、调度和传输，并建立全台的总同步，实现多频道播出。总控系统主要出视声频矩阵系统、视声频分配放大器系统、同步系统、时钟系统、Tally系统、总控监看等组成。

总控系统以矩阵为核心，对台内各个演播室信号、卫星接收信号、CCTV信号、前端回传信号、发射塔信号等外来信号进行综合调度，用于节目播出和收录。总控系统是外来信号、节目播出信号、录制信号等各类信号汇集的枢纽和桥梁。

核心设备矩阵对所有输入（台内外）输出（至发射台、微波站、有线电视网、卫星地球站等）信号进行调度。此外还具有提供垫片、彩条、测试图等公共信号源，直播时采用延时播出方式，边播出边上载等辅助功能。

6.2.2　播出系统

播出系统是按照预先编排好的节目时间顺序，在播出机房用切换方式将电视节目的图像和伴音送往传输与覆盖部门。由播控切换矩阵、播控切换台/切换开关、视声频处理与分配放大器、监视与监测、台标、时钟信号发生器、字幕机和自动播出控制设备、自动播出软件等组成，图6-2为节目播出系统框图。

播出方式主要有直播、录播以及转播三种形式。

（1）直播：在节目制作的同时进行播出。

（2）录播：播出事先录制好的节目。

（3）转播：将现场或其他电台的节目接收下来，经放大等处理后由本台播出。

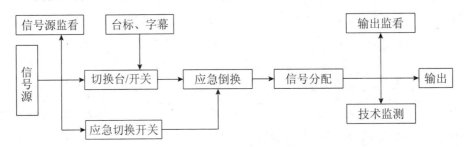

图6-2　节目播出系统框图

1. 全自动播出系统

早期播出系统的播出方式是计算机根据事先输入的节目时间表来控制切换台，自动切换节目通道，但录像机的上带及退带都是由人工完成，即半自动播出系统。

全自动播出系统即全部由计算机进行管理和控制的播出系统。这种方式中，所有用于播出的磁带都必须标条形码。可以一次性地将十几或几十盘播出磁带送入播出带仓中，机器自动将各磁带盒上的条形码读入内存中。机械手按照要播出的节目时间顺序自动将磁带从带仓中拿出并插入某个录像机中，录像机自动卷带到播出的起始画面。播出完毕以后，机器会自动退带，然后准备下一盘播出磁带。

2. 播出任务的组织和分工

（1）总编室：核心业务是组织节目播出，安排节目播出时间，编制节目串联单。但大部分电视台的广告节目的细节是广告部完成的。

（2）播出部：核心业务是对播出的实施。负责照看录像机、视频服务器、切换台等设备。通常负责电视剧等节目的上载。

（3）广告部：一般负责广告节目单的编制，以及广告素材的准备。

（4）新闻部：负责新闻素材的准备，播出通常由播出部完成。有的新闻部也自己负责新闻节目的播出。对于播出部，新闻是一个外来节目，与这里谈到的频道播出系统无关。

3. 播出业务的流程

（1）先上载，再编单。

台内制作的节目、收录的外来节目，均需要先上载到视频服务器中；在编辑播出串联单时，大部分素材都已经上载好了，只需要把节目和素材关联上就行。

（2）先编单，再上载。

总编室先编好节目单，并生成待上载的素材列表。上载人员根据单子上载。

4. 硬盘播出系统

将要播出的电视节目存入硬盘存储器，播出时直接从硬盘调出所需节目内容的电视节目播出系统。硬盘播出系统由以下几部分组成。图6-3为硬盘播出系统组成框图。

（1）上载工作站：通过网络向播出服务器上载需要播出的声视频节目。

（2）播出工作站：控制播出服务器的输出通道，实现节目的自动播出，能通过RS232/RS422串口控制录像机和播出切换台，在网络发生故障时将播出切换到录像机的输出信号。

（3）文件管理器：为工作站服务，存储公共数据。

（4）播出服务器：硬盘播出系统的核心，可通过网络实现声视频数据的上传和下载，并能实现多频道的自动播出。存储器通常采用磁盘阵列结构。播出服务器常有一主一备两台服务器。

这种播出方式省去了磁带播出所需要的反复选带、上带、播放、退带等过程，提高了工作效率；硬盘的平均故障率远低于录像机，提高了系统的稳定性；信号的还原度高，多次重播的图像质量一致性好，播出信号的质量比较稳定；可很好地和未来的全数字、网络化、资源共享的节目编播体系衔接。

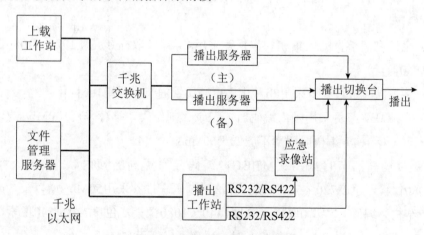

图6-3　硬盘播出系统组成框图

6.2.3　软件系统

硬盘播出系统的软件系统主要包括以下模块。

（1）素材上载模块：硬盘素材的上载包括VTR上载和外来信号上载。

（2）素材管理模块：素材的一般维护工作包括浏览、审看、删除、修改、调度等功能。

（3）节目单编辑模块：方便、灵活、高效地编排节目单。

（4）播出控制模块：根据节目单控制播出设备完成播出任务。

（5）系统管理模块：完成用户权限管理、设备配置、日志查询统计等系统维护工作。

6.3 高清、标清同播

6.3.1 高清、标清同播质量要求

与黑白、彩色电视机对节目的相互兼容不同，标清和高清是两种不兼容的电视制式，电视台播放高清节目时，标清电视机（机顶盒）无法接收，必须变换后在标清频道播出，才能被标清电视机接收。标清、高清电视在宽高比、清晰度、伴音等方面都有很大差异，特别是高清电视采用了与标清4∶3画幅不同的16∶9画幅，在充分体现电视画面效果的同时，也给高清、标清同播带来了复杂的宽高比管理问题。

6.3.2 高清节目制播码率策略

高清节目制播码率的选择必须兼顾质量和效率。码率低会影响节目技术质量，特别是多代转码复制后的技术质量；码率高有利于提高节目质量，但同时也带来成本的增加和生产效率的下降。参考EBU（欧广联）R124建议书，结合我国高清摄录设备的实际使用情况，建议如下。

（1）主流高清节目的采集和制作推荐采用4∶2∶2取样（亮度1920×1080像素，色度960×1080像素）。

（2）主流高清节目至少采用8b量化，更高质量的节目采用10b量化。

（3）主流高清节目采用帧内编码时，记录、制作码率推荐采用100Mb/s或以上，采用帧间（长GOP结构）编码时码率不应低于50Mb/s。

（4）常规高清节目采用比MPEG-2编码效率更高的帧内4∶2∶0取样（亮度1440×1080像素，色度720×540像素）算法时，码率推荐采用50Mb/s或以上，采用帧间（长GOP结构）编码4∶2∶0取样（亮度1440×1080像素，色度720×540像素，或亮度1920×1080像素，色度960×540像素）时，码率不应低于35Mb/s。

主流高清节目制作编码格式及码率建议如表6-1所示。

表6-1 主流高清节目制作编码格式及码率建议

环节	压缩编码格式	码率
高清素材拍摄	XDCAM HD（MPEG-2 长GOP）	50Mb/s
	DVCPRO HD（DV）	100Mb/s
	P2 HD（H.264 AVC-Intra）	100Mb/s
	HDCAM（基于DCT的帧内压缩编码）	144 Mb/s
演播室录制	HDCAM（基于DCT的帧内压缩编码）	144Mb/s
	HD D5（基于DCT的场内压缩编码）	196Mb/s
	P2 HD（H.264 AVC-Intra）	100Mb/s
	MPEG-2 I帧	100/120 Mb/s
	DNxHD	120/185 Mb/s

环节	压缩编码格式	码率
后期制作网	XDCAM HD（MPFG-2 长GOP） P2 HD（H.264 AVC-Intra） MPEG-2 I帧 DNxHD ProRes422	50Mb/s 100Mb/s 100/120Mb/s 120 /185Mb/s 145/220Mb/s
高清频道播出	MPEG-2 IBP	50Mb/s

6.4 4K超高清播出系统技术规范

中央电视台第一套4K超高清频道于2018年10月开播，4K超高清节目视声频基本技术参数如表6-2所示。

表6-2 4K超高清节目视声频基本技术参数

项目名称	技术要求
幅型比	16∶9
分辨率（有效像素值）	3840×2160
取样结构	正交
像素宽高比	1∶1（正方形）
像素排列顺序	从左到右、从上到下
帧率	50Hz
扫描模式	逐行
量化	10b
色域	BT.2020
高动态范围	HLG标准/1000nit（GY/T315—2018）
取样	4∶2∶2
声频编码格式	PCM24b
声频采样频率	48kHz
声道	支持16声道PCM声频
播出文件封装格式	MXF OP-1a
视频编码格式（文件封装）	XAVC-I Intra Class 300
视频编码码率（文件封装）	500Mb/s

6.4.1 节目信息交互技术要求

台内各制播域的单据交互流程应符合对4K超高清节目单据及节目信息的技术要求。

4K超高清播出系统从节目生产管理系统接收节目编排单、直播通知单、节目变更单、直送通知单等各类单据，播出系统向节目生产管理系统提供实时播出节目单及播后单。

4K超高清播出系统接收媒资系统发起的备播就绪通知，依据播出编排单从媒资系统获取节目文件元数据信息，并依据该信息发起整备任务。

4K超高清播出系统接收4K制作系统发起的节目直送请求，依据直送请求中的元数据信息发起直送整备任务。

4K超高清播出系统接收广告管理系统发送的广告保留单、中插广告编排单、广告节目单等单据，依据广告保留单从广告备播系统获取广告素材元数据信息，并依据该信息发起整备任务。

此外，播出系统还需接收总控系统发送的总控路由单，以及预留与新媒体平台的接口。

6.4.2 视声频文件交互技术要求

4K超高清播出系统节目文件备播主要来自媒资系统，台内各制作岛、台外制作域、外采节目等通过原有节目入库备播流程，经媒资系统向备播系统整备节目文件，由媒资系统进行文件归一化转码。

4K超高清节目播出文件格式参照《中央广播电视总台4K超高清播出格式MXF文件规范》，按照国际标准和行业规范，充分考虑制播交换的编码格式、编码码率，实现元数据解析、封装和传递，支持HDR播出，支持环绕声、三维声混合播出。

6.4.3 视声频信号技术要求

4K超高清播出系统的视声频信号交互接口规范遵从全台统一的信号格式要求，对HDR、环绕声和三维声的元数据进行透传。

4K超高清播出系统目前一般采用IP链路、SDI链路的混合架构，IP链路4K超高清信号主要以SMPTE-2110标准作为封装调度的参考依据，SDI链路主要以4路3Gb/s信号的传输为基础架构。

由于4K超高清播出系统采用IP和SDI混合架构，同步基准保留BB黑场同步和三电平同步，增加PTP精准时钟的校时系统。

6.5 全台网技术

磁带为载体的传统制播系统存在以下问题：串行制作，效率低下，只能线性制作，不能协同共享；效果单一，质量劣化；节目特效和图文包装功能匮乏，多代复制后图像质量劣化，无法长期保存；播出安全难以保证；维护困难，成本极高；改造复杂、不易实现。

节目磁带　　　　　　节目文件

图6-4　节目磁带变成节目文件

电视节目的网络化制作播出是以数字电视和信息网络为基础，以高速网络和大容量存储为核心，以通用计算机和服务器为平台，全流程以文件为载体实现电视节目制作播出的工作模式。这个过程需要采用相关技术，使节目磁带变成节目文件，如图6-4所示。

6.5.1 全台网概念

全台网又称电视台网，根据国家广电总局发布的《电视台数字化网络化建设白皮书》中的定义：电视台网是指以现代信息技术和数字电视技术为基础，以计算机网络为核心，实现电视节目的采集、编辑、存储、播出交换以及相关管理等辅助功能的网络化系统。建立全台网的目的是实现系统互联互通、业务整合以及规范标准。

6.5.2 系统组成

全台网由基础支撑平台、业务支撑平台、业务系统、统一信息门户组成，其总体框架如图6-5所示。

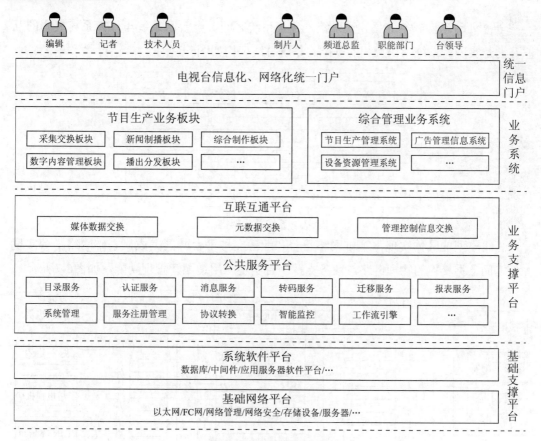

图6-5 总台网总体框架

1. 基础支撑平台

基础支撑平台由基础网络平台、系统软件平台组成，为全台网业务系统提供软硬件基础运行环境，并实现各业务系统在网络层的互联互通。

2. 业务支撑平台

业务支撑平台由公共服务平台、互联互通平台组成，为全台网各业务系统提供用户认证、服务注册、消息、报表、转码、迁移、智能监控、数据交换、流程控制等公共服务，并实现全台业务系统的统一管理和互联互通。

3. 业务系统

业务系统由节目生产业务板块（简称生产板块）和综合管理业务系统（简称管理系统）组成，其中生产板块实现电视台节目"采、编、播、存、管"各个业务环节的全流程数字化、网络化和信息化，管理系统实现电视台节目生产的辅助管理。

4. 统一信息门户

统一信息门户是电视台网各分散业务系统的统一访问入口，根据服务对象和操作权限的不同，可以进行个性化的设置，实现单点登录和信息集成。

6.5.3　系统总线架构

全台网系统包括多个业务子系统。各子系统之间、全台网系统与外部系统之间的互联互通是实现跨系统工作流程的基础。系统总线架构如图6-6所示。

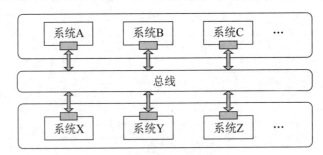

图6-6　系统总线架构

总线模型的具体实现由基础网络平台和业务支撑平台共同完成，基础网络平台实现系统之间数据交换的物理链路，业务支撑平台实现应用适配和管理功能，如图6-7所示。

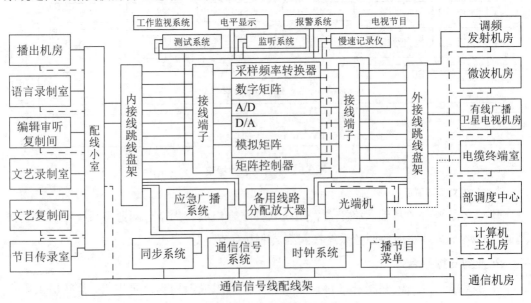

图6-7　主控系统图

6.5.4 系统总体流程

全台系统总体层面看，流程主干是策划拍摄、节目制作、节目备播和节目播出，资料管理则是支持以上流程的基础。节目备播和资料管理都属于媒体资产管理的范畴。

1. 策划拍摄

策划拍摄流程是节目生产流程的起始，虽然它不是部署在全台网系统涵盖的范围内，但是这里为了说明总体流程也将其列出。策划拍摄中的"节目计划"包括全台统一节目规划和栏目部门节目策划两方面的内容。节目计划完成以后外出拍摄素材供制作使用。

2. 节目制作

节目制作流程的素材来源主要有外拍上载的素材、收录的素材、从媒资系统调用的资料和采集的演播素材。节目制作阶段包括多个具体制作环节，将在具体制作流程中说明。

3. 节目备播

节目备播流程中的"准备节目"环节主要接收制作完成的成品节目、上载广告和外购的播出节目等，然后由台里的专门机构负责技术审查和内容审查，审查通过以后迁移到播出流程。

4. 节目播出

节目播出流程的第一个环节是"播前审查"，主要是对播出素材按照播出串联单进行头尾检查。播前审查通过后，按照串联单进行播出。对来不及通过网络送播的节目，可在播出流程紧急上载，然后通过紧急审查后进行播出。直播节目的收录任务在演播室或收录系统完成。另外，设置播出监录对播出信号全程采集，供日后检查或支持其他业务应用。

5. 资料管理

资料管理流程的资料来源包括历史资料上载、制作系统资料归档和播出节目收录等。这些资料经挑选整理后进行编目，最后将编目数据入库，供其他系统检索调用。资料管理流程中的"收录节目"是指对播出的成品节目进行保存，供今后使用。

6.6 3G/4G/5G直播系统

3G/4G/5G直播即通过依托第3、4、5代移动通信技术实现录制与广播同步进行的技术手段。

6.6.1 3G/4G直播系统组成

3G/4G直播系统集视声频数字化采集编码、3G/4G无线网络化传输、数字化输出于一体，借助目前遍布各地的移动网络通信，将现场实时拍摄的视声频回传到演播室，供节目直播使用。

　　3G/4G直播系统由3G/4G移动终端、3G/4G基站、3G/4G媒体服务器、3G/4G新闻工作站、3G/4G直播工作站等组成，如图6-8所示。

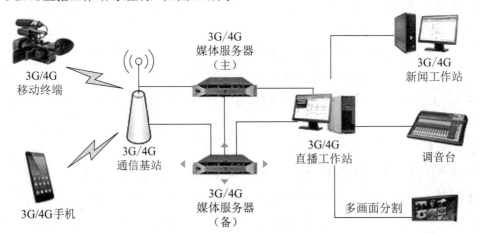

图6-8　3G/4G直播系统组成

　　由图6-8可以看到，3G/4G移动终端将视声频进行编码，对视频流进行切分后通过网络传输模块发送到3G/4G基站，在Internet中通过宽带网络连接到通信机房，3G/4G媒体服务器接收回传的切分数据流，并合成一个数据流，送到3G/4G录播工作站进行SDI信号传输和文件录制，SDI信号通过传输切换台用于直播，录制的文件作为新闻素材编辑后再利用。系统主要包括以下几个部分。

1. 视声频采集移动终端

　　把视频信号转换成视频数据流并切分，将数据通过多个数据端发送到3G/4G网络。3G/4G传输终端配合摄像机使用，可以采用专业摄像机，也支持手持型DV，无线通信类型为3G(CDMA 2000/WCDMA/TD-SCDMA)、4G(LTE/WIMAX)、WiFi、Ethernet等多信道混用，支持多卡绑定，传输文件格式为H.264，码率可达到500kb/s～5Mb/s。

2. 3G/4G媒体服务器

　　安装在中心机房或者演播室的3G/4G媒体服务器，由视频服务器和存储组成，用于接收移动终端通过3G/4G网络实时回传的视频流，进行IP数据流的接收、合成数据包及控制命令转发，同时连接和管理存储服务器中的视声频信号，以及管理系统中的各种设备和资源，通过以太网发送给后端输出服务器。传输终端静态接入时，至少支持20路D1的稳定可靠连接。该服务器可以互为热备份，以保证数据安全接收。

3. 3G/4G服务管理系统

　　系统集计算机网络、通信网络及智能化于一体，是综合信息化管理平台，实现素材的收集、分发、管理，同时还提供信道情况监测以及用户权限管理功能，能够让台内技术人员实时控制/监测各路全段信号的直播、转发等情况，通过该管理平台，台内人员可以与现场人员实时地通信、调度，并对3G/4G移动终端信道情况进行监测，同时提供用户管理功能，方便分级管理，系统的数据业务能够实时进行数据处理，通过对数据的合成、纠错、封装，提供给视声频流媒体进行转发及预览，方便管理。

4. 视声频输出工作站

用于接收3G/4G服务器发送的数据包，然后通过解码输出供播出使用的SDI信号。工作站的广播级视声频板卡可以支持4路SDI信号同时输出，同时监看3G/4G服务器接收的视频信号，可以支持最多20路信号源选择，还可以直接把指定的监看信号回录成文件，保存在本地硬盘，供后期制作使用，使用非常方便。为确保系统的安全性，视声频输出工作站可以配备两套，互为备份。

6.6.2 3G/4G播发模式

3G/4G播发模式有现场直播、录播两种。

1. 现场直播

当电视台记者报道一条突发新闻或民生新闻时，只需要一个记者和一个摄像师即可。在新闻现场安装网卡之后，将3G/4G移动终端挂载到摄像机后，连接好视频线和声频线后开始加电，3G/4G移动终端搜索到3G/4G基站信号后自动进行拨号操作，拨号成功后开始自动连接3G/4G直播系统服务端，连接成功后记者就可以进行新闻直播报道了。

3G/4G移动终端对现场拍摄的视频信号进行H.264编码，然后再通过3G/4G网络回传到电视台的媒体服务器，媒体服务器对收到的视声频信号进行解码，并将解码后的视声频信号直接输出到节目部门的导播室，通过导播人员切换，再将视声频信号送到播出机房。系统如图6-9所示。

收录

演播室

播出机房

扫码看彩图

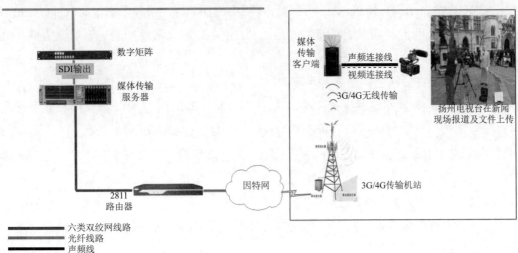

图6-9 3G/4G直播模式

2. 录播模式

在3G/4G网络信号不好时，或者对播出时效性要求不高但对播出画面要求比较高时，就可以使用录播功能，这与普通电视的录播没有什么区别。

3. 文件传输模式

通过3G/4G移动终端也可以将录制好的素材以文件传输方式传回电视台内部生产网中。文件传输方式适合对新闻实时性要求不高，但对图像要求质量较高的新闻，其系统如图6-10所示。

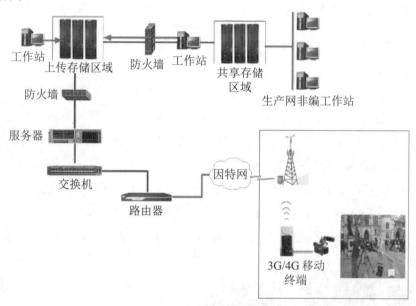

图6-10　文件传输模式

6.6.3　3G/4G直播系统服务器的部署方式

3G/4G直播系统服务器可以在下列两种环境中进行部署：一种是直接将3G/4G直播系统服务器放在公网上，独享上网带宽；另一种是将3G/4G直播系统服务器放在内网，共享上网带宽。

1. 服务器接在公网上，独享上网带宽

这种方式是将服务器直接接在公网上，整个服务器的所有端口都可以被互联网访问。服务器网络连接通畅后，可以将3G/4G上网卡插到笔记本电脑中，在笔记本电脑上通过Telnet端口登录，系统如图6-11所示，该方式速度较快，但系统受到不法攻击的概率较大。

2. 服务器放在内网，共享上网带宽

这种方式是将服务器放在电视台内部网络中，分配给服务器的IP地址是内部地址，同时在防火墙做地址映射。

这种方式一般是和电视台其他的内部网络用户一起共享上网带宽，这种方式势必会对3G/4G传输造成一定的影响，系统如图6-12所示。该方式速度稍快，但系统受到不法攻

击的概率较小。

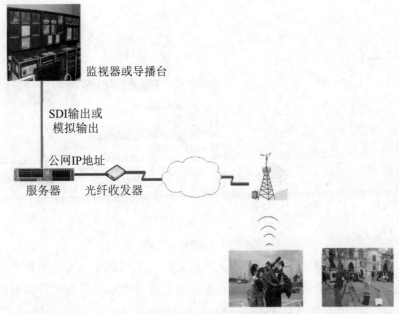

图6-11 服务器接在公网

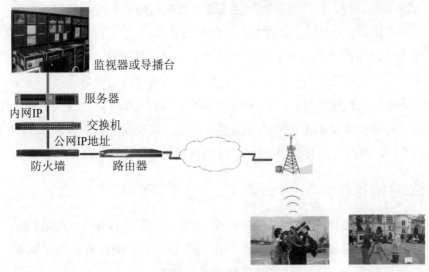

图6-12 服务器放在内网

6.6.4 4G直播技术

与3G网络相比，4G网络特点突出。一是网络数据业务时延更短，只需经过基站和网关两次转发即可；二是网络速度更快，4G网络的理想带宽可达100~150Mb/s，比3G网络快50多倍；三是用户在发起业务时响应速度更快。为了节省无线资源，3G用户在长期不进行业务时，数据链路会自动释放，下次开始业务时重新建立，而4G用户在开机后数据链路即刻建立，且永不释放；四是容纳用户更多，4G无线基站每个扇区允许接入的用户数量超过400，单载波容量是3G的20倍以上；五是提供差异化服务，4G网络将数据业务按照业务等级不同给予不同服务，也就是用户的优先接入权限。图6-13为4G直播系统图。

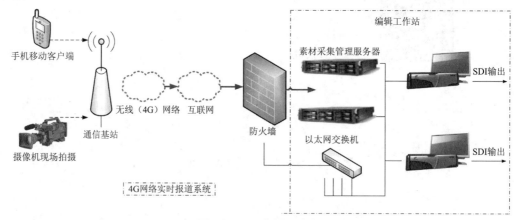

图6-13　4G直播系统图

4G的即摄即传业务具有使用更简便、传输更快、采编播更从容三大特点，改变了传媒行业传统工作方式。记者无须借助身形庞大的电视转播车，只要在摄像机的传输模块上插入4G网卡，连接4G网络，就能在拍摄的同时把影像传回后方。

4G直播设备的应用，意味着电视转播不再受传输线缆的制约，视频类节目迎来无线直播时代，对于传媒业乃至信息消费都具有重要意义。

利用4G网络，新闻记者只需一台安装4G通信模块的摄像机，就可以将现场拍摄的视频传送到电视台编辑系统，进行实时播放，真正做到随时随地现场直播，完全可以不用电视直播车。不仅电视媒体行业，在4G时代，每个普通人都能进行现场直播，任何人都能成为高速信息源，拿起4G手机就能成为视频直播的发布者，4G直播使流媒体直播突破线缆传输的限制，视频直播行业迎来无线高清直播时代。

6.6.5　5G直播背包

5G直播背包具有便捷的5G接入及链路聚合能力，通过5G网络实现前端信号采集、编解码、网络传输。系统前端不仅支持专业广播级的专业摄像机的信号采集，还支持手机等非专业摄像设备，同时也支持其他系统流信号的接入。设备即插即用，支撑高清直播业务，稳定无延时，更可提供专业视频直播业务，图6-14～图6-16分别为在广电融媒体行业、互联网平台（5G+8K+VR）直播以及应急指挥中5G直播背包的应用场景。

5G直播背包的工作原理就是视频采集、编码压缩、分包、传输，然后再组合输出的过程。工作时将前端摄像机/手机采集到的信号源，经过编码压缩后，利用网络聚合原理，将数据分包，通过不同的5G流量卡的信号发送到服务器，服务器按照分包的序号，重新把数据组合还原为正确、完整的视频，最后服务器把可以播放的视频信号传输给导播台或其他第三方直播平台（如抖音、微信视频号、B站等），如图6-17所示。

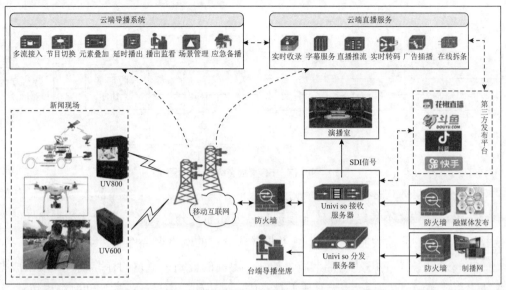

图6-14　5G直播背包在广电融媒体行业的应用

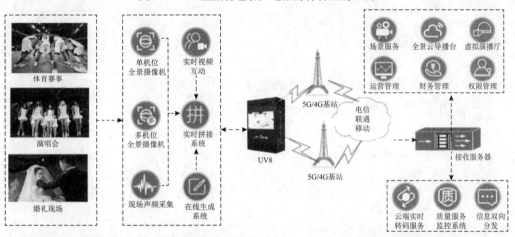

图6-15　5G直播背包在互联网平台（5G+8K+VR）直播中的应用

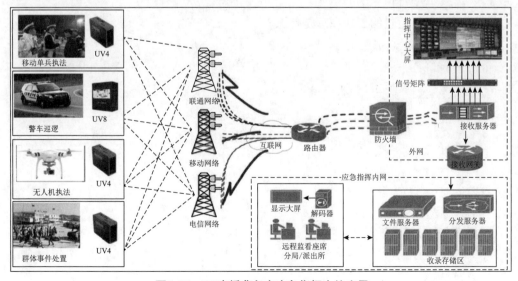

图6-16　5G直播背包在应急指挥中的应用

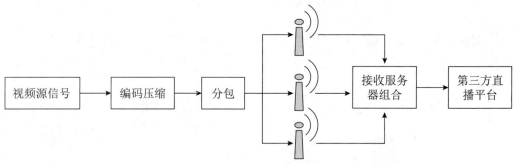

图6-17　5G直播背包工作框图

由于单张SIM卡的上传下载带宽是有限的，直接发送一个完整的大数据包，传输速率会很慢，且传输不稳定，导致卡顿现象，因此需要分包发送。影响移动直播性能的主要是编码算法的压缩性能，以及负责数据传输分包的网络聚合性能。

5G移动通信是在4G的基础上做了加法，更高的调制、更宽的标准载波、波束成型、多进多出、更短时延。5G的主要特点是峰值速度更快、海量终端连接和时延更短。

6.7　思考题

（1）简述电视播控中心的组成及功能。

（2）什么是延时播出？简述延时播出的意义。

（3）总控系统由哪些部分构成？简述总控系统的主要功能。

（4）简述播出系统的组成及功能。

（5）什么是硬盘播出系统？简述其特点。

（6）什么是全台网？

（7）简述全台网的组成。

（8）简述4G直播系统的组成。

（9）5G直播背包的工作原理是什么？

存储与检索篇

第7章 媒体存储技术

　　存储就是根据不同的应用环境，采取合理、安全、有效的方式将数据保存到某些介质上，并能保证有效地访问。存储有两方面的含义：一方面是数据临时或长期驻留的物理媒介；另一方面是保证数据完整安全存放的方式或行为。存储就是把这两方面结合起来，向客户提供一套数据存放解决方案。

　　存储设备按照使用方式和存储规模，又分为移动存储设备和非移动存储设备，企业中存储数据的绝大多数设备都是非移动存储设备。随着计算机和通信技术的不断发展，存储技术也发生了很大的变化，从最开始的磁存储到后来的光存储、移动存储、闪存，一直到现在热门的网络存储技术。不同的存储方式在存储容量、便携性、可维护性、应用场合等方面都各有不同，本章主要介绍不同的存储技术。图7-1所示为存储技术的发展历程。

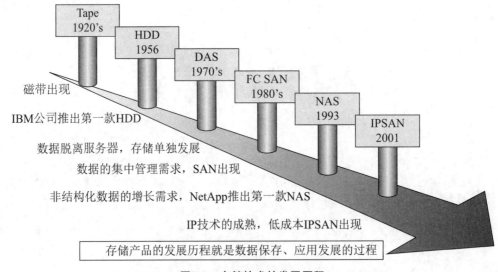

图7-1　存储技术的发展历程

7.1　媒体的存储介质

　　物理单元之所以能够存储数据，是因为它的某种性质能够发生变化，以此反映所存储的数据。通过识别这种性质上的变化，可读出数据，而用某种编码方法改变性质则可将数据写入介质。

7.1.1　磁存储介质

　　磁存储是20世纪30年代诞生的现代存储技术，广泛应用于金融、媒体、科研、家用电器等行业。磁存储介质利用磁性记录介质的特点，通过一定的信号，将数据存储到磁性记录介质上，并且可以在需要时取出这些数据或者再次更新，从而为计算机提供一个安全可靠的数据存储功能。

1. 磁存储介质的原理

磁存储介质主要由三部分组成：磁头、介质和控制器。磁存储技术是指利用磁特性和磁效应记录、存储和读出各种声音、图像以及数据等信息的技术，其原理是，先将需要记录和存储的信息转变为相应的电信号输送到磁头电路中，使写入磁头中产生与输入电信号相对应的磁场，用该磁场作用于磁记录介质，使其从原来的退磁状态转变为磁化状态。需要输出信息时，使用读出磁头作用于磁记录介质，使磁记录介质产生的磁场作用于读出磁头，获取之前写入的信息。

2. 磁存储介质的类型

磁存储介质包括软盘、硬盘、磁带等。

（1）软盘存储技术：软盘是一种可重复使用的存储介质，它具有数据的可移动性以及可更换性的优点，主要用于数据的传输和存储。

（2）硬盘存储技术：硬盘是最常用的存储介质，它具有数据的高容量、高性能、高可靠性等优点，主要用于系统的持久性存储。

早期计算机使用的磁存储介质仍然是磁盘，其标志是1953年IBM 726磁带机的出现。随着计算机技术的发展，基于模拟信号的录音、录像技术由于其较低的保真度、还原度和信息存储量，已经越来越不能满足人们的需要。基于二进制的数字存储技术受到了越来越多的关注。在这种存储技术中，磁化状态代表1的信号，退磁状态（未磁化）代表0的信号，这样就实现了在更小的空间存储大量信息的可能。由于这种存储技术主要用于计算机技术中，因此基于计算机存储的磁盘存储也就取代磁带机成为人们关注的热点。这种技术的实用化始于1956年IBM公司制作的世界上第一块硬盘。

现在使用的硬盘，无论是IDE还是SCSI，采用的都是"温彻斯特"技术，特点如下。

①磁头、盘片及运动机构密封。

②固定并高速旋转的镀磁盘片表面平整光滑。

③磁头沿盘片径向移动。

④磁头对盘片接触式启停，在工作时呈飞行状态，不与盘片直接接触。

（3）磁带存储技术：磁带是磁存储历史上最普遍的一种，具有数据库备份、资源分配、内容存储等功能，主要用于备份数据。图7-2为几种磁带的实物图。

以前一盘广播级磁带只能拍摄30～40 min，每次拍摄都需要带上足够的磁带，摄像机磁头脏了要用清洗带清洁，室内室外温差大还要当心磁鼓结露，剪辑视频则需要用编辑机进行线性编辑，或者通过放像机采集到计算机中才能实现非线性编辑等，而随着无带化工作流程的发展，磁带作为"落后"的录像介质被逐步淘汰。

（a）录音带　　　　　　　（b）录像带　　　　　　（c）数据磁带

图7-2　几种磁带的实物图

随着科技水平的不断进步，对于数据的长期保存，磁带却仍旧是最佳选择，最近日本某公司研发了一款能够存储580TB数据的盒式磁带，这个磁带的容量相当于12万张DVD或者786 977张CD，而体积不超过巴掌大。如果将那么多CD叠在一起，其高度将超过944 m，比目前世界上第一高楼的哈里法塔还要高。

新型磁带的数据密度达到了创纪录的49GB/cm^2，除应用了新材料之外，还采用了低摩擦磁头以及相应的伺服器技术，以确保其定位精准，读取快速。读取数据时，该磁带将以4.17m/s的速度滑过磁头，并能够以相当于DNA分子1.5倍宽度的精度定位磁头。

其实对于数据长期保存来说，硬盘是最可靠的选择（保存时间一般在10～15年），而光盘容量/体积比不够大。磁带保存则有更多的优点，当在正规的环境中存储时，记录在磁带上的数据30年以后仍旧能被读取。另外就成本而言，在磁带上存储数据的单位价格也比较低。不使用时，磁带不需要耗费任何能源。因此磁带存储更适合云服务商。

在可预见的将来，磁带这种存储介质不会消亡，也许不会看到磁带回归摄像机，但随着云存储、云剪辑、云工作流程的普及，数据磁带仍旧会在幕后默默为融媒体服务。

3. 磁存储的优点

（1）体积小：磁存储器体积小、重量轻，而且价格较低，可以承担大容量的数据存储任务。

（2）安全可靠：磁存储器具有非常可靠的安全性能，在信息共享、存储、数据传输过程中，信息不会丢失，也不存在信息被篡改的情况。

（3）高效率：磁存储器具有非常高的效率，它可以高速传送、存储和重新写入大容量数据。

（4）易于保养：与硬盘相比，磁带具有更高的可靠性和更小的可用存储空间，同时比软盘更容易维护和保养，易于进行维护和定期清洗。

4. 磁存储的缺点

（1）数据读取速度慢：磁存储在读取数据时，会产生不可避免的耗时，这会对使用效率造成一定的影响。

（2）磁体受外界干扰容易失真：由于磁存储的装置和拣选头等元件复杂多变，在运行过程中易受外界影响。

7.1.2 光存储介质

计算机和信息技术的发展使越来越多的信息内容以数字化的形式记录、传输和存储，对大容量信息存储技术的研究也随之不断升温。激光技术的不断成熟，尤其是半导体激光器的成熟应用，使得光存储从最初的微缩照相发展成为快捷、方便、容量巨大的存储技术，各种光存储设备纷纷产生。与磁盘相比，光存储设备具有存储密度高、存储容量大、成本低廉、不易划伤、无磨损、可长期保存信息等特点。

1. 光存储技术的基本原理

光存储技术是用激光照射介质，通过激光与介质的相互作用，使介质发生物理、化学变化，将信息存储下来的技术。其物理原理是，存储介质受到激光照射后，介质的某种性质（如反射率、反射光极化方向等）发生改变，介质性质的不同状态映射为不同的存储数据，存储数据的读出则通过识别存储单元性质的变化来实现。

在实际操作中，一般用计算机来处理信息，因为计算机只能识别二进制数据，所以要在存储介质上面存储数据、声频和视频等信息，首先要将信息转换为二进制数据。现在常见的CD光盘、DVD光盘等光存储介质，与软盘、硬盘相同，都是以二进制数据的形式存储信息。写入信息时，将主机送来的数据编码后送入光调制器，使激光源输出不同强度的光束，调制后的激光束通过光路系统，经物镜聚焦，然后照射到介质上，存储介质经激光照射后被烧蚀出小凹坑，所以在存储介质上存在被烧蚀和未烧蚀两种不同的状态，这两种状态对应两种不同的二进制数据。

光盘系统由光盘驱动器和光盘片组成。驱动器是用于读/写信息的设备，而光盘片是用于存储信息的介质，其结构如图7-3所示。

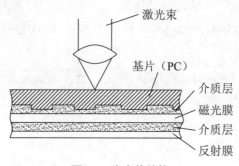

图7-3 光盘片结构

CD光盘上的数据要用CD驱动器来读取。CD驱动器由光学读出头、光学读出头驱动机构、CD光盘驱动机构、控制线路以及处理光学读出头读出信号的电子线路等组成。凹坑和非凹坑本身不代表1和0，而是凹坑端部的前沿和后沿代表1，凹坑和非凹的长度代表0的个数。图7-4所示为CD光盘的读出原理。

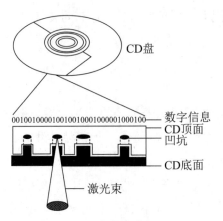

图7-4　CD光盘的读出原理

2. 光盘的发展历程

1972年，菲利浦公司面向新闻界展示了可以长时间播放电视节目的LD（Laser Disc，激光视盘）系统。

1982年，菲利浦公司和索尼公司成功开发了记录数字声音的光盘，被命名为Compact Disc，又称CD-DA（Compact Disc-Digital Audio）盘，中文名称为"数字激光唱盘"，简称CD光盘。

1985年，菲利浦公司和索尼公司开始将CD-DA技术应用于计算机领域。

1987年，国际标准化组织（ISO）在High Sierra标准的基础上经过少量修改，将其作为ISO 9660，成为CD-ROM的数据格式编码标准。

1994年，DVD光盘（Digital Video Disc，数字视频光盘）被推向市场，这也是继CD光盘后出现的一种新型、大容量的存储介质。

1995年，索尼、菲利浦、东芝、时代华纳等公司联手推出DVD标准。

1997年，VCD产业的最大受益者C-CUBE公司预感到VCD的危机，但其在DVD技术上并不领先，故联合一些厂家推出VCD标准。

2002年，蓝光DVD和MPEG-4两大阵营争抢中国DVD市场，企图建立新的DVD标准。

2006年，蓝光光盘（Blue-Ray Disc）推出。蓝光光盘是人们在对多媒体品质要求日益严格的情况下，为了存储高画质影音及海量资料而推出的新型光盘格式，属于DVD光盘的下一代产品。

3. CD光盘

CD光盘的外径为120 mm，重量为14～18g。CD光盘分3个区：导入区、导出区和声音数据记录区。图7-5所示为5in CD光盘数据记录分布情况。

CD光盘包括只读光盘、一次写多次读光盘和可擦写光盘3种，前两种都属于不可擦除的。

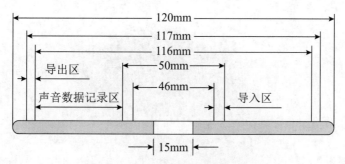

图7-5　5in CD光盘数据记录分布情况

1）只读光盘

只读光盘上的数据都是在大批量生产制作时生成的，用户可根据需要选读光盘上的信息，但不能擦除、更改或再写入新的数据。常见的只读光盘有CD-ROM、激光唱盘（CD-DA）、激光视盘（LD）以及存储视频图像和电影的VCD等。只读光盘主要用于作为电子出版物、素材库和大型软件的载体。图7-6为只读光驱与只读光盘实物图。

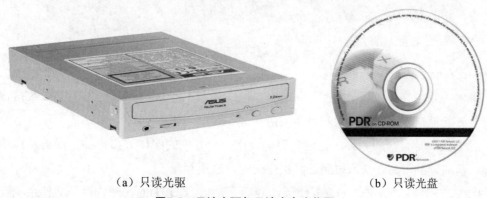

（a）只读光驱　　　　　　　　　　　（b）只读光盘

图7-6　只读光驱与只读光盘实物图

CD-ROM的形状类似于激光唱盘，能够存储650MB左右的数据。用户只能从CD-ROM读取信息，而不能往盘上写信息。

2）一次写多次读光盘

一次写多次读光盘（Write Once Read Many，WORM）的原理是存储单元的状态只能改变一次，且一旦改变，就不能回到原来的状态，因此写是不可逆的，但重复可读的次数在理论上是无限的，其使用寿命为30~100年。常用的WORM光盘为CD-R光盘，使用CD-R刻录机写入数据，它支持逐次写入光盘内容，可以继续使用未使用过的剩余空间，但对于已经写入内容的空间不允许重新写入，WORM光盘主要用于档案存储。

3）可擦写光盘（CD-RW）

可擦写光盘像硬盘一样可以任意读写数据，即允许在擦除了盘片上原有数据以后重新写入新的数据，光盘的擦、写过程是一对逆过程，写即改变光介质的性质，擦即恢复光介质原来的性质，擦写光盘有磁光型（Magnetic Optical，MO）和相变型（Phase Change，PC）两种。图7-7为磁光型可重写光驱，图7-8为相变型可重写光驱与光盘。

图7-7 磁光型可重写光驱

图7-8 相变型可重写光驱与光盘

4. DVD光盘

DVD不仅用来存放视频节目，同样可以用来存储其他类型的数据，DVD在数据存储方面具有其他媒质无法比拟的容量和灵活性。

DVD技术是目前应用最广泛的光存储技术，全方位的DVD光盘产品，涵盖从声频到视频，从只读到可写，从家电到计算机整个光盘应用领域。

DVD有6种格式标准，如表7-1所示，各种标准定义DVD的物理特性、文件系统及各种特殊的应用和扩充，如视频应用、声频应用等。表7-2为各种DVD存储容量对比情况。

表7-1 DVD格式标准

标准	DVD
Book A	DVD-ROM （只读）
Book B	DVD-Video （视频）
Book C	DVD-Audio （声频）
Book D	DVD-R （可写一次）
Book E	DVD-RAM （随机存取存储器）
Book F	DVD-RW （可重复擦写）

表7-2 各种DVD存储容量对比情况

DVD形式	盘片格式	说明	容量
DVD-Video Player、DVD-ROM	DVD-5	单面单层	4.7GB或2h以上的视频
	DVD-9	单面双层	8.5GB或4h以上的视频
	DVD-10	双面单层	9.4GB或4.5h以上的视频
	DVD-14	一面单层一面双层	13.2GB或6.5h以上的视频
	DVD-18	双面双层	17.1GB或8h以上的视频

DVD形式	盘片格式	说明	容量
DVD-RAM(DVD-VR)	DVD-RAM 1.0	单面单层	2.6GB
		双面单层	5.2GB
	DVD-RAM 2.0	单面单层	4.7GB
		双面单层	9.4GB
DVD-R	DVD-R 1.0	单面单层	3.9GB
	DVD-R 2.0	单面单层	4.7GB
		双面单层	9.4GB
DVD-RW	DVD-RW 2.0	单面单层	4.7GB
		双面单层	9.4GB
DVD+R、DVD+RW		单面单层	4.7GB
		双面单层	9.4GB

5. 蓝光光盘

传统的DVD均采用650nm波长的红色激光作为光源，其存储容量单面单层为4.7GB，已经无法满足日益增长的存储需求。而蓝光光盘和HD DVD则采用了405nm波长的蓝紫色激光，使得光盘单面单层的存储容量得到大幅提高，可以达到红光DVD的5倍以上，而不同之处主要在于盘片结构和物理格式。图7-9为蓝光光盘实物图。

2002年2月19日，光存储领域的9家知名公司在日本东京宣告建立下一代大容量光盘记录格式的参数标准，并将其命名为蓝光光盘（Blue-Ray Disc，BD）。蓝光光盘的记录介质采用相变材料，为可擦写光盘。通过405nm波长的蓝紫光激光器发出激光，利用0.85数值孔径的光学头，成功地缩小了聚焦光斑。利用0.1mm厚度的光学保护层，可降低盘片抖动产生的偏差，同时使盘片能更好地读出，并提高记录密度。蓝光光盘的轨道间距为0.32μm，大约是DVD光盘的1/2，从而获得了单盘单面27GB的存储量，以及36Mb/s的传输速度。单面双层盘片的容量可以达到50GB，双面双层更是可以突破100GB的存储容量，但其与现行的CD/DVD无法兼容。

由于蓝光光盘采用了MPEG-2传输流压缩技术，使其适用于存储高清晰度视频信息等需要大容量的内容。与DVD的技术发展类似，蓝光技术的发展也充满了激烈的竞争。HD DVD是可以与蓝光光盘争雄的另一种基于蓝光的新一代高密度、高速度光盘系列。

6. HD DVD

HD DVD是东芝等厂商力推的大容量存储技术，它采用了与蓝光光盘一样的405nm波长激光。HD DVD在外观上同CD ROM和DVD ROM盘片并没有什么区别，直径依然是12cm，不过容量却有了极大的提升，单面单层容量达到了15GB。HD DVD可向下兼容，即以前的CD/DVD可在HD DVD驱动器上使用，无疑更受个人用户的欢迎，图7-10为其实物图。

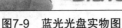

图7-9　蓝光光盘实物图　　　　　　　　　图7-10　HD DVD

与蓝光光盘相比，HD DVD在生产难度与成本上要低许多，可以沿用现有 DVD 光盘生产设备制作HD DVD光盘。HD DVD光盘不需要特殊的保护盒，而蓝光光盘则需要，在这一点上，HD DVD的便携性和成本都要优于后者。HD DVD单层容量为15GB，双层容量为30GB，而蓝光光盘在单层存储容量方面要比前者多 67%。

7. 光存储的特点

（1）记录密度高、存储容量大。光盘存储系统用激光器作光源。由于激光的相干性好，可以聚焦直径小于0.001mm的小光斑。用这样的小光斑读写，光盘的面密度可高达10^7~10^8b/cm^2。一张CD-ROM光盘可存储3亿个汉字。

（2）光盘采用非接触式读写，光学读写头与记录盘片间大约有2mm的距离。这种结构带来了一系列优点。首先，由于无接触，没有磨损，所以可靠性高、寿命长，记录的信息不会因为反复读取而产生信息衰减；其次焦距的改变可以改变记录层的相对位置，这使得光存储实现多层记录成为可能。

（3）激光是一种高强度光源，聚焦激光光斑具有很高的功率，因而光学记录能达到相当高的速度。

（4）易于和计算机联机使用，这显著地扩大了光存储设备的应用领域。

（5）光盘信息可以方便地复制，这个特点使光盘记录的信息寿命实际上为无限长。同时，简单的压制工艺，使得光存储的位信息价格低廉，为光盘产品的推广和应用创造了必要的条件。

当然，光存储技术也有缺点和不足。光学头无论体积还是质量，都还不能与磁头相比，这影响光盘的寻址速度，从而影响其记录速度。

8. 各项信息存储技术的结合发展

（1）磁存储与光存储的结合——磁光存储技术。这是一种利用激光在磁光存储材料上进行信息写入和读出的技术。磁光存储技术结合了磁存储与光盘存储的优点，存储密度高，存储容量大，而且存取时间短。

（2）采用缩微片和光盘两种存储媒质的复合系统。在随录随用、检索速度、影像远距离传送等方面，光盘优于缩微片，而在输入速度、复制发行、存储寿命、法律依据方面，缩微片又优于光盘。日本的佳能和富士公司先后推出一种采用缩微片和光盘两种存储媒质的所谓复合系统。采用复合系统的另一个优点是，原来已拥有大量缩微片的旧系统仍可继续使用，并能顺利地向新系统过渡。

（3）"三合一"的存储系统，即将缩微片、磁存储和光存储技术结合在一起的复合系统。

7.1.3 移动存储设备

1. 大容量软盘

最早的大容量软盘由ZIP推出，提供100MB和250MB两种类型。内置250MB驱动器，数据传输速率为1.4MB/s，图7-11为ZIP软盘实物图。

LS-120是ZIP的主要竞争对手，容量为120MB，优势是兼容普通软盘。但正因为兼容普通软盘，传输速率仅为565KB/s。

SuperDisk也是一种主流的大容量软驱，容量为120MB，兼容1.44MB的普通软盘，读写120MB软盘时数据传输速率为290KB/s，而读普通的1.44MB软盘时数据传输速率为55KB/s。

图7-11 ZIP软盘实物图

由于与其他的移动存储设备相比，软盘存取速度明显慢，在安全和寿命上都比较差，因此2000年以后开始逐渐退出市场。

2. 移动硬盘

移动硬盘是以硬盘为存储介质，强调便携性的存储产品，具有容量大、数据传输效率高、可靠性高以及轻巧便携等特点。

硬盘尺寸从3.5in全面走向2.5in后，又出现了1.8in和1in硬盘。2.5in移动硬盘盒可以使用笔记本电脑硬盘，2.5in移动硬盘盒体积小、重量轻、便于携带，一般没有外置电源，1.8in硬盘用于MP3等，数码相机中使用的硬盘一般是1in。

移动硬盘大多采用USB、IEEE 1394、eSATA接口，能提供较高的数据传输速度，图7-12为IEEE 1394接口实物图。不过移动硬盘的数据传输速率在一定程度上受到接口速度的限制，USB 2.0、IEEE 1394、eSATA移动硬盘接口相对会快一些。USB 2.0接口传输速率是60MB/s，IEEE 1394接口传输速率是50~100MB/s，USB 3.0接口传输速率是625MB/s。Windows 8操作系统广泛使用以后，IEEE 1394接口逐渐退出市场。

图7-12　IEEE 1394接口

3. 硬盘扩展

当存储系统的容量、速度、稳定性达不到多媒体应用需求时，需要对存储系统进行扩展。硬盘的扩展方式主要包括磁盘跨接技术和RAID技术。

1）磁盘跨接技术

磁盘跨接是把多个驱动器（也就是一个硬盘）附加到一个单个的主适配器。数据首先被写入第一个驱动器，当第一个驱动器写满后，控制器切换到第二个驱动器。第二个驱动器写满后控制器又一次切换，如此继续。

早期磁盘容量不够大时，对一些需要大存储容量的对象，例如视频信息，可采用这种方法来增加存储容量。磁盘跨接通过加入新增的驱动器来增加存储容量，提供了磁盘整体容量的简易增加方法。但这种方法并不提供更好的容错性和可靠性，事实上，可靠性会下降。

2）RAID技术

RAID（廉价磁盘冗余阵列或独立磁盘冗余阵列，Redundant Array of Independent Disks）是多个磁盘的一组阵列，数据分布在多个驱动器上，以获得容错性、大存储容量及性能的改进。RAID技术并不是一个新的概念，它源于大型主机的冗余、容错等思想。这种方法在容量、吞吐速度、可靠性方面都有所提高。

RAID子系统由多个用单个控制器操作的小型磁盘驱动器构成，这些驱动器对主机就像一个单一的驱动器。

从主机来看，逻辑上把它们看作一个驱动器（物理上是多个小驱动器）。很大的驱动器如果要维持与较小的驱动器相同的性能水平就需要更昂贵的驱动器电子设备。RAID可以在低成本的情况下提高整体磁盘的存储容量。RAID通过把读写操作并行地分布在多个磁盘驱动器上实现速度的提高，这一过程使数据分布在多个驱动器上，这样一个单一的I/O请求的不同部分就可以由多个磁盘平行地服务，如图7-13所示。

这种方法有一个很明显的问题：数据分布在不同的驱动器上，如果没有额外的冗余度，数据的危险性将随磁盘数目的增加而成倍增加。任何一个磁盘的失败都能导致读数据或写数据的失败，所以在RAID技术的某些策略中增加了一些冗余。目前已经开发出若干不同的RAID方式以满足不同的需要。

数据按照不同的算法分别存储在每块磁盘上，从而达到不同的效果，这样就形成了不同的RAID级别。目前主要有RAID 0、RAID 1、RAID 2、RAID 3、RAID 4、RAID 5、RAID 10等多个级别。不同的RAID级别代表不同的存储性能、数据安全和存储成本。

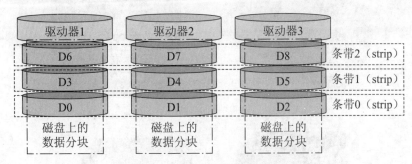

图7-13　RAID的数据组织方式

4. 闪存

闪存（Flash Memory）是一种半导体存储芯片，在不加电的情况下数据也不会丢失。它结合了ROM和RAM的长处，不仅具备电子可擦除可编程（EEPROM）的性能，还不会断电丢失数据，同时可以快速读取数据，图7-14所示是闪存存储器的芯片。U盘和MP3里用的就是这种存储器。

图7-14　闪存存储器的芯片

1984年，东芝公司首先提出了快速闪存存储器的概念。与传统计算机内存不同，闪存的特点是非易失性，且记录速度非常快。与EPROM相比，它采用电可擦除，可重复擦除10次，擦写速度快，耗电量小。NOR和NAND是两种主要的非易失闪存技术。

Intel公司于1988年首先开发出NOR Flash技术，彻底改变了原先由EPROM和EEPROM一统天下的局面。1989年，东芝公司发布了NAND Flash，降低了每比特的成本，拥有更高的性能，并且像磁盘一样可以通过接口读取数据。

闪存卡（Flash Card）是利用闪存技术存储电子信息的存储器，一般应用在数码相机、MP3等小型数码产品中作为存储介质，样子小巧，犹如一张卡片，所以称为闪存卡。

根据不同的生产厂商和不同的应用，闪存卡有SmartMedia（SM卡）、Compact Flash（CF卡）、MultiMediaCard（MMC卡）、Secure Digital（SD卡）、Memory Stick（MS卡）、XD-Picture Card（XD卡）和微硬盘（MicroDrive）等。这些闪存卡虽然外观、规格不同，但是技术原理都是相同的。图7-15为闪存卡实物图。表7-3为闪存卡性能对比。

（a）MS卡

（b）CF卡

（c）SD卡

（d）SM卡

图7-15　闪存卡实物图

表7-3　闪存卡性能对比

类型	SM	CF	MMC	SD	MS
发布时间	1995	1994	1997	1999	1997
发布厂商	东芝	SanDisk	SanDisk、西门子	东芝、松下SanDisk	索尼
物理尺寸/mm	45×37×0.76	43×36×3.3	32×24×1.4	32×24×2.1	50×21.5×0.28
工作电压	3.3V，5V	3.3V，5V	2.7～3.6V	2.7～3.6V	2.7～3.6V
公开标准	是	是	是	是	否
适用领域	MP3、DC	PDA、数码相机	MP3、DC、DV	MP3、DC、DV、E-BOOK	仅索尼产品
支持厂商	东芝、三星、索尼等	IBM、HP、佳能、东芝等	SanDisk、西门子等	三星等	索尼

类型	SM	CF	MMC	SD	MS
其他	操作系统都支持	有MMC和SPI两种模式	数据安全性高，支持物理写保护	数据安全性高，支持物理写保护	仅索尼使用

1）SM卡

SM卡即Smart Media（智能卡），是市场上常见的微存储卡，一度在MP3播放器上非常流行，体积很小：45mm×37mm×0.76mm，非常薄，质量为1.8g，具有比较高的擦写性能。SM卡具有3.3V和5V两种工作电压，但不可以同时支持两种电压。目前已经很少用了。

2）CF卡

CF卡即Compact Flash（微型快擦写卡），是一种袖珍闪存卡，尺寸为43mm×36mm×3.3mm，存储文件的速度比较快，存储容量适中，能耗低，在中、高档数码相机中应用比较多。笔记本电脑的用户可直接在PCMCIA插槽上使用，使数据很容易在数码相机与计算机之间传输。

3）MMC

MMC即Multi Media Card（多媒体卡），MMC的发展目标主要是针对数码影像、音乐、手机、PDA、电子书、玩具等产品，尺寸为32mm×24mm×1.4mm，质量为1.5g。MMC也是把存储单元和控制器一同做到了卡上，智能控制器使得MMC保证了兼容性和灵活性。MMC的操作电压为2.7～3.6V，写/读电流为27mA和23mA，功耗很低。

4）SD卡

SD卡即Secure Digital Card（安全数码卡），SD卡数据传送和物理规范由MMC发展而来，大小和MMC差不多，尺寸为32mm×24mm×0.7mm。长宽和MMC一样，只是厚度上少了0.7mm，以容纳更大容量的存储单元。SD卡与MMC卡保持着向上兼容，即MMC可以被新的SD设备存取。平均数据传输速率为2MB/s。

5）MS

MS即Memory Stick（记忆棒），由索尼公司开发。尺寸为50mm×21.5mm×0.28mm，质量为4g，并具有写保护开关。和很多Flash存储卡不同，MS的规范是非公开的，没有标准化组织。电压为2.7～3.6V。它用在索尼公司的PMP、PSX系列游戏机、数码相机、数码摄像机等产品中。

7.2 网络存储技术

7.2.1 网络存储的意义

随着计算机技术及相关的各种网络应用的飞速发展，视频、声频、图片、文字、游戏以及办公室大量的数据资产积累的数据越来越多，且呈爆炸式增长，因此需要更大的存储空间。存储系统不再是计算机系统的附属设备，而成为互联网中与计算和传输设施同等重要的三大基石之一，网络存储已成为信息化的核心发展领域，并逐渐承担着信息化核心的责任。实际上，信息技术在任何时候都是处理、传输和存储技术三位一体的完美结合，三者缺一不可。

数据量的迅速增长为我们提出了新的问题和要求，如何确保数据的一致性、安全性和可靠性，如何实现不同数据的集中管理，如何实现网络上数据的集中访问，如何实现不同主机类型的数据访问和保护等。这些问题都对现有的存储技术提出了挑战，呼唤着新的网络存储技术及产品的出现。

在网络存储技术中，由网络存储设备提供网络信息系统的信息存取和共享服务，其主要特征体现在超大存储容量、高数据传输速率以及高系统可用性、远程备份、异地容灾等方面。目前，网络存储技术正在成为计算机领域的研究热点，可以说，网络存储将引发继信息处理（如CPU）和信息传输（如Internet）之后IT领域的第三次技术浪潮。如何适应新的存储需求，采用什么技术突破当前存在的存储服务的瓶颈，是人们普遍关心和迫切需要解决的问题。

7.2.2　网络存储架构

常见的网络存储技术包括直接连接存储（Direct Attached Storage，DAS）、网络连接存储（Network Attached Storage，NAS）以及存储区域网络（Storage Area Network，SAN）。

1. 直接连接存储

直接连接存储是以服务器为中心的存储体系，外部数据存储设备通过SCSI接口电缆直接挂接到服务器，存储系统是服务器的一部分。所有访问均通过服务器进行，包括应用服务和文件服务。图7-16为DAS架构。

DAS特别适合对存储容量要求不高、服务器数量很少的中小型局域网，其主要优点是存储容量的扩展实施非常简单，投入成本少且见效快。

但DAS也存在诸多问题：①服务器本身容易成为系统瓶颈；②若服务器发生故障，数据不可访问；③对于存在多台服务器的系统来说，设备分散，不便管理，同时多台服务器使用DAS时，存储空间不能在服务器之间动态分配，可能造成相当的资源浪费；④数据备份操作复杂。

2. 网络连接存储

网络连接存储以数据为中心，使用一个专用存储服务器与网络直接相连，通过NFS或CIFS对外提供文件级访问服务。简单来说就是将直连在各个服务器上的硬盘以及硬盘的文件系统分割、独立出来，将其集中到一台连接在网络上、具备资料存储功能的存储服务器上。这台网络存储服务器就叫作NAS，图7-17为NAS架构。

NAS将存储设备通过标准的网络拓扑结构连接，无需服务器，可直接上网，不依赖通用

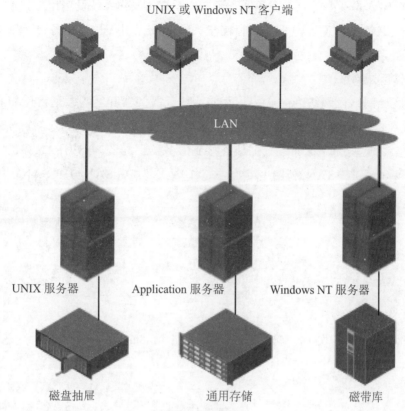

UNIX 或 Windows NT 客户端

LAN

UNIX 服务器　　　　Application 服务器　　　　Windows NT 服务器

磁盘抽屉　　　　　　通用存储　　　　　　　磁带库

图7-16　DAS架构

的操作系统，而是采用一个面向用户设计的、专门用于数据存储的简化操作系统，内置了与网络连接所需的协议，因此整个系统的管理和设置较为简单。主要面向高效的文件共享任务，适用于需要网络进行大容量文件数据传输的场合。以IBM为代表的各大存储厂商纷纷推出NAS解决方案。

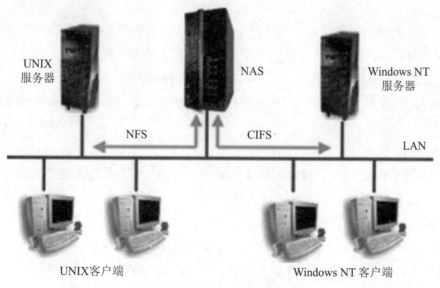

UNIX
服务器　　　　　NAS　　　　Windows NT
服务器

NFS　　　　　　CIFS　　　　　　LAN

UNIX客户端　　　　　　　Windows NT 客户端

图7-17　NAS架构

这种存储方式不占用应用服务器资源、广泛支持操作系统及应用、扩展较容易、即插即用、安装简单方便。但不适合存储量大的块级应用，且数据备份及恢复占用网络带宽。

3.存储区域网络

存储区域网络以网络为中心，将存储系统、服务器和客户端通过网络相互连接。SAN最直观的理解就是由很多的磁盘、磁盘阵列组成一个网络，这个网络就是一块巨大的硬盘，这块硬盘再通过数据线连接到服务器上。图7-18为SAN架构。实现SAN的技术分两种：FC SAN 和IP SAN。图7-19所示为FC SAN与IP SAN之间的差别与联系。

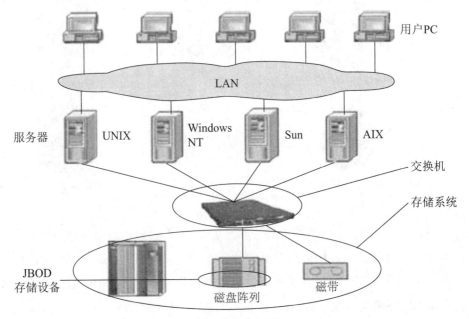

图7-18　SAN架构

SAN更适合网络中关键任务的数据存储，与其他存储技术相比，SAN具有以下特性：高可用性、高性能、便于扩展，可实现高效备份，适用于海量数据、关键数据的存储备份，支持服务器的异构平台，支持集中管理和远程管理等。

但是，SAN也有一些不足，例如安装和升级比NAS复杂，多客户端共享资源需额外软件。

1）FC SAN

FC是一种数据传输技术，侧重于数据的快速、高效、可靠传输。随着数据存储在带宽上的需求提高，才逐渐应用到存储系统上。

FC协议与TCP/IP协议类似，采用5层光纤协议封装和承载SCSI协议。

2）IP SAN

使用IP协议封装和承载SCSI协议。早期的IP SAN采用TCP/IP和FC技术相结合的方式传输SCSI指令，逐渐发展成可以采用iSCSI封装技术传输SCSI指令和数据。

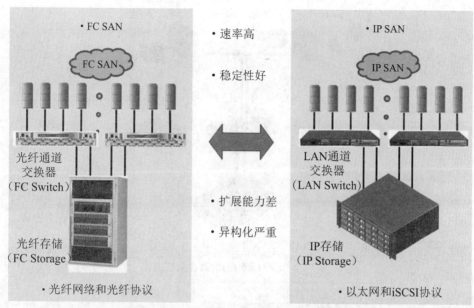

图7-19　FC SAN 与 IP SAN之间的差别与联系

　　IP SAN是以IP为基础的SAN存储方案，是IP存储技术应用的第三阶段，是完全的端到端的、基于IP的全球SAN存储。它充分利用了IP技术成熟、性能稳定、传输距离远、安装实施简单、后期维护少的特点，可为用户提供一个运行稳定、实施简单方便、价格低廉的大容量存储系统，是一种可共同使用SAN与NAS，并遵循各项标准的纯软件解决方案。IP SAN可让用户同时使用Gigabit Ethernet SCSI与Fibre Channel，建立以IP为基础的网络存储基本架构。由于IP在局域网和广域网上的应用以及良好的技术支持，在IP协议的网络中也可实现远距离的块级存储，以IP协议代替光纤通道协议，IP协议用于在网络中实现用户和服务器连接。随着用于执行IP协议的计算机速度的提高及吉比特以太网的出现，基于IP协议的存储网络实现方案成为SAN的更佳选择。

7.2.3　网络存储技术趋势

　　随着互联网以及云计算的发展，网络存储技术向着存储方案的融合、存储管理自动化与智能化、虚拟化、提高存储效率、减少总体拥有成本（TCO），以及增加投资回报（ROI）的方向发展。

1. 存储体系架构的融合

　　通过IP SAN供给SAN资源，通过CIFS和NFS共享NAS资源，最大限度利用存储资源，在同一存储池中同时分配SAN和NAS 资源，为SAN和NAS同时提供存储服务，如图7-20所示。图7-21为多种存储方案的融合方案。

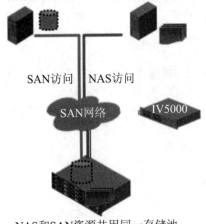

图7-20　SAN和NAS的融合解决方案

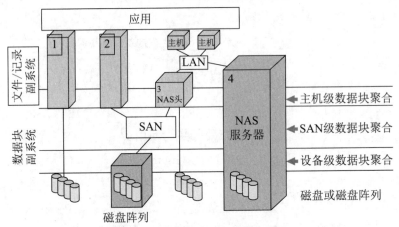

图7-21　多种存储方案的融合方案

1—DAS直连；　　　　　　　2—SAN直连；

3—NAS头；　　　　　　　　4—NAS服务器

2. 云存储

云存储是在云计算（Cloud Computing）概念上延伸和发展出来的新概念。云计算是分布式计算（Distributed Computing）、并行计算（Parallel Computing）和网格计算（Grid Computing）的发展，是通过网络将庞大的计算处理程序自动拆分成无数个较小的子程序，再交由多台服务器所组成的庞大系统，经计算分析后将处理结果回传给用户。

云存储的概念与云计算类似，是指通过集群应用、网格技术或分布式文件系统等功能，将网络中各种不同类型的存储设备通过应用软件集合起来协同工作，共同对外提供数据存储和业务访问功能的一个系统。图7-22所示为云存储平台架构。云存储的核心是应用软件与存储设备相结合，通过应用软件实现存储设备向存储服务的转变。

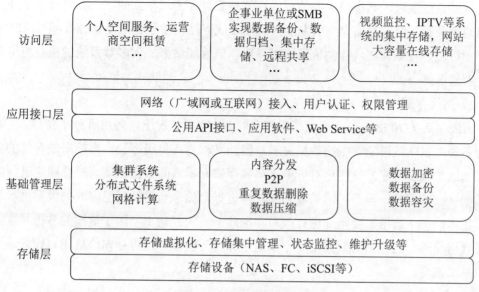

图7-22 云存储平台架构

云存储对使用者来讲，不是指某一个具体的设备，而是指由许许多多存储设备和服务器所构成的集合体。用户使用云存储，并不是使用某一个存储设备，而是使用整个云存储系统提供的一种数据访问服务。所以严格来讲，云存储不是存储，而是一种服务。

7.2.4 数据的存储方式

数据的存储方式主要有在线存储、离线存储以及近线存储，如图7-23所示。

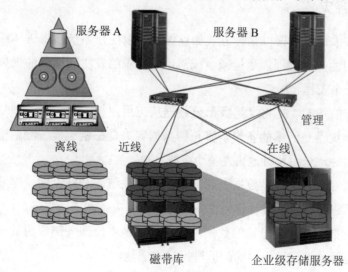

图7-23 数据存储的三种方式

1）在线存储

在线存储（On Store）是工作级存储，在线存储的最大特征是存储设备和所存储的数据时刻保持"在线"状态，可以随时读取和修改，以满足前端应用服务器或数据库对数据访问的速度要求，其中最主要的在线存储是磁盘存储。早期的在线存储设备主要是服务器内置硬盘，随着存储设备的发展，现在在线存储设备还包括光纤磁盘阵列或SCSI磁盘阵列等磁盘设备。在线存储价格相对昂贵，但性能最好。大多数系统的核心应用采用这种存储形式。

2）离线存储

离线存储（Off Store）主要使用磁带存储。大多数情况下主要用于对在线存储的数据进行备份，以防范可能发生的数据灾难，因此又称为备份级存储。离线海量存储的典型产品是磁带或磁带库，价格相对低廉。离线存储介质上的数据在读写时是顺序进行的。当需要读取数据时，需要把磁带卷到头，再进行定位。当需要对已写入的数据进行修改时，很多情况下数据需要全部进行改写。因此，离线存储主要用于数据的备份和恢复。大多数情况下，磁带上的数据要尽量少地进行访问操作。磁带存储价格相对较低，但容量价格比较高。

3）近线存储

近线存储（Near Store）是指将并不是经常用到，或者数据的访问量并不大的数据存放在性能较低的存储设备上。但同时对这些设备的要求是寻址迅速、传输速率高。因此，近线存储对性能要求相对来说并不高，但又要求相对较好的访问性能。同时大多数情况下由于不常用的数据要占总数据量较大的比重，这也就要求近线存储设备需要容量相对较大。传统定义的近线存储设备主要是DVD-RAM光盘塔和光盘库设备。但随着存储设备的不断发展，现在常用的近线设备为磁带设备。

7.2.5 数据容灾

数据容灾技术是将数据以某种方式加以保留，以便在系统遭受破坏或其他特定情况下重新加以利用的一个过程，尽量减少或避免因灾难的发生而造成的损失。容灾不仅仅是技术，更是一个工程。

备份是容灾的基础，是将全部或部分数据从应用主机的硬盘或阵列复制到其他存储介质的过程。容灾不是简单的备份，真正的数据容灾是在避免传统冷备份的先天不足，以便在灾难发生时，全面及时地恢复整个系统。

为了灾难恢复而对数据、数据处理系统、网络系统、基础设施、专业技术支持能力和运行管理能力进行备份的过程称为灾备，分为数据灾备和应用灾备。

数据灾备是指建立一个异地的数据系统，对本地系统的关键应用数据进行复制。当出现灾难时，能够通过异地保存的数据进行灾难恢复。

应用灾备是指异地建立一套完整的、与本地数据系统相当的应用系统，可以与本地应用系统互为备份，也可以与本地应用系统共同工作。灾难出现时，异地应用系统可承担本地应用系统的业务运行，容灾方案应用灾备的基础是数据灾备，如图7-24所示。

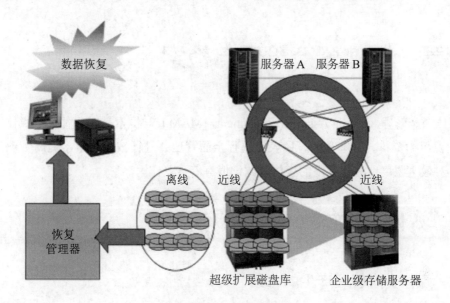

图7-24 容灾方案

　　灾难备份常用的技术有磁带备份、磁盘镜像和双工、RAID技术、HotSpare技术、双机热备、服务器双工、网络冗余和远程磁盘镜像等。针对灾难级的灾难备份技术，通常在多种常用技术应用叠加的基础上，还需要实施远程备份技术。

7.3　思考题

　　（1）常见的存储介质有哪些？简述每种存储方式的优缺点。

　　（2）简述存储技术的发展趋势。

　　（3）硬盘扩展主要有哪些方式？什么是RAID技术？有何特点？

　　（4）常见的闪存卡有哪些？

　　（5）常见的网络存储架构有哪些？简述每种存储架构的系统架构以及优缺点。

　　（6）简述IP SAN 与 FC SAN的异同。

　　（7）什么是云存储？

　　（8）数据的存储方式主要有哪几种？简述各自的特点。

　　（9）什么是容灾备份技术？为何要对数据进行容灾备份？

第8章 媒体资产管理与检索

媒体资产管理（Media Assets Management，MAM）与检索是对各种类型媒体资料数据，如视声频资料、文本文件、图表等进行全面管理并进行按需检索，提高管理与检索效率，对最大限度地利用有限的媒体资源价值有着重要作用。

8.1 媒体资产管理系统

8.1.1 媒体资产管理产生的背景

随着广播电视与融媒体行业的发展，节目量剧增，传统的、以磁带为介质的节目保存、使用方式面临以下许多问题。

（1）由于磁带寿命有限，以往保存在磁带上的大量有价值的视声频资料需要抢救。

（2）多种格式介质并存，经常转换格式导致文件质量下降，且效率低下，对台内素材、节目利用和台间节目交换造成不利影响。

（3）IT技术的迅速发展，传统的磁带储存、传输方式无法适应互动的视频点播要求。

随着技术的发展，电视台数字化进程的完成，以及网络技术的普及，为电视台媒体资产管理系统的建立提供了条件。

媒体资产管理是对各种类型的视频资料、声频资料、文字、图表等媒体资料的数字化存储、编目管理、检索查询、非编素材转码、资料发布，以及设备和固定资产等进行全面管理的系统。建立媒体资产管理的目的是建立一个完善的系统，保存和管理这些宝贵的资料，并使其得到最大利用，创造良好的经济效益和社会效益。一个良好的媒体资产管理系统可以为电视台等融媒体中心发挥以下作用。

①信息交换、网络化的节目制作流程和视声频资料存储。

②集中、统一的资源管理和检索。

③提供跨机构获取的能力，缩短制作周期。

④为收费电视、视频点播、IPTV提供平台。

8.1.2 媒体资产的含义

媒体资产主要指内容资产，报社、广播电台、电视台、网站、通讯社等媒体单位，每天都要生产大量的文字、图片、声视频等新闻业务数据，以及描述这些数据的元数据和它们的版权信息等。

（1）素材（Essence）：素材是内容的不同形式和格式的物理表示，能够被生产、改变、存储、交换、传输或者播出。在广播环境中，素材被定义为节目原材料。素材拥有不同的形式，如声频、视频、图像、文本形式，根据其时间相关性，可分为离散型（非时间相关）和连续型（时间相关）两种媒体或素材类型。

基本的连续媒体素材元素有视频、声频和运动图形（动画），其时间相关性是由时间线及相联系的时码表示的。

（2）元数据（Metadata）：通常被解释为"关于数据的数据（data about data）"，被用于描述实际素材和它的不同表现形式，元数据可做以下分类。

①与内容相关的元数据，给出实际内容或主体描述。

②与素材相关的元数据，用于描述可用的格式、编码参数和记录的具体信息。

③与位置相关的元数据，用于描述内容的位置、数量和载体等状况。

实际的素材用于使用和操作，元数据则用于描述、查找和检索内容。

8.1.3 媒体资产管理系统概述

媒体资产管理系统简称媒资系统，是一个以管理为核心的计算机网络化应用系统，通过对节目资料的数字化处理形成不同格式的数据化文件，再对其进行保存、分类、索引。主要目的是为用户提供媒体资料数据的收集、编辑、存储、管理、查询、检索和再利用，从而高效地保存和利用媒体资产。

1）国内外媒体资产管理系统的几种模式

（1）内容库管理模式：媒体资产管理系统的基本形态，其目的是对视声频资料的抢救和保存，对视频、声频及其他相关文字资料进行整理并分类归档，对资料进行集中管理，便于对资料的保存和再利用。电视台和融媒体中心对这种模式的应用是建立可进行检索和调用的自动化管理的磁带资料库。

（2）内容共享的生产模式：随着非编设备及技术的普及出现的生产制作平台模式，通过网络，各个非编站点可以共享库内资源，进行在线编辑。电视台和融媒体中心对这种模式的应用主要以新闻非编制作网络为代表。

（3）资产库管理模式：随着现代企业管理的发展，不仅要满足内容管理及生产要求，而且要满足商品流通的要求。媒体资产管理系统既是内部的内容管理平台、生产制作平台、播出平台，也是对外的信息发布、节目运营平台，通过围绕媒体资源进行统一规划和管理，协调内部之间、内外之间的关系，有效进行资源调配，安排节目生产、播出、交换等，实现以需求为中心的经营战略。通过多方面的应用，参与对网络、市场、客户资源的管理，通过无形商品的市场流通，在流通中通过媒体资产管理系统产生直接经济效益和间接附加效益。

2）我国媒体资产管理系统建设的几个标志性成果

（1）2001年，国内首个媒资管理系统由北京捷成公司为中国电影资料馆量身定做。

（2）2003年9月，中国广播电视音像资料馆项目第一期安装调试工作如期完成；2004年5月，资料馆第一期系统全面运行。

（3）2004年1月，国内最大的城市电视台媒体资产管理系统——广州电视台媒体资产管理项目完成招标工作。

（4）2004年8月，广西电视台媒体资产管理系统在北京举行了签约仪式。

（5）2004年11月，厦门电视台新闻频道的媒体资产管理项目完成招标工作。该项目包含卫星收录、新闻、制作、资产管理、播出等多个子系统。

（6）2004年11月，国家体育总局媒体资产管理系统通过了全面的测试验收。

（7）2005年1月，深圳广播电影电视集团媒体资产管理系统开始试运行。

3）国内主流的媒体资产管理系统

目前主流的媒体资产管理系统有大洋媒体资产管理系统iMAM、索贝MAM、捷成世纪媒体资产管理系统、新奥特神鉴媒体资产管理系统，以及方正博思媒体资产管理系统等。图8-1所示为某媒体资产管理系统界面截图。

图8-1 某媒体资产管理系统界面截图

8.1.4 媒体资产管理系统的组成与功能

1）媒体资产管理系统的主要功能

（1）既可以管理素材，又可以管理元数据。

（2）管理素材的主要任务：对高容量、高带宽和一部分对时间敏感的数字化数据的存储、管理和协调，也包括对专业化生产和广播电视系统播出的集成。

（3）元数据的管理主要涉及描述、存储和定位信息系统以及数据库中与内容相关的数据，包括人工注解和索引信息。

2）媒体资产管理系统的组成

媒体资产管理系统的网络架构如图8-2所示，由网络、服务器、工作站和大型磁盘阵列存储器组成，其中网络包括雷电接口（Thunderbolt）网络、10Gb/s光纤网络、1Gb/s子网以及专用8Gb/s光纤网络；服务器包括媒资、数据库、转码以及碟带库等服务器；工作站包括上载、非编、调色、字幕、声频以及合成等工作站。

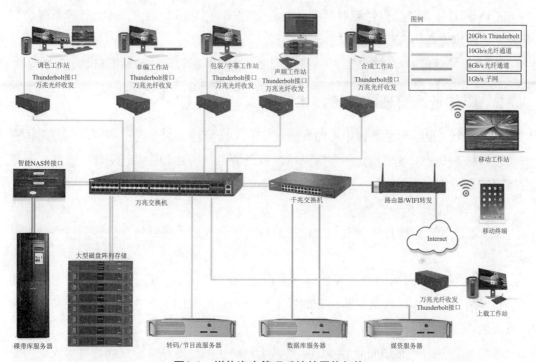

图8-2 媒体资产管理系统的网络架构

媒体资产管理系统的运行流程通常由五部分组成，分别是素材的数字化上载与转码、编目与标引、检索浏览、回迁下载以及存储管理，如图8-3所示。

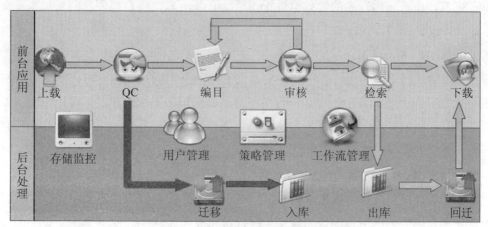

图8-3 媒体资产管理系统运行架构

（1）数字化上载与转码：实现传统信号采集，生成数字化媒体数据，并以一种开放的文件格式或压缩编码格式保存在存储介质上。

（2）编目与标引：编目是对待归档的资料进行统一的、科学的、标准化的编目标引（对节目的描述过程称为标引，包括文字信息描述、关键帧代表帧采集，并将各种描述生成元数据），把无序的信息变为有序的资源。

（3）检索浏览：使用户快速、准确、全面地找到想要的数据，并浏览低码流视声频。

（4）回迁下载：找到目标数据后，向系统提出调用或下载请求，存储管理系统响应用户并迅速定位高码流节目的位置。

（5）存储管理：实现数据迁移、任务调度、离线数据管理、迁移策略制定等功能。

8.1.5　媒体资产管理的关键技术

由于各个电视台和融媒体中心的管理现状和工作流程、习惯各不相同，因此媒体资产管理系统都是针对各自特点的定制系统。系统的定制需要对技术、流程、管理、商务各方面的需求做出综合考虑，主要考虑的需求有以下几项。

1）网络传输技术

媒体资产管理系统首先要有一个良好的网络平台，适于视频信号传输的网络技术有以下几种。

（1）以太网：以太网是开发较早、应用较广泛的一种局域网络技术，具有结构简单、技术成熟、成本较低的优点。千兆以太网特别是万兆以太网的出现，对于高质量的广播级视频信号的传输很有帮助。

（2）光纤网(Fiber Channel，FC)：开发于1988年，原本是为了提高硬盘协议的传输带宽。后来被用来传输TCP/IP接口协议，并被修改为通过可扩展标准接口兼容多种网络协议。光纤网是一种传输速率高达1Gb/s的高性能串行接口，能利用现有公共传输协议，如IP和SCSI。由于采用较大的数据包进行传输，光纤网非常适合视频、图像和海量数据的存储及传输。

（3）SAN（Storage Area Network）：结合I/O通道技术、LAN模型、大容量存储器等特点，以吉比特带宽实现计算机和存储器间通信的新型网络结构。与传统服务器与磁盘阵列的主/从关系不同，SAN上所有设备平等，消除服务器瓶颈，实际可用带宽接近传输带宽。SAN采用光纤网链路，高传输性为其提供独立于服务器网络系统的高速和强存储能力，适用于大型数据库、图形图像、多媒体处理等应用。

2）视频压缩技术

由于广播级视频信号的信息量极大，要在网络上传输是非常困难的，而压缩技术的出现，使视频信号的网络传输成为现实。压缩技术就是发送端去除图像中由于空间相关性和时间相关性而产生的大量冗余信息，只保留少量非相关信息进行传输；接收端利用这些非相关信息，按照相应的解码算法，可以恢复一定质量的原始图像。

适用于视频信号的压缩格式目前主要有M-JPEG、DV、MPEG-2I、MPEG-2IBP以及MPEG-4。

媒体资产管理系统中的素材主要有浏览、检索用的低码流素材和长期存储的广播级节目素材。MPEG-2IBP在码流方面较有优势，存储性价比高，是目前传输和播出的首选格式，但编辑功能受到一定的限制。M-JPEG、DV、MPEG-2I等格式是目前非编网络的主流编辑格式，但存在码流较大、不利于大量存储的缺点。而MPEG-4格式由于基于具体内容编码，具有码流小、视声频质量比较好等特点，多用于编目、浏览和检索的素材。

3）存储介质技术

媒体资产管理系统的首要任务是节目的存储，以磁带为介质的模拟存储方式，在单位成本、保存年限、空间使用、管理、检索等方面都有局限性，随着技术的发展，基于数字化存储的硬盘、数字磁带、光盘等开始逐步代替磁带的模拟存储方式。

（1）硬盘。

具有读写速度快、效率高、技术成熟、易维护、易升级等优点，但体积大、使用成本较高。

（2）数字磁带。

技术成熟，容量大，成本低，维护和升级便利，数据保存时间可达30～50年，安全可靠，读写速度中等，检索速度慢。

（3）光盘。

读取速度较快，效率较高，但写入速度慢，成本较低。蓝光盘由于使用蓝色激光头技术，最大容量可以达到27GB（单层）或54GB（双层），记录速度可达36MB/s。

8.2 基于内容的检索技术

基于内容的检索技术是指根据图像、视频的内容和上下文关系，对大规模图像、视频数据库中的数据进行检索。

多媒体信息的"内容"包括含义、要旨、主题、特征、细节等。

（1）概念级内容：表述对象的语义，一般用文本形式描述。

（2）感知特征：视觉特征，如颜色、纹理、形状等；听觉特征，如音高、音质、音色等。

（3）逻辑关系：声视频对象的时间和空间关系，语义和上下文关联等。

（4）信号特征：通过信号处理方法获得的明显的媒体区分特征。

（5）特定领域的特征：如人脸、指纹等。

8.2.1　图像检索

基于内容的图像检索(Content-Based Image Retrieval，CBIR)是计算机视觉领域中关注大规模数字图像内容检索的研究分支。

典型的CBIR系统允许用户输入一张图片，以查找具有相同或相似内容的其他图片。而传统的图像检索是基于文本的，即通过图片的名称、文字信息和索引关系来实现查询功能。目前相关研究已开展近20年，传统的搜索引擎公司如Google、百度等都已提供一定的基于内容的图像搜索产品，如Google Similar Images、百度识图等。

基于内容的图像检索旨在对图像信息提供强有力的描述，实现视觉信息的结构化，最终达到用户对这些视觉信息内容自由访问的目标。图像检索是一门涉及面很广的交叉学科，包括信号处理、图像处理、机器视觉、数据库、信息检索和模式识别等相关技术。图像检索具有如下特点。

（1）直接从图像媒体内容中提取信息线索。

（2）基于内容的图像检索实质上是一种近似匹配技术。

（3）整个过程是一个逐步逼近和反馈的过程。

图像检索系统一般由两个子系统构成，即库生成子系统和查询子系统，库生成子系统主要以离线的方式工作，而查询子系统提供在线的图像检索功能。

库生成子系统完成的主要功能是图像预处理和特征提取。图像预处理包括对入库前的图像进行的一系列处理，如图像压缩格式转换、色彩空间转换、滤波、图像比例调整等。基于内容的图像检索是建立在图像视觉特征提取的基础上的，特征提取是库生成子系统的核心模块，主要完成图像视觉特征的提取，包括对图像的颜色、纹理、形状以及一些文本描述特征的提取。

图像查询子系统完成基于内容的检索功能，由查询接口、结果浏览器、检索引擎三个模块组成。

图像检索的一般过程为：首先通过图像库生成子系统生成图像特征库及图像库，此操作可以脱机执行；然后用户通过查询接口进行参数设置，包括显示的图像数目，用户感兴趣的图像特征以及一些阈值；在用户提交了检索请求（如范例、草图）后，检索引擎主要完成图像的相似性匹配工作，并按照相似度大小对图像进行排序；最后浏览器主要用来显示查询的结果。图8-4为图像检索系统结构图。

以图像的特征作为索引，对静态图像进行检索是目前使用最多的方法。对于静态图像，其用于检索的特征主要有颜色、纹理、形状等，其中颜色、形状和纹理特征的应用较为普遍。主要思想是根据图像的颜色、纹理、图像对象的形状以及它们之间的空间关系等内容特征作为图像的索引，计算查询图像与目标图像的相似距离，按相似度匹配进行检索。

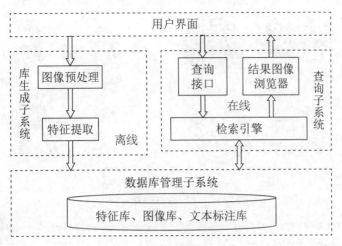

图8-4 图像检索系统结构图

1. 颜色特征

颜色特征是在CBIR中应用最广泛的视觉特征,因为颜色和图像中的物体或场景十分相关。而且与其他视觉特征相比,颜色特征对图像本身的尺寸、方向、视角的依赖性较小,如图8-5所示。

图8-5 图像的颜色特征

2. 形状特征

形状特征是图像目标的一个显著特征,很多查询可能并不针对图像的颜色,因为同一物体可能有不同的颜色,但其形状总是相似的,这里又可细分为基于区域的形状特征、基于轮廓的形状特征和基于3D的形状特征等几种,如图8-6～图8-8所示。如检索某辆汽车的图像,汽车可以是红色、绿色,但形状不会如飞机的外形。另外对于图形来说,形状是它唯一重要的特征。

3. 纹理特征

纹理是图像的重要信息和特征,是一种全局特征,它描述图像或图像区域所对应的景物的表面性质,包括表面结构组织及其与周围环境的关系等重要信息,如图8-9所示。纹理特征是一种统计特征,有旋转不变性和较强的抗噪声能力。检索在粗细、疏密等方面有较大差别的纹理图像时,利用纹理特征进行检索是一种有效的方法。

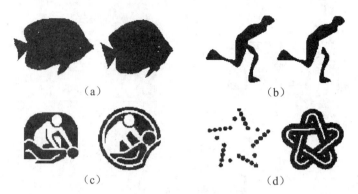

（a）　　　　　　　　　　　（b）

（c）　　　　　　　　　　　（d）

图8-6　基于区域的形状特征

图8-7　基于轮廓的形状特征　　　　　　**图8-8　3D形状特征**

目前普遍使用的纹理特征是通过Gabor小波变换、离散小波变换（DWT）和树结构小波变换得到的。

树叶　　　　　　　　　　树叶　　　　　　　　　　草

砖　　　　　　　　　　　砖　　　　　　　　　　石头

图8-9　图像纹理特征

4. 语义特征

现行的商用系统通常采用关系数据库，这些系统中图像的属性包括图像来源、拍摄时间和地点、媒介类型、分辨率、输入设备、压缩方式以及与图片相关的注释信息，注释信息对于用户是非常自然的描述，这些特征都属于图像的语义特征。

目前图像检索的主要障碍是难以描述图像的语义信息，在此背景下提出了一种根据相关图像的语义和图像之间的语义关系反映目的图像语义的方法。图像之间的语义关系通过语义链表示，多种类型的语义链构成基于语义链的图像网络。基于语义链的推理规则主要用于辅助智能图像检索。

现阶段基于语义的Web图像检索方法已经在信息网格和知识网格平台得到实现，正交的语义空间进一步提高了图像检索的效果和智能性。

8.2.2 视频检索

基于内容的视频检索主要是通过对非结构化的视频数据进行结构化分析和处理，采用视频分割技术，将连续的视频流划分为具有特定语义的视频片段——镜头，作为检索的基本单元，在此基础上进行关键帧(Representative Frame)的提取和动态特征的提取，形成描述镜头的特征索引。

镜头组织和特征索引一般采用视频聚类等方法研究镜头之间的关系，把内容相近的镜头组合起来，逐步缩小检索范围，直至查询到所需的视频数据。图8-10为基于内容的视频检索过程。

视频分割、关键帧提取和动态特征提取是基于内容的视频检索的关键技术。

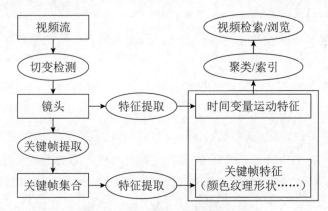

图8-10 基于内容的视频检索过程

1. 视频的结构化分析

视频的结构由高到低一般可以分为视频序列、场景、镜头、帧。

一个视频序列一般指单独的一个视频文件或一个视频片段。视频序列由若干场景组成，每个场景包含一个或多个镜头，这些镜头可以是连续的或者有间隔的。每个镜头包含若干连续的图像帧。

场景是由若干相关镜头组成的视频片段。

镜头是一系列视频帧的组合，是摄像机从一次开机到关机所拍摄的画面。

帧是视频的最小单位，每一帧均可看成一幅独立的静态图像，播放文件时，定格在任意时刻的画面即为一帧图像。

2. 镜头分割

通常视频流中的镜头是由时间连续的视频帧组成的。它对应着摄像机一次记录的起停操作，代表一个场景在时间上和空间上的连续动作。镜头之间有多种类型的过渡方式，最常见的是"切变"，表现为在相邻两帧间发生突变性的镜头转换。此外，还存在一些较复杂的过渡方式，如淡入、淡出等。

镜头分割是实现基于内容视频检索的第一步，通过对镜头切换点的检测，找出连续出现的两个镜头之间的边界，把属于同一个镜头的帧聚集在一起。镜头切换主要有突变和渐变两种方式。突变是指一个镜头与另一个镜头之间没有过渡，由一个镜头直接转换为另一个镜头的方法；渐变是指一个镜头到另一个镜头有逐渐过渡的过程，主要包括淡入、淡出、溶解和扫换等。

突变镜头切换的相邻两帧之间差别很大，所以无论在像素域还是压缩域，检测突变的方法都比较成熟，检测成功率也高，而镜头渐变切换时相邻两帧之间的差别不是很大，并且帧间结构上具有相关性，使得渐变检测有一定难度。

镜头边界检测的典型方法包括像素比较法、颜色直方图比较法、子块匹配法等。镜头边界检测作为视频检索的第一步具有重要意义，其结果将对整个视频检索结果产生直接的影响。

3. 关键帧的选取

关键帧是用于描述一个镜头的关键图像帧，它反映一个镜头的主要内容。关键帧的选取一方面必须能够反映镜头中的主要事件，因而描述应尽可能准确完整；另一方面，为便于管理，数据应尽量少，且计算不宜太复杂。

一个镜头包含大量信息，在视频结构化的基础上，依据镜头内容的复杂程度选择一个或多个关键帧代表镜头的主要内容，因此关键帧（或关键帧序列）便成为对镜头内容进行表示的手段。关键帧的选取方法很多，比较经典的有帧平均法和直方图平均法。

帧平均法：从镜头中计算所有帧在某个位置上像素值的平均值，然后将镜头中该点位置的像素值最接近平均值的帧作为关键帧。

直方图平均法：将镜头中所有帧的统计直方图取平均，然后选择与该平均直方图最接近的帧作为关键帧。

这些方法的优点是计算比较简单，所选取的帧具有平均意义。缺点是从一个镜头中选取一个关键帧，无法描述有多个物体运动的镜头。一般来说，从镜头中选取固定数目的关键帧不是一种好的方法，因为这种方法对于变化很少的镜头选取的关键帧过多，而对于运动较多的镜头，用一两个关键帧又无法充分描述。

4. 镜头关键帧的选取

对于不同级别的视频单元，所提取的特征也是不同的。对于场景，提取故事情节；对于镜头（视频检索的最小单位），提取运动对象基本信息（定位形状）及视频的运动信息（对象的运动和摄像机的运动）；对关键帧层次，提取颜色、纹理形状、语义等低级特征。

较常用的特征大部分建立在镜头级别。当视频分割成镜头后，就要对各个镜头进行特征提取，得到一个尽可能充分反映镜头内容的特征空间，这个特征空间将作为视频检索的依据。视频数据的特征分为静态特征和动态特征。

（1）静态特征的提取主要针对关键帧，可以采用通常的图像特征提取方法，如提取颜色特征、纹理特征、形状和边缘特征等。

（2）动态特征也称为运动特征，是视频镜头的重要特征，是反映视频变化的重要信息。传统的获取视频运动特征的方法是运动估计，通过匹配算法估计出每个像素或区域的运动矢量，作为视频的运动特征。典型方法有像素域运动估计，首先估计出图像中每个像素点的运动矢量，然后取主运动矢量为全局运动矢量。像素域运动估计算法虽然结果很好，但该方法存在计算量大、效率低的缺点，针对此缺点，衍生出很多种快速算法，如块匹配运动估计、可变形块匹配估计以及分层块匹配估计等。运动对象的轨迹也是常用的运动特征之一。

5. 视频场景聚类

视频结构分析的过程就是将语义相关的镜头组合、聚类的过程。结构分析的目的，是使视频数据形成结构化的层次，可以方便用户进行有效的浏览。

例如，假设有一段两人打乒乓球的视频，在拍摄过程中，摄像机的焦点在两人之间来回切换，用前面所述的镜头分割技术，必然会把这一段视频分割为多个镜头。而这一组在时间上连续的镜头是相关的，因为这一组镜头是一个情节，图8-11所示是镜头的聚类分析过程。

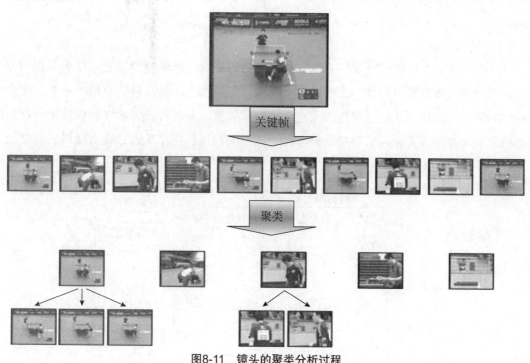

图8-11　镜头的聚类分析过程

6. 视频检索/浏览

视频检索方法完全不同于全文检索，在很大程度上也不同于图像检索。视频本身的层次化结构要求视频检索必须按层次化进行。因此，视频的特征决定了视频检索必须是层次化的，且用户接口是多表现模式的，下面介绍几种常用的视频检索方法。

（1）基于框架的方法：该方法通过知识辅助对视频内容建立框架，并进行层次化检索。

（2）基于浏览的方法：基于浏览的方法是视频检索中一个不可缺少的方法。如果用户没有明确的查询主题，或用户的主题在框架中没有被定义等，用户可以通过浏览确定其大概目的。

（3）基于描述特征的检索：该检索针对视频的局部特征进行检索，描述特征包括说明性特征和手绘特征。

（4）视频的检索反馈：在检索时除利用图像的视觉特征进行检索外，还应根据用户的反馈信息，不断学习改变阈值重新检索，实现人机交互，直到达到用户的检索要求。

8.2.3　声频检索

基于内容的声频信息检索技术（Content-Based Audio Information Retrieval, CBAIR）是继基于内容的图像检索之后发展起来的一个新兴研究方向，通过对声频特征的分析，为不同声频数据赋以不同的语义，使具有相同语义的声频在听觉上保持相似，基于内容的音乐检索是具有较高实用价值的部分。它研究如何利用声频的幅度、频谱等物理特征，响度、音高、音色等听觉特征，字词、旋律等语义特征实现基于内容的声频信息检索。

1）建立数据库

对声频数据进行特征提取，并通过特征对数据聚类。声频检索主要采取示例查询方式，用户通过查询界面选择一个查询例子，并设定属性值，然后提交查询。系统对用户选择的例子提取特征，结合属性值确定查询特征矢量，并对特征矢量进行模糊聚类，然后检索引擎对特征矢量与聚类参数集匹配，按相关性进行排序后通过查询接口返回给用户，如图8-12所示。

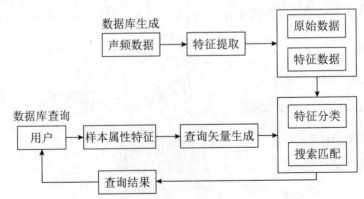

图8-12　基于内容的声频检索系统结构示意图

基于内容的查询和检索是逐步求精的过程。存在一个特征调整、重新匹配的过程。

（1）用户提交查询，随后利用系统提供的查询方式形成查询条件。

（2）将查询特征与数据库中的特征按照一定的匹配算法进行匹配。

（3）满足一定相似性的一组候选结果按相似度大小排列并返回给用户。

（4）对系统返回的一组初始特征的查询结果，用户可以通过遍历（浏览）挑选出满意的结果，也可以从候选结果中选择一个示例进行特征调整，形成一个新的查询，这个过程可以多次进行，直到用户对查询结果满意为止。

2）声频特征的提取

声频特征提取是指寻找原始声频信号表达形式，提取能代表原始信号的数据。声频特征提取有两种不同的技术线路：一种是从叠加声频帧中提取特征，其原因在于声频信号是短时平稳的，所以在短时提取的特征较稳定；另一种是从声频片段中提取，因为任何语义都有时间延续性，在较长时间段内提取声频特征可以更好地反映声频所蕴含的语义信息，一般提取声频帧的统计特征作为声频片段特征。常用的频域特征有能量谱特征、平均功率和功率谱特征以及倒谱特征等。

3）相似度匹配

声频的相似度匹配是基于内容的声频检索技术的关键环节，匹配算法的性能直接影响检索结果和整个系统性能。相似度匹配包括精确匹配、模糊匹配、相似度计算、相关度计算等，其性能各不相同，适用范围也不同，通常根据实际需要进行组合使用。

基于内容的声频检索是一个新兴的研究领域，在国内外仍处于研究、探索阶段。现如今多媒体信息可以说是无所不在，不仅数据量大，而且包含大量的非结构信息，所以如何高效地检索多媒体信息就显得非常重要。

8.3　思考题

（1）什么是素材？什么是元数据？什么是媒体资产？

（2）什么是媒体资产管理系统？简述媒体资产管理系统的组成及各部分功能。

（3）什么是基于内容的检索技术？

（4）简述基于内容的图像检索系统的处理流程。

（5）基于内容的视频检索系统的关键技术有哪些？简述这些技术的主要功能。

传输与覆盖篇

第9章　无线广播电视

无线广播包括声频广播和电视广播，声频广播诞生至今已经有100多年的历史，其间虽有起起落落，但随着移动接收端的普及以及数字化改造进程的推进，声频广播仍拥有很大的市场份额。电视广播的诞生虽然要晚几年，但它对推动人类进步的作用却是无法替代的。

9.1　无线广播电视的技术基础

声音和图像广播的传播媒介是电磁波，频率很高的电磁波被称为无线电波，它不仅可以在空间传播，也可以通过导线（光缆或者电缆）传播，不仅能用来传送广播和电视节目，还可以用来进行通信、传真以及发现某些目标（雷达），引导轮船和飞机的航行（导航），控制火箭和卫星（无线电遥控和遥测）等。

9.1.1　无线广播的历史

1895年，意大利物理学家马可尼成功地进行了无线电通信实验。1896年，俄国物理教授波波夫在莫斯科表演了无线电发送接收实验。1904年，英国人贝尔威尔和德国人柯隆发明了一次电传一张照片的电视技术。1920年，世界上第一座广播电台开始播音，其工作流程如图9-1所示。1936年11月2日，英国广播公司在伦敦亚历山大宫建立了世界上第一个公众电视发射台。

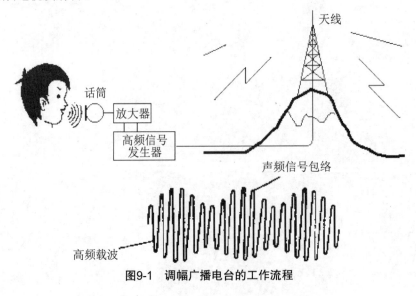

图9-1　调幅广播电台的工作流程

9.1.2 广播电视频段的划分

目前我国广播电视无线电波频率的划分如表9-1所示，这些频率涵盖了声频广播、电视广播以及5G通信。

表9-1 我国广播电视无线电波频率的划分

波段			波长	频率	主要用途
中波			570~187m	526.5~1606.5kHz	国内广播
短波			130~11.5m	2.3~26.1MHz	主要用于对国外广播
超短波	甚高频(米波)	Ⅰ波段	6.16~3.26m	48.5~92MHz	用于电视1~5频道
		Ⅱ波段	3.5~2.78m	87~108MHz	用于调频广播
		Ⅲ波段	1.8~1.35m	167~223MHz	用于电视6~12频道
	特高频(分米波)	Ⅳ波段	0.638~0.530m	470~566MHz	用于电视13~24频道
		Ⅴ波段	0.495~0.432m	606~694MHz	用于电视25~35频道
			0.427~0.376m	703~798MHz	用于5G通信
微波			可分为特高频（分米波）、超高频（厘米波）、极高频（毫米波）。卫星广播通常使用C波段（3.9~6.2GHz）和Ku波段（13.35~17.25GHz）		用于传输节目和卫星广播

9.1.3 广播电视载波信息的类型

1. 载波

载波是一个特定频率的无线电波，单位为Hz。在广播电视信号发送过程中使用载波传递信息，将声音或图像基带信号调制到一个高频载波，然后在空中发射和接收，所以载波是传送信息的承载工具。形象地说载波就是一列火车，声音或图像信号就是货物。

载波的三个重要属性为频率、振幅和初始相位，载波波长与频率的关系为波长=光速/频率。

2.基带信号

基带信号是信源的原始电信号，其特点是频率较低，信号频谱从零频附近开始，具有低通特点。通俗地讲，基带信号就是发出的直接表达要传输的信息的信号，例如声音和图像信号就是基带信号，如图9-2所示。

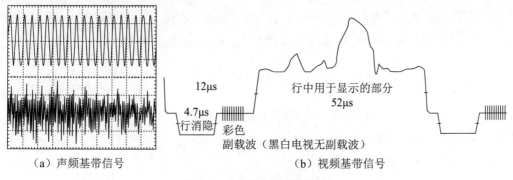

（a）声频基带信号　　　　　　（b）视频基带信号

图9-2 声频和视频基带信号

9.1.4 电波传播

无线电通信是利用电磁波在空间传送信息的通信方式。电磁波由发射天线向外辐射出去，天线就是波源。电磁波中的电磁场随着时间变化，从而把辐射的能量传播至远方。

1. 无线电波的传播方式

无线电波的传播方式主要有地波方式、天波方式、空间波方式、波导方式、绕射方式、对流层散射方式和视距传播方式等，如图9-3所示。

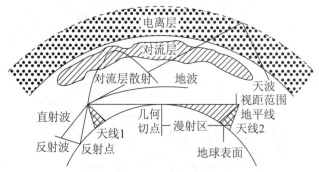

图9-3 无线电波的传播方式

1）地波方式

沿地球表面传播的无线电波称为地波（或地表波）。这种传播方式比较稳定，受天气影响小，地波主要受地球表面的大型障碍物影响。

2）天波方式

射向天空经电离层折射后又折返回地面（还可经地面再反射回到天空）的无线电波称为天波。天波可以传播到几千公里之外的地面，也可以在地球表面和电离层之间多次反射，即可以实现多跳传播。

3）空间波方式

空间波主要指直射波和反射波。电波在空间按直线传播，称为直射波。当电波传播过程中遇到两种不同介质的光滑界面时，还会像光一样发生镜面反射，称为反射波。

4）波导方式

当电磁波频率为30kHz以下（波长为10km以上）时，大地犹如导体，而电离层的下层由于折射率为虚数，电磁波也不能进入，因此电磁波被限制在电离层的下层与地球表面之间的空间内传输，称为波导传波方式。无线电波传播主要受电离层下缘和地面的影响。

5）绕射方式

由于地球表面是弯曲的球面，因此电波传播距离受到地球曲率的限制，但无线电波也能同水波的绕射传播现象一样，形成视距以外的传播。

6）对流层散射方式

地球大气层中的对流层，因其物理特性的不规则性或不连续性，会对无线电波起到散射作用。利用对流层散射作用进行无线电波的传播的方式称为对流层散射方式。

7）视距传播方式

点到点或地球到卫星之间的电波传播。

2. 无线电波频率与传播方式的关系

（1）VLF（$f<$ 30kHz）：传播损耗近似等于自由空间传播损耗，即相当于电波在理想的、均匀的、各向同性的介质中传播，不发生反射、折射、绕射和吸收现象，只存在因电磁能量扩散引起的传播损耗。

（2）LF（30kHz$<f<$ 300kHz）：在这个频段内，有两种重要的传播方式，即地波方式及电离层天波方式。天波信号幅度具有明显的昼夜变化，这是由于电离层吸收和变化的缘故。

（3）MF（300kHz$<f<$ 3MHz）：在该频段内，传播方式也是地波和天波。

（4）HF（3MHz$<f<$ 30MHz）：在该频段内，信号的传播一般是通过电离层，主要以天波方式传播，因而表现出较大的变化。电离层的传播特点主要表现为会造成长途传输的多径失真，出现信号干扰甚至中断的情况。

（5）VHF和UHF（30MHz$<f<$ 3GHz）：该频段内有大量固定和移动业务，该频段除低端外，通常不能通过电离层来进行电波传播。

9.1.5　无线多径波

1. 多径波的概念

当无线电波遇到物体时，会产生反射、折射和散射，无线电波在传播过程中会遇到不同的物体，因而会产生不同的反射、折射波和散射，所以在任何一个接收端上均可能收到来自不同路径的同源电磁波，这就是多径波，如图9-4所示。

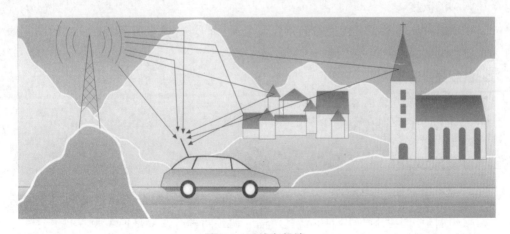

图9-4　无线多径波

2. 多径衰落

接收端接收到的信号是直达波和多个反射波的合成。由于大气折射是随时间变化的，传播路径差也会随时间和地形地物的变化而变化。多径信号如果同相，则相加；反相，则抵消。由此造成接收端信号的幅度变化称为衰落。由于这种衰落是由多径引起的，因此称为多径衰落。

3. 多径传播的影响

在FM（调频）无线电广播中，在发射台和接收机之间，信号出现两个或更多传播途径的情况。多径传播效应是由于大型建筑物或山脉反射信号所引起的，接收天线将会收到直达信号和经反射而延迟的信号。多径传播效应会产生失真，在收看电视节目时，多径传播效应会让图像出现"重影"，接收数字广播信号时，多径传播效应会产生误码，影响接收效果。

9.2 调制技术概述

9.2.1 模拟信号和数字信号

简单地说，模拟信号指幅度随时间变化连续的基带信号，如通过话筒或摄像机直接采集的声频和视频信号；而数字信号指幅度随时间变化不连续的信号，如图9-5所示。

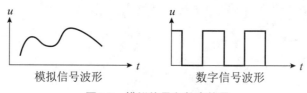

图9-5 模拟信号和数字信号

9.2.2 调制的概念和意义

1. 调制的概念

把低频信号运载到容易传播的高频交变电流上的过程就是调制。被调制的高频信号称为载波，调制载波的信号为调制信号。

2. 调制的目的

（1）便于实现基带信号的远距离传输。

（2）便于实现多路传输。

9.2.3 模拟调制

根据三角函数的三要素——幅度、角频率和初相角，载波的模拟调制对应的有调幅、调频和调相，但实际应用的主要有调幅、调频两种。调幅是使高频载波信号的振幅随调制信号的瞬时变化而变化的调制方式，有单边带、残留边带和全载波双边带等；调频是使高频载波信号的频率随调制信号的瞬时变化而变化的调制方式；调相是使高频载波信号的初始相位随调制信号的瞬时变化而变化的调制方式。模拟调制如图9-6所示。

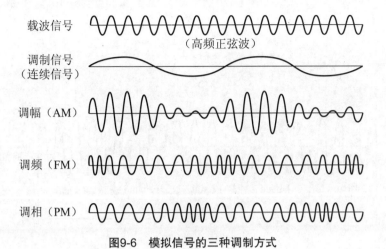

图9-6 模拟信号的三种调制方式

9.2.4 数字调制

为了使数字信号在信道中传输，就要用到数字调制，如图9-7所示。实现数字调制的前提是要对视声频信号进行模数转换（ADC）。

图9-7 数字调制的实现

数字调制就是把数字基带信号的频谱搬移到高频处，基本的数字调制方式有三种：ASK (Amplitude-Shift Keying，幅移键控)、FSK (Frequency-Shift Keying，频移键控)和PSK (Phase-Shift Keying，相移键控)，如图9-8所示，分别对应于用正弦波的幅度、频率和相位来传递数字基带信号。

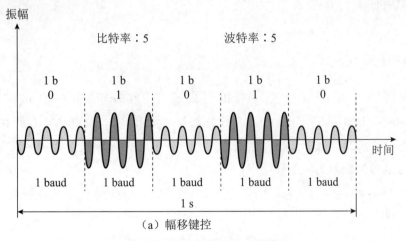

（a）幅移键控

图9-8 数字信号的三种调制方式

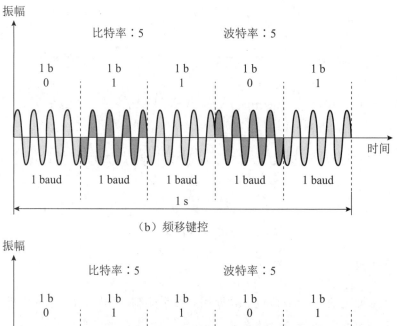

（b）频移键控

（c）相移键控

图9-8 （续）

采用数字调制和传输的优势主要有：抗干扰性强，传输质量好；降低传送设备的发射功率；频率资源利用率高；信号复用性强，保密性高。

9.3 调幅广播

9.3.1 技术要求

（1）射频频率范围：指发射机可以工作的频率范围。中波频率范围为526.5～1606.5kHz，频率间隔为9kHz；短波频率范围为2.3～26.1MHz，频率间隔为10kHz。一般中波发射机的工作频率范围可以覆盖整个中波频段，而短波发射机根据设计要求仅覆盖短波频段的一部分。

（2）输出功率：发射机输出到天线（或假负载）上的功率。中波发射机的载波功率通常为1～1000kW。

（3）输出阻抗：指发射机输出端的射频阻抗，在该阻抗下，发射机可以给出额定输出功率。

（4）整机效率：是度量发射机能量转换的指标。不同调制方式的发射机的整机效率不同。

（5）频偏容限：指允许发射机实际载波频率偏离标称载波频率的最大范围。

（6）残波辐射容限（带外发射、杂散发射）：指在规定频道之外发射机的射频辐射功率的总和，包括射频谐波、杂波与其他非线性调制的产物。

（7）电声指标：指广播节目在发射机中产生的附加畸变的程度。主要包括非线性失真（谐波失真）、噪声电平、频率响应、载波跌落等。

9.3.2 调幅广播发射台的组成

调幅广播发射台主要分中波广播发射台和短波广播发射台，其组成的系统如图9-9所示，包括发射台的核心设备——调幅发射机、馈线和天线、辅助设备（冷却系统、假负载、调试监测设备等）、控制台和配电装置等，信号源的节目信号经线路放大器送至主用发射机。图9-10为中波发射机房的照片，图9-11为中短波发射天线。

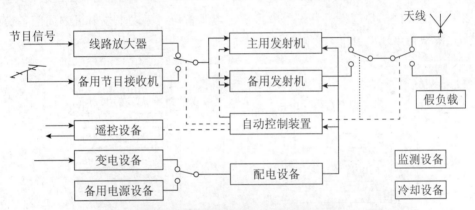

图9-9 调幅广播发射台组成的系统框图

图9-10 中波发射机房

（a）中波天线 （b）短波天线

图9-11 中短波发射天线

自动控制装置既可以控制发射机的开关机和故障检测报警，还可以对主备设备自动切换，对一些操作进行遥测遥控。假负载和监测设备用于自台测量和调整发射机技术指标；冷却设备包括风冷、水冷或蒸发冷却等方式，主要对发射机大电流器件进行冷却。

发射台的关键部件应设有备份：节目源、电源备份，大功率发射机的局部备份和备件。大功率调幅广播发射机系统图如图9-12所示。

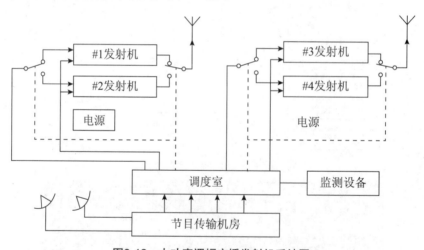

图9-12 大功率调幅广播发射机系统图

9.3.3 调幅发射机

发射机是能量转换放大器，将电能转换成携带广播节目信号的电磁波能量，它的作用是将节目信号进行调制、放大，以电磁波的形式从天线发射出去。

1）调幅广播发射机的分类

（1）按工作原理：分为乙类板调制、脉宽调制（PDM）、脉冲阶梯波调制（PSM）、数字调幅（DAM）以及M^2W（Modular Medium Wave）发射机，其中乙类板调制（电子管）发射机在20世纪一直占统治地位，主要是因其性能稳定和电声质量较好。

（2）按工作频率：分为中波发射机和短波发射机。

（3）按信号调制：分为模拟信号调制和数字信号调制。

（4）按功率划分：50kW及以上为大功率发射机，多用于省级以上发射台；50kW以下为中小功率发射机，多用于地、市级发射台。大功率和中小功率发射机的工作原理和基本结构均相同。

2）调幅广播发射机的组成

调幅广播发射机一般由高频（射频）、声频、电源、控制保护和冷却五部分组成。

（1）射频系统由激励信号源（振荡器或频率合成器）、驱动前级（也叫射频末前级或中放级）、功率放大级（射频末级）、功率合成器和机内网络等组成。

（2）声频调制系统。

①在脉宽调制发射机中，声频调制系统由调制推动（将模拟声频信号转换成脉冲宽度调制信号）、调制器（将脉宽调制脉冲信号进行功率放大）和低通滤波器（将脉宽调制脉冲信号解调成模拟声频电压，实现对功率放大器的射频输出电压幅度的控制）组成。

②在数字调制发射机中，声频调制系统由声频处理器（将声频信号叠加在控制射频输出功率的直流信号上，并进行一些必要的模拟量的自动补偿）、模/数转换器（将连续变化的模拟信号转变成离散的数字信号，即二进制码的数字声频信号）和调制编码器（将二进制的数字声频信号转换成确定射频功率放大模块开启个数的二进制码的控制信号）组成。

（3）控制监测系统由开/关机控制程序电路（按时序进行开、关机过程控制）、开/关机控制程序电路（按时序进行开、关机过程控制）、人身安全保护电路（通过门联动和放电棒实现人身安全保护）组成。

（4）电源供电系统由大功率整流电源及滤波器（为射频功率放大器提供直流高压电源）、低压整流电源及滤波器（为发射机的小功率的前级各部分提供低压电源）组成。

（5）冷却系统。中小功率发射机的冷却一般采用强迫风冷散热，有些也采用循环水冷方式散热。

9.3.4 调幅广播的接收

调幅广播的接收机种类很多，有矿石收音机和超外差式收音机等。

1）矿石收音机

1910年，美国科学家邓伍迪和皮卡尔德用矿石做检波器，配以天线、地线以及基本的调谐回路，组成没有放大电路的无源收音机，主要用于中波公众无线电广播的接收，故由此而得名，图9-13为矿石收音机的电路和实物图。今天我们习惯把那些不使用电源、电路里只有一个半导体元件的收音机统称为"矿石收音机"。至今仍有不少爱好者喜欢自己动手制作这种收音机。

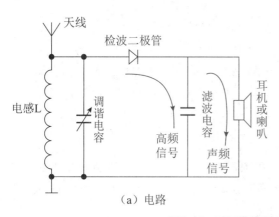

（a）电路　　　　　　　　　　　　　　　　（b）实物图

图9-13　矿石收音机的电路和实物图

2）超外差式收音机

把所有电台的高频信号变成一个固定的中频信号（AM 465kHz/FM 10.7Hz），然后对中频信号进行放大、检波（鉴频）、低放，灵敏性和选择性大大提高，图9-14为超外差式收音机的原理框图和实物。今天的收音机就是在这个基础上经过进一步改进和提高制作出来的。

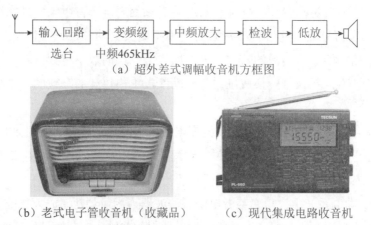

（a）超外差式调幅收音机方框图

（b）老式电子管收音机（收藏品）　　　　（c）现代集成电路收音机

图9-14　超外差式收音机

9.4　调频广播

9.4.1　技术要求

（1）射频频率范围：87~108MHz，按100kHz频率间隔设置电台频点。

（2）主载波调制方式：频率调制，最大频偏为±75kHz。

（3）声频信号的频率范围：30～15kHz。

（4）声频输入电平：$2V_{P-P}$。

9.4.2　调频广播的优点

（1）保真度高：调频广播占有200kHz带宽，调制频率可以达到15kHz。

（2）动态范围宽：调频广播动态范围可达60dB以上，可以较好地表现一般音乐信号，适用于各类节目广播。

（3）信噪比好：调频广播频率高且调制度大，远高于噪声频率及幅度。

（4）没有串扰现象：调频广播使用87～108MHz（VHF波段），只能在视距范围内传播，因此即使用同一频率的两个电台，只要相距一定距离，就不会有串扰现象。

（5）功能更多：可实现单声道广播、立体声广播、多节目广播和数据广播等。

9.4.3　立体声广播

调频立体声广播目前广泛使用的是和差制，它将左、右声道信号进行编码，形成和信号与差信号，再进行调制（该载波频率称为副载波频率，为超声频信号），形成超声频调制信号，再调制于高频载波上发射出去，形成调频立体声广播。

目前绝大多数国家（包括我国）的立体声广播制式采用AM（调幅）-FM（调频）导频制。这种方式不是直接用一个载波传送左、右两个声道的信号，而是将左、右声道的信号进行编码，形成和信号与差信号，然后进行调制（该载波频率称为副载波频率，为超声频信号），形成超声频调制信号，再调制于高频载波上，由天线发射出去，如图9-15所示。

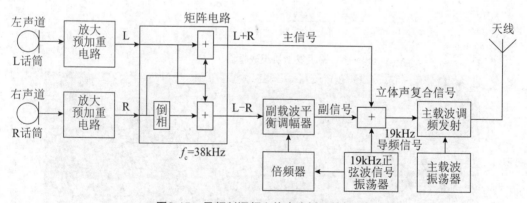

图9-15　导频制调频立体声广播系统框图

导频制立体声广播在发送端将左右两个声道信号经立体声编码器编码后形成立体声复合信号。复合信号包括三个信号：一是主信道信号，即左右信号之和，简称M信号，占据15kHz以下的频率；二是副信道信号，即差信号，对38kHz副载波进行抑制副载波调幅后的信号，占据23～53kHz的频率范围；三是导频信号，为19kHz，以便能在接收机端恢复出副载波信号。

为改善接收机在高频段的信噪比，在调频广播中采用了加权技术，即在发射端通过高频提升网络提升高声频段的电平，称为预加重，接收端按相应的规律通过高声频衰减网络降低高频段的电平，称为去加重。

在去加重过程中，同时也减少了噪声的高频分量，但是预加重对噪声并没有影响，因此可有效地提高输出的信噪比。

预加重通常用时间常数τ表示，我国规定为50μs。

9.4.4　调频发射机组成

调频发射机由主备激励器、功放模块组、无源器件（包括功率合成器、功率分配器、低通滤波器、定向耦合器）、中央控制与显示、电源、计算机监控系统和风机冷却单元等组成，如图9-16所示，图9-17为调频发射机机房照片。

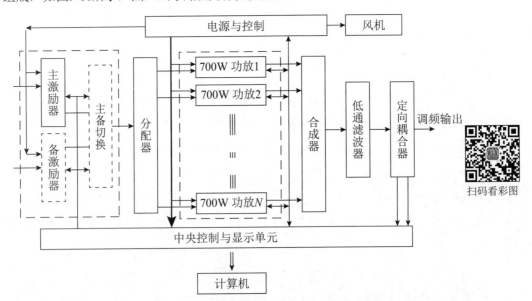

扫码看彩图

图9-16　调频发射机组成框图

图9-17　调频发射机机房照片

9.4.5 调频广播的接收

1. 单声道调频广播接收

单声道调频广播接收由接收天线将各电台的调频信号送至输入回路，经初步选台后将需要接收的电台信号送至高频放大器进行放大，放大后的信号与本机振荡信号在混频器中进行变频，形成10.7MHz的中频信号，再由选频回路选出10.7MHz的中频信号送至中频放大器进行放大，经限幅器限幅，削去调频波的幅度变化。限幅后的中频信号送至鉴频器，解调出声频信号。最后经低频电压、功率放大推动喇叭发出声音，如图9-18所示。其主要特点如下。

（1）调频接收机的工作波段频率较高（87～108 MHz），带宽较宽，音质较好。

（2）调频接收机的中频放大器末级加了限幅放大器，可以提高抗干扰能力。

（3）调频接收机的低频信号的还原采用鉴频器，电路比普通调幅检波器复杂一些。

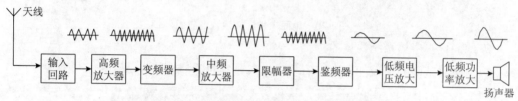

图9-18 单声道调频广播超外差式接收机框图

2. 立体声调频广播接收

在导频制式中，立体声接收机与单声道接收机的主要差别在于鉴频器之后增加了一个立体声解码器，它的主要任务是从鉴频器输出的立体声复合信号中分离出左、右两个声道的信号，如图9-19所示。

立体声解码器的种类很多，按解调方式分为两种：一种是矩阵式解调器，又称为频分解调器；另一种是开关式解调器，又称为时分解调器。

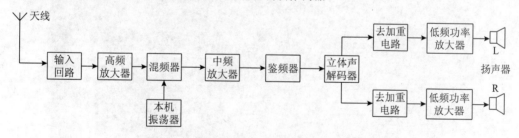

图9-19 立体声调频广播超外差式接收机框图

9.5 地面广播电视系统

地面电视广播系统又称为无线电视广播系统，其主要特点是利用电磁波在空间传播图像和伴音。

地面广播电视系统是把视频、声频信号经过发射机进行调制，由发射天线以电磁波的形式辐射出去，用户可直接利用电视机进行收看的系统。从传播与接收的方式来看，地面电视广播是开路工作的，它的台站又分为发射台和转播台两类。

9.5.1　地面电视广播系统的组成与特点

地面电视广播系统由发射端和接收端两部分组成，其中发射端由电视播控中心、发射机、天线和馈线（天馈）系统组成。接收端由电视接收设备分别完成图像和声音的还原，整个体系如图9-20所示。

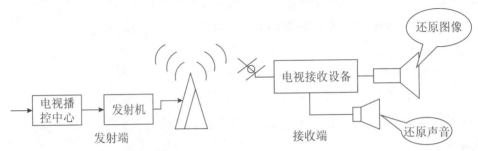

图9-20　地面电视广播系统组成图

1）地面电视广播系统的传播特点

（1）传播范围的广域性、内容的公开性和业务的单一性。

（2）传播载体的空间拓展性强，接收方便，利用高频电磁波在空中传递信号，无须架设电缆，在覆盖范围内的任何地方都可接收到信号。

（3）内容的保密性差、抗干扰能力弱。

2）地面电视广播系统的组成

（1）信号源：负责提供信号，如摄像机产生的信号。

（2）导播控制室：负责放大、校正、处理信号，图9-21为电视台播控机房。

（3）电视发射机：负责放大、调制、加工处理，图9-22为某电视台电视发射机房。

图9-21　电视台播控机房

图9-22 某电视台电视发射机房

（4）接收设备电视机由放大器、检波器、同步扫描电路、显像管、扬声器组成。

9.5.2 电视信号的调制

电视信号包括图像信号和伴音信号两部分，模拟电视调制时对这两个信号的调制是分别进行的，其调制过程如图9-23所示。

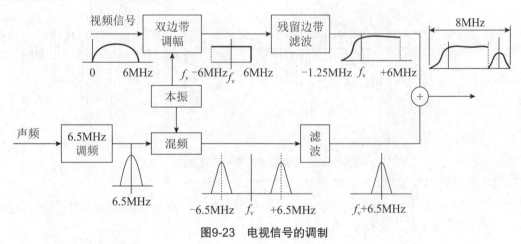

图9-23 电视信号的调制

1. 图像信号的调制

图像信号大多采用幅度调制，这种方式占用带宽窄，我国规定为6MHz。

目前我国电视标准规定图像信号采用残留边带调幅（VSB-AM）的方式传送，即发送一个完整的上边带又保留一小部分下边带，具体来讲，低于0.75MHz的低频图像信号采用双边带传送；0.75～6MHz的低频图像信号只传送上边带，如图9-24所示。

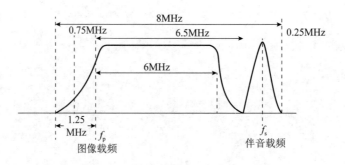

图9-24　残留边带调幅

1）图像信号的两种调制方式

图像信号调制有两种方式，正极性图像信号调制与负极性图像信号调制，如图9-25所示。

（1）正极性图像信号调制：图像亮度增加，图像信号的幅度随之增加。

（2）负极性图像信号调制：图像信号亮度减小，而图像信号的幅度却随之增加。

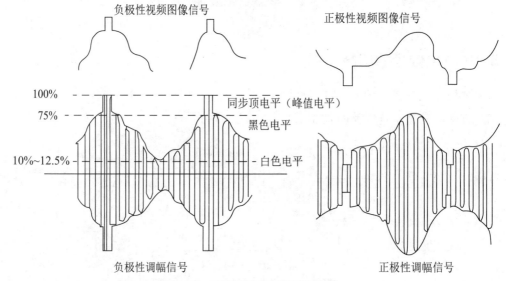

图9-25　图像信号的两种调制方式

2）负极性图像信号调制的优点

（1）平均功率小。图像亮的部分比暗的部分面积大，负极性调制时，调制信号中的低电平要比高电平所占比例大，因而其平均功率小。

（2）效率高。负极性信号发出的最大功率是正极性信号的1.5倍。

（3）抗干扰能力强。干扰脉冲出现时一般是在已调波上叠加大幅度的干扰脉冲，对于负极性图像信号调制，其结果是使图像出现黑点，而正极性的调制则相反。

2. 伴音信号的调制

电视伴音的调频方式采用双边带传送方式，其原因如下。

（1）调频波抗干扰能力强。干扰信号一般叠加在信号的峰值部分，与其频率几乎无关。

（2）不同的调制方式不会发生干扰。

（3）电视伴音信号的带宽小，只有130kHz。

3. 电视信号的频谱

我国电视标准规定，模拟电视频道的带宽为8MHz，包含图像载波和伴音载波，伴音载频比图像载频高6.5MHz。也就是伴音信号是加载在载频的高频部分发射的。图9-26为模拟电视信号的频谱图。

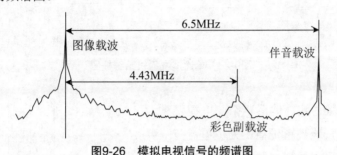

图9-26　模拟电视信号的频谱图

9.5.3　电视信号的发射与接收

1. 信号发射

地面模拟电视广播的信号发射是通过电视发射机实现的，模拟电视发射机按射频通道是否共用分为单通道发射机和双通道发射机，图9-27为双通道发射机系统框图，图9-28为单通道发射机系统框图。目前使用比较多的是单通道发射机，其结构相对简单，便于模块化生产。

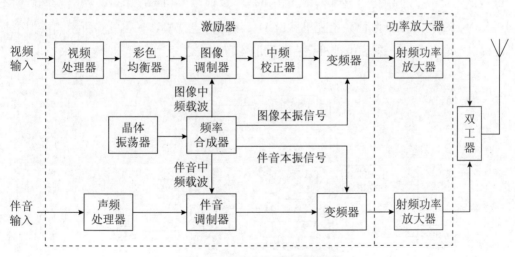

图9-27　双通道发射机系统框图

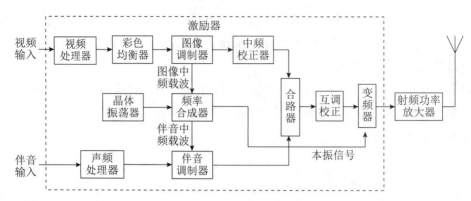

图9-28　单通道发射机系统框图

2. 电视差转

由于我国地域辽阔、地形复杂，电视射频为米波或分米波，只能视距传播，为了覆盖范围更广，过去曾广泛采用电视差转的方式，随着卫星电视传输的广泛使用，这种方式已经不再使用了。所谓电视差转就是通过接收f_1频率的信号，经过电视差转机的变频、放大后，以f_2频率发射出去，如图9-29所示，f_1频率必须与f_2频率有一定的间隔，以防止自激。

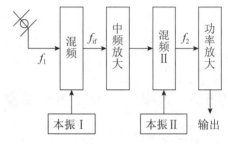

图9-29　电视差转的基本原理框图

3. 电视信号接收

电视机是电视信号接收装置，它将天线接收到的高频电视信号还原为视频图像信号和低频伴音信号，分别传给显示器件和扬声器，重现图像和重放声音，按显示器件的不同可分为CRT（阴极摄像管）电视机和LCD（液晶）电视机，如图9-30所示。模拟电视机有黑白与彩色之分，彩色电视机还有不同的彩色制式之分。

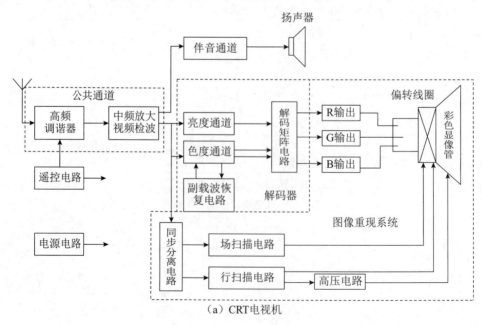

（a）CRT电视机

图9-30　电视接收机原理框图

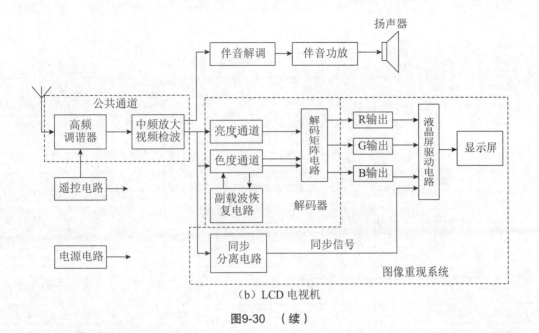

（b）LCD 电视机

图9-30 （续）

9.5.4 电视频道及频段的划分

电视频道是指用于播放一套电视节目的频率范围，它取决于电视图像信号和伴音信号所占的频带宽度，我国电视标准规定，一个频道的频带宽度是8MHz（图像中频为38MHz，伴音中频为31.5MHz，彩色副载波为4.43MHz）。

我国的开路电视频道配置方案如图9-31所示，表9-2为我国地面开路电视频道划分表。

（1）高频段（VHF）包括DS1～DS12频道，使用频率为48.5～223MHz，其中的DS1～DS5频道称为Ⅰ波段，DS6～DS12频道称为Ⅲ波段。

（2）特高频（UHF）包括DS13～DS35频道，使用频率为470～702MHz，其中DS13～DS24频道称为Ⅳ波段，DS25～DS36频道称为Ⅴ波段。703MHz以上划给广电5G使用。

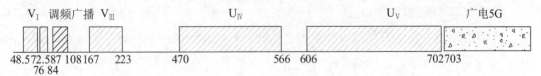

图9-31 开路电视频道配置方案

表9-2 地面开路电视频道划分表

频道名称	频率范围/MHz	图像载波频率/MHz	伴音载波频率/MHz	中心频率/MHz	频道名称	频率范围/MHz	图像载波频率/MHz	伴音载波频率/MHz	中心频率/MHz
DS1	48.5～56.5	49.75	56.25	52.5	DS3	64.5～72.5	75.75	72.25	68.5
DS2	56.5～64.5	57.75	64.25	60.5	DS4	72.5～80.5	83.75	80.25	76.5

频道名称	频率范围/MHz	图像载波频率/MHz	伴音载波频率/MHz	中心频率/MHz	频道名称	频率范围/MHz	图像载波频率/MHz	伴音载波频率/MHz	中心频率/MHz
DS5	80.5~88.5	与调频冲突，已不用			DS21	534~542	535.25	541.75	538
DS6	167~175	168.25	174.75	171	DS22	542~550	543.25	549.75	546
DS7	175~183	176.25	182.75	179	DS23	550~558	551.25	557.75	554
DS8	183~191	184.25	190.75	187	DS24	558~566	559.25	565.75	562
DS9	191~199	192.25	198.75	195	DS25	606~614	607.25	613.75	610
DS10	199~207	200.25	206.75	203	DS26	614~622	615.25	621.75	618
DS11	207~215	208.25	214.75	211	DS27	622~630	623.25	629.75	626
DS12	215~223	216.25	222.75	219	DS28	630~638	631.25	637.75	634
DS13	470~478	471.25	477.75	474	DS29	638~646	639.25	645.75	642
DS14	478~486	479.25	485.75	482	DS30	646~654	647.25	653.75	650
DS15	486~494	487.25	493.75	490	DS31	654~662	655.25	661.75	658
DS16	494~502	495.25	501.75	498	DS32	662~670	663.25	669.75	666
DS17	502~510	503.25	509.75	506	DS33	670~678	671.25	677.75	674
DS18	510~518	511.25	517.75	514	DS34	678~686	679.25	685.75	682
DS19	518~526	519.25	525.75	522	DS35	686~694	687.25	693.75	690
DS20	526~534	527.25	533.75	530	DS36	694~702	695.25	701.75	698

9.6 广播电视发射台

广播电视发射台根据业务可分为调幅广播发射台（县级以上设置）、调频广播发射台和电视发射台。

9.6.1 调幅广播发射台（转播台）

在调幅广播发射台（转播台）里，由于调幅广播的发射功率一般较大，天线也要有较大的占地面积，它们的机房一般必须有以下配置：声频前端接收和处理系统，电源变电、配电系统，控制监测系统，天馈系统以及机房的接地系统，如图9-32所示。

1）声频前端设备

声频前端设备包括卫星接收和解调器、光纤接收与解调器、微波接收与解调器、调频，有线接收以及声频处理器等。

2）电源供电设备

电源供电设备包括高压配电柜、高压变压器、低压配电柜、稳压柜、UPS电源、发电机等。

3）控制检测设备

控制检测设备包括控制台、调制度监视仪、载波/声频报警器、监听放大器。

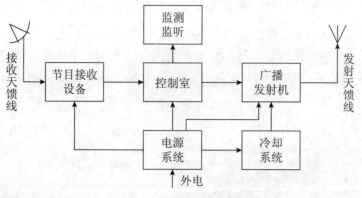

图9-32 广播发射台系统

4）天馈系统

天馈系统包括发射天线及地网、天线调配网络、射频传输线（馈线），有时还需配置馈线调配网络。

（1）发射天线及地网：应有合适的天线电气高度和良好的地网，具有较高的天线增益和合适的可工作带宽。

（2）天线调配网络的设计：中波全固态发射机的调配网络与以往电子管发射机相比要求更高。

5）接地系统

接地系统主要指信号传输设备、声频处理设备、发射机、天馈系统的接地与屏蔽。机房的接地系统不仅影响广播发射机的技术指标，甚至还会严重影响发射机能否安全稳定地工作。

9.6.2　调频广播和电视发射台（转播台）

由于调频广播和电视使用的频率都是在48.5MHz以上的无线电波，其基本传输是以空间波形式实现的。因此调频广播和电视发射台（转播台）往往是许多市、县级融媒体中心不可或缺的基本配置。

调频广播和电视发射台（转播台）的基本结构与调幅广播发射台比较接近，但市、县级融媒体中心所配置的调频广播和电视发射台（转播台）的功率一般不会太大，通常是0.5~10kW。因此机房里往往没有独立的冷却机构。此外由于调频广播和电视发射机的天线尺寸相较于调幅天线也小很多，并且无须设置独立的地网、天线和馈线调配网络，因此其结构较调幅广播发射台（转播台）要简单一些。

9.7　广播电视的监测

广播电视肩负着宣传党的方针政策和服务人民群众的重任，要以高度的政治觉悟，确保广播电视节目安全、优质地播出，这就需要对广播电视进行监测。其中一个比较重要的环节就是自台监测，它是在发射台内部对发射台的无线信号进行监测的过程，主要包括播出信号监测、设备运行监测和电力及环境（动环）监测。

广播电视发射机可通过计算机的监测控制器与机房内的计算机主机一起构成计算机实时控制系统，机房动力及环境（动环）监测也配置相应的传感器网络，共同组成机房管理系统，这样就可以通过计算机网络对播出信号的质量、设备工作状态以及机房动环状态进行远程监测和控制。图9-33为某声频广播的监控系统的监控界面图。

图9-33　某声频广播的监控系统的监控界面图

9.7.1　调频广播和电视发射台（转播台）

由于调频广播和电视使用的频率都是在48.5MHz以上的无线电波，其基本传输是以空间波形式实现的。因此调频广播和电视发射台（转播台）往往是许多县、市级融媒体中心不可或缺的基本配置。

调频广播和电视发射台（转播台）的基本结构与调幅广播发射台比较接近，但县、市级融媒体中心所配置的调频广播和电视发射台（转播台）的功率一般不会太大，通常为0.5~10kW，因此机房里往往没有独立的冷却设备。此外由于调频广播和电视发射机的天线尺寸相较于调幅天线要小很多，并且也无须设置独立的地网、天线和馈线调配网络，因此其结构较调幅广播发射台（转播台）要简单一些。

9.7.2　总体系统架构

广播电视自动监测系统由发射机系统、信源系统、自台监测系统、安全监控系统、综合网络管理系统、管理系统等组成。图9-34为广播电视自动监测系统架构图。

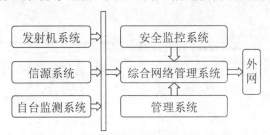

图9-34　广播电视自动监测系统架构图

9.7.3　自台监测系统

自台监测系统是声频信号监测系统的一个很重要的补充，实现对无线信号的监测，从而使发射台建立了台外信号输入、台内信号处理、射频信号发射、无线信号监测四个关键环节的全方位立体化监测网，为保证发射台的正常播出提供了可靠的技术保证。

自台监测系统具有无线监测、集中管理、远程监测监听等功能，是一个具有集中管理和远程发布功能的无线监测系统。图9-35所示为发射机自台监测系统架构框图。

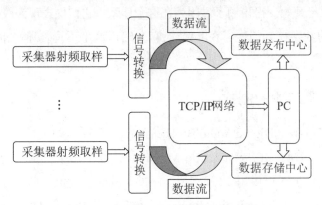

图9-35　发射机自台监测系统架构框图

发射机自台监测系统中的发射机监控系统采用C/S架构，综合管理系统作为客户端进行访问，获取数据进行发布。声频解控系统采用C/S架构，综合管理系统作为客户端进行访问，获取数据进行发布。自台监测系统采用C/S架构，综合管理系统作为浏览器端进行访问。图9-36为自台监测系统网络结构。

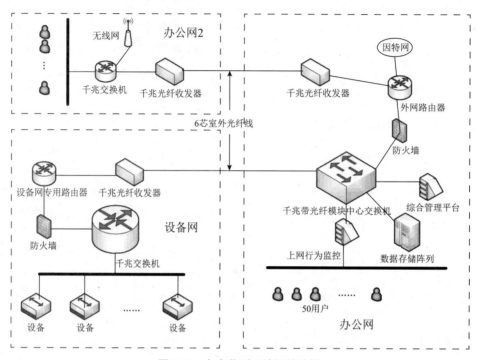

图9-36 自台监测系统网络结构

9.8 数字广播

数字广播包括数字声频广播和数字视频广播，数字声频广播已经不是传统意义上的纯声频广播，它不仅可以传送声音，还可以传送图像和文字，涵盖声频广播和多媒体广播。数字视频广播则是将声频和视频信号在数字化的基础上，通过编码压缩等方式处理后，以一定的传输（无线、卫星）形式推送到用户终端上的现代广播方式。在数字广播体系里声频和视频的界限已经开始变得模糊了，因为在这个体系里它们均表现为数据流。

数字广播中的数字视频的内容在3.4节已有介绍，这里不再赘述，下面重点介绍数字声频。

9.8.1 数字声频广播的制式

（1）DAB、DAB+（Digital Audio Broadcasting，数字声频广播）主要用于欧洲。

（2）DRM、DRM+（Digital Radio Mondiale，数字调制广播）起初主要想应用于中、短波广播波段，现在可以用于FM波段，主要是北美、欧洲一些国家在用。

（3）HD Radio（High-Definition Radio，高清晰度广播）-IBOC（带内同频），主要

用于北美一些国家。

（4）ISDB-T（Integrated Service Digital Broadcasting，综合业务数字广播），只有日本、巴西采用。

（5）其他类型，如FMeXtra、Compatible AM-Digital (CAM-D)等。

粗略地分，DAB是30MHz以上的广播，DRM是30MHz以下的广播，二者使用不同频段的频率资源，发展与应用没有任何冲突。

DAB的工作频率范围是47MHz～3GHz，地面广播最佳的工作频段是现今已被调频广播占用的87～108MHz频段。等到DAB发展到一定程度，模拟调频广播退役以后，目前地面大多数DAB电台都要转移到87～108MHz的频段。 DRM的工作频段与目前的模拟调幅中、短波广播完全相同。

9.8.2　数字声频广播的优势

（1）数字声频广播表现为多媒体形式，能充分满足广大受众的不同需要，无论是对广大受众还是广播机构自身，都会带来极大的利益。

（2）数字广播可得到更高的声音信号质量，最高可达到CD质量水平。

（3）利于单频网运行，节约频谱，可有效降低发射功率。如果模拟调频广播用数字声频广播（DAB）替代，发射功率可降低为原来的1/30，而频谱利用率可为现行调频广播的3倍，如果模拟中、短波调幅广播用DRM替代，发射功率可降低为原来的1/4。

（4）适合于固定、便携和移动接收，可利用地面、电缆和卫星进行覆盖，并具有极强的抗多径传播引起的衰落能力。

图9-37所示为多媒体数字广播发射与接收系统总体架构框图。

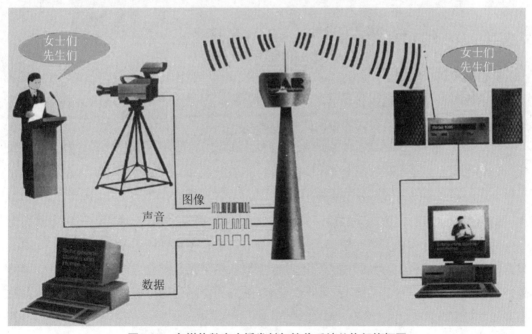

图9-37　多媒体数字广播发射与接收系统总体架构框图

9.8.3　数字声频广播关键技术

1. 压缩编码

数字声频的基础是声频信号数字化，直接方式是PCM（Pulse Code Modulation，脉冲编码调制），通过取样、量化，使其成为数字信号。PCM的码率很高，必须进行压缩编码，否则会浪费频道资源，例如未经压缩的编码一路数字立体声的码率在2Mb/s左右，5.1路环绕立体声的原始码率在6Mb/s左右。压缩有多种方式，前面已经介绍过如WMA、AAC、DRA等，一方面，不同的编码用于不同的场合，另一方面，编码技术也在不断发展。

2. 复用技术

信号复用是为了便于在通道中传输多套节目和数据，将不同类型的业务复合在一起，封装成固定长度的包，给每个声频和数据一个识别号（PID），将所有的节目号及有关节目信息制作为表格形式，并给每个表格一个识别号，如图9-38所示。不同的数字声频广播制式对复用都有自己的定义，即使是同一标准，不同模式的码流结构也可能不同。

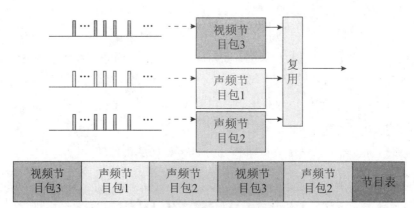

图9-38　声频节目信号的复用

3. 信道编码（纠错）

数字信号在介质通道里传输会因为失真和干扰而产生错误，造成误码，因此信道编码是一种纠错编码，信道编码的目的就是纠错。

信道的选择性衰落特性是失真的主要原因，其成因有两个，一是信号反射，二是邻频、同频干扰。信道编码要针对信道特性进行相应的选择，例如空气介质、电缆介质和光缆介质中信道编码的类型就不一定一样。

如果在原有码流中增加一些码（冗余），就会提高码流的抗干扰能力，例如我们把一句话重复说，对方就不容易听错。增加冗余的做法和码率压缩的做法正好是相反的。只是一般的冗余可能没有纠错能力。因此选择增加纠错冗余既有方法问题，也有效率问题，各种纠错编码方法都需要数学运算，纠错编码的实质是通过数学运算把错的地方找出来，并把它改过来。

以检错为例，8比特的一个字节，其中前7位是要传输的信息，第8位是校验码。校验码是0还是1则根据前7位的和决定，使得8个比特的总和是奇数（或者偶数，事先定好）。当收到一个字节时，只要把8个比特加起来，看是否为奇数就可以知道传输过程中有没有发生误码了。

纠错可以分为前向纠错和反馈纠错，广播电视用的是FEC(Forward Error Correction，前向纠错编码)。主要的前向纠错编码有两类：线性分组码(Block Code)和卷积码(Convolutional Code)，前者用于我国数字地面电视，后者用于DAB/DMB(Digital Multimedia Broadcasting，数字多媒体广播)。

4. 调制技术

在数字声频广播中采用的调制技术主要是COFDM（Coded Orthogonal Frequency Division Multiplexing，编码的正交频分复用），使用多个载波进行传输，可以使每个载波的误码率降低。各载波是正交的，相互不干扰，配合编码，即增加前向纠错的可删除型卷积码（Rate Compatible Punctured Convolution，RCPC），实现差错保护。

COFDM技术用多载波代替单载波，使每个符号持续时间大大延长，抗干扰能力增加。可以加入保护间隔，适应多径传输环境。还可以加入时间交织、频率交织等保护手段，各载波之间保持正交，容易分离。如图9-39所示，整体技术的实现难度降低。

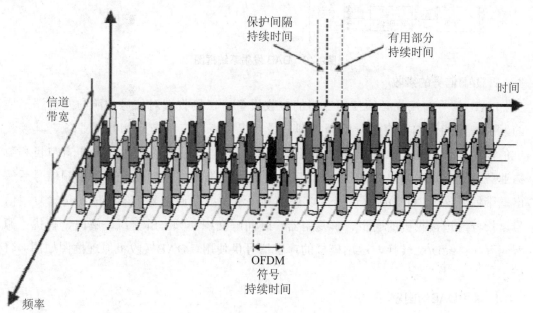

图9-39 COFDM技术原理示意图

COFDM技术用快速傅里叶逆变换（Inverse Fast Fourier Transform，IFFT）产生多载波信号，在DAB里，每个载波用差分四相相移键控。在其他系统用QAM（Quadrature Amplitude Modulation，正交振幅调制），有保护间隔。

9.8.4　DAB

1980年，DAB系统起源于德国广播技术研究所，以Eureka-147系统针对地面的声频广播技术进行研究，并制定了Eureka-147 DAB标准，在欧洲部分地区得到了较好的发展。

1. DAB系统发射端工作原理

在DAB系统的发射端，输入信号先经过若干MUSICAM声频编码器进行信源编码，按照MPEG标准将数据率降低，然后通过复用器将经过数据率压缩的各路信号复合起来，然后送往COFDM编码器和调制器，进行信道编码和调制，产生带宽为1.536MHz的COFDM基带信号。DAB的发射机再将低电平COFDM基带信号变为高电平射频信号，对COFDM基带信号进行频率变换和功率放大，将其通过天线发射出去，如图9-40所示。

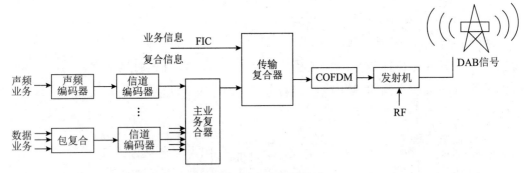

图9-40　DAB 发射系统框图

2. DAB信号的接收

DAB信号的接收必须使用专用的接收设备，在接收端对信号按照与发射端形成的发射信号相反的顺序进行解调处理，最后提供声频广播节目和数据业务。其接收机的高频部分首先是从分配给DAB使用的频段中选择出所需的传送声音节目和数据业务的频率块（1.536MHz），然后进行频率变换，将高频信号变为中频信号后解出基带信号送入COFDM解调器，以获得对应于发射端通过复用器形成的传输复用信号。接着经过接收机的同步、解复用器、时间解交织和频率解交织、解码、解扰、源解码等，再经D/A转换，送出模拟的声音信号供使用。DAB接收机原理框图如图9-41所示。

3. 采用DAB的国家

WorldDAB（国际DAB论坛）每年都会公布世界各国推进DAB的情况，现在已有40多个国家采用了DAB。

4. DAB+

面对其他制式的竞争，DAB已经升级为DAB+，声频编码采用HE AAC v2，其中包括SBR和PS技术，使码流的利用率大大提高，在同样的带宽下，节目的数量是原来的3倍，原有的DAB可以全部改为DAB+，也可以部分改为DAB+，如图9-42所示。

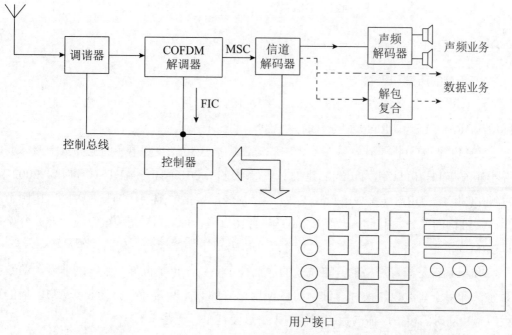

图9-41　DAB接收机原理框图

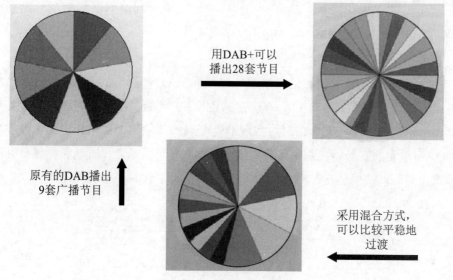

图9-42　DAB+与DAB混用

5. DAB系统的4种覆盖方式

（1）单频同步网：只需一个DAB频率块，以单频网（Single Frequency Network，SFN）同步运行，实现多套节目的大面积覆盖。网内多台发射机使用中心频率相同、带宽为1.536MHz的DAB频率块，播出节目相同，调制信号在时间上精确同步。

（2）本地电台：使用一个DAB发射机覆盖一座城市。

（3）卫星：利用卫星传送DAB信号覆盖全国。进行全国的覆盖可能是最经济的方案，可以节约很多个地面同步网建设、节目和数据馈送以及维护和运行的费用。

（4）有线网络：空中接收DAB信号转换为通过有线网络中的工作频率传送用户。

9.8.5 DRM

1. DRM的历史和现状

为了选择合适的、统一的数字AM系统，1998年3月在广州成立了数字AM广播的国际组织DRM（Digital Radio Mondiale）联盟。

DRM联盟的目标是开发数字长、中、短波广播（30MHz以下）的世界范围的标准，并于2001年4月在ITU作为正式的建议书获得通过，2001年10月被ETSI标准化。2002年3月经IEC批准，DRM系统规范正式生效，为AM波段广播的数字化铺平了道路。国际上不少广播机构的部分发射台，已经从2003年6月16日（日内瓦ITU无线电行政大会）开始，以DRM规范正式进行广播运行，这标志着30MHz以下的广播新时代的开始。

DRM系统是经过严格的开路试验的成熟技术系统，也是世界上唯一的非专利的数字系统，可用于短波、中波和长波。可以使用已有的频率和带宽。是对模拟AM广播的重大改善，同时为模拟广播向数字广播的平滑过渡铺平了道路。

目前已有德国、法国、英国、意大利、卢森堡、俄罗斯、荷兰、挪威、梵蒂冈、克罗地亚、葡萄牙、斯里兰卡、保加利亚、科威特、澳大利亚、厄瓜多尔、加拿大、智利、中国等几十个国家正式进行了DRM播出。

2. DRM 系统的工作原理

图9-43为DRM发射系统的架构概况，源编码器和预编码器可将各种输入声频数据流编码压缩成合适的数字传输格式；多路复用将保护等级与所有数据和声频业务结合起来；信道编码器增加一些冗余信息，实现准确无误的传输；映射单元定义了数字化编码信息到QAM单元的映射；交织单元将连续的QAM单元展开为在时域和频域分开的准随机的单元序列，以便提供在时间-频率弥散信道中的可靠传输；导频发生器为接收机提供

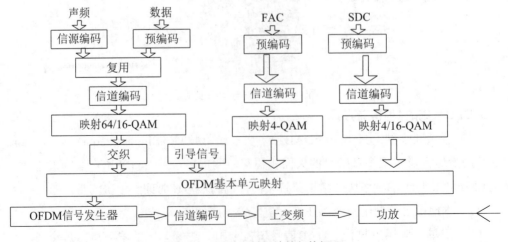

图9-43　DRM发射系统的架构概况

信道状态信息，并估计信号的相关解调；OFDM 单元映射器将不同等级的单元集中起来，并把它们放在时频栅格中；OFDM 信号发生器使用相同的时间标记体现时域信号，来传送每一组信元。至此，发射端的信号完成编码映射功能。传输时调制器将OFDM 信号转换为模拟形式，最后通过发射机发射出去。

接收端的处理过程与发射端相反，信道出来的信号首先经过主载频解调，低通滤波A/D 转换及串并变换后，再进行傅里叶变换（FFT），得到一个符号的数据。对所得数据进行均衡，以校正信道失真。最后进行译码判决和并串变换，即可得到原始声频数据输出，如图9-44所示。

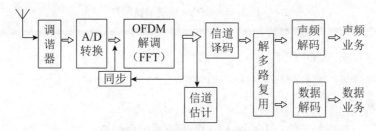

图9-44　DRM接收机原理框图

3. DRM 系统相比于模拟AM 广播的优点

（1）DRM 系统工作于30MHz 以下的频段，可以充分利用现有中、短波频谱资源，穿透能力和绕射能力强，覆盖范围大，适合于移动设备接收和便携式设备接收。

（2）在保持相同覆盖的情况下，数字调幅发射机比模拟调幅发射机的功率低，提高了发射机的效率和经济效益。

（3）在保持现有带宽9kHz 或10kHz 的情况下，利用声频数据压缩技术和数字信号处理技术，提高调幅波段信号传送的可靠性，增强抗干扰能力，显著提高调幅波段信号传送的音质。

（4）在所规定的带宽内，可以同时传送一路模拟信号和一路数字信号，便于逐步向全数字广播过渡。

（5）能够提供附加业务和数据传输。

4. DRM+

2005年3月，DRM组织通过了DRM技术向120MHz（后来变为174MHz）频谱延伸的扩展版，称为"DRM+"，它是现有ETSI（Europen Telecommunication Standards Institute，欧洲电信标准化协会）标准DRM的升级版。

"DRM+"的信号带宽约为100kHz，如图9-45所示，完全与FM频段规划的频率间隔相一致。"DRM+"可以实现高达180kb/s的数据传输率（16QAM调制）。通过使用MPEG-4 HE AAC，也可以在一个频道中传输更多不同的声频节目。

"DRM+"的数据传输率可使一套节目达到CD质量；有室内接收以及以300km/h的速度移动接收的可能性；有使用现有的FM广播发射网结构的可能性；有构成同步发射网的能力；"DRM+"可以避免对已有FM覆盖的影响，灵活地对单个模拟FM发射机进行数字化改造，或者在FM环境下将一个数字电台投入运行。

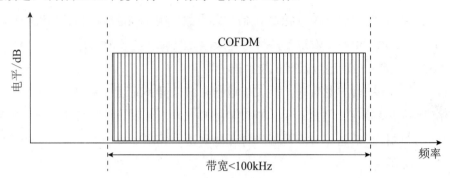

图9-45　DRM+频谱带宽图

"DRM+"的主要技术参数如下。

（1）传输方法：COFDM。

（2）副载波数：213。

（3）副载波间隔：444.44Hz。

（4）副载波的调制方法：16QAM、QPSK或者64QAM。

（5）峰值系数：9（测量值）。

一些测试表明，相较于目前的FM广播，"DRM+"在明显降低发射功率且不提高甚至降低潜在干扰的情况下，可得到与FM大约相同的覆盖范围。

9.8.6　CDR

2007年年底，国家广电总局组织相关单位开展了自主知识产权的调频数字声频广播系统CDR（China Digital Radio）/dFM研究。

CDR作为我国广播电视数字化过程的一个重要组成部分，是广播数字化的发展方向，迄今为止已申请国家发明专利20余项，并研究制定了相关标准，如信道传输标准GY/T 268.1—2013、复用标准GY/T 268.2—2013、"DRM+"标准以及编码器、复用器、激励器、发射机、测试接收机等使用的标准GDJ 058—2014~ GDJ 063—2014。

1. CDR系统的主要特点

（1）系统传输方案针对调频和中波调幅进行了优化，有多种传输模式。

（2）频谱配置结构灵活。HD Radio把数字技术放在调频或调幅两边，CDR很灵活，可以找到很好的频点。

（3）设定三种不同传输模式的应用场景。

①大面积的单频网覆盖，一个发射机可以覆盖几十千米的范围。

②高速移动接收，如运行速度超过300km/h的高铁上的接收。

③高数据率传输，可以在频点上传输更高的数据量。

（4）采用更高效的信道编码算法LDPC（Low Density Parity Check Code，低密度奇偶校验码）。

（5）支持逐步演进的系统架构。

（6）信源编码算法具有自主知识产权。

2. CDR系统发射端的组成

CDR系统发射端由信源（业务）、信源编码（非必需）、信道编码（卷积、交织、映射）、OFDM调制、逻辑帧成帧、子帧分配、物理成帧、射频调制和放大等几部分组成，如图9-46所示。

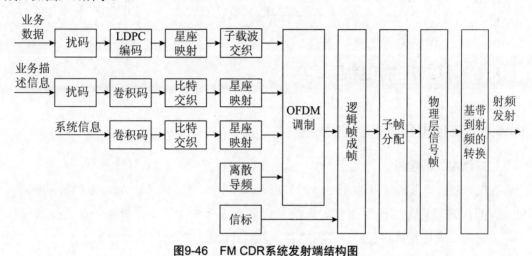

图9-46 FM CDR系统发射端结构图

9.9 思考题

（1）什么叫基带信号？

（2）什么叫多径波？

（3）什么是模拟信号和数字信号？

（4）为什么要进行信号调制？

（5）模拟调制和数字调制的类型有哪些？

（6）简述中波广播频率范围和短波广播频率范围。

（7）简述调幅广播发射台的组成。

（8）简述调幅广播发射机的分类和组成。

（9）举例说明调幅广播的接收机种类。

（10）简述调频广播的频率范围和频率间隔。

（11）简述数字声频广播制式种类。

第10章 广播电视传输与覆盖

广播电视传输与覆盖涉及电视发射台、转播台、卫星上行站、卫星收转站，以及有线广播电视传输覆盖甚至Internet网的接入等，本章将就这些内容进行简单介绍。由于地面电视广播系统在9.5节已有介绍，这里不再赘述。

10.1 有线广播电视系统

10.1.1 有线电视的起源与发展

1. 有线电视的起源

有线电视技术起源于20世纪中叶的共用天线电视系统（Master Antenna Television，MATV）。它使用一副天线，接收电信号后经天线放大器放大，再经分配后到达电视机，广泛用于高楼和接收条件较差的地区。共用天线系统的结构如图10-1所示。

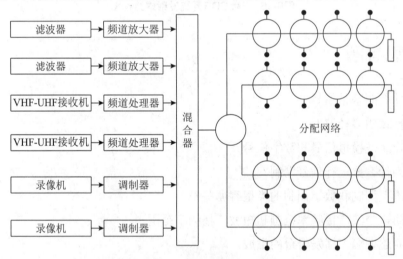

图10-1 共用天线系统的结构

现代有线电视网络技术架构的演进发展经历了共用天线系统、单向模拟有线电视系统、双向数字有线电视网、HDTV、"三网融合"的综合宽带信息网以及广电5G时代等几个阶段，实现了从模拟到数字、从单向到双向，以及从固定接收到移动接收的几次质的蜕变。

2. 我国有线电视发展的几个重要的里程碑

（1）以1990年11月2日颁布的"有线电视管理暂行办法"为标志，我国有线电视进入了高速、规范、法治的管理轨道。

（2）网台分离。

1999年9月17日，国务院办公厅下发了《关于加强广播电视有线网络建设管理意见》

（国办发〔1999〕82号文件），这标志着我国广播电视业新一轮改革的全面开始。

（3）网络整合。

2001年，广电总局依据国办发〔1999〕82号文件及17号文件，分别发布了《关于加快有线广播电视网络有效整合的实施细则（试行）》（广发办字〔2001〕1458号），提出了广播电视网络整合的基本思路。

（4）三网融合。

2010年1月13日，温家宝总理主持召开国务院常务会议，决定加快推进电信网、广播电视网和互联网"三网融合"。三网融合不是三网的物理整合，主要是指高层业务应用的融合。

（5）"宽带中国"战略。

2013年8月17日，国务院颁布了《"宽带中国"战略及实施方案》，方案要求统筹接入网、城域网和骨干网建设，综合利用有线技术和无线技术，结合基于互联网协议IPv6的下一代互联网规模商用部署要求，分阶段系统推进宽带网络发展。方案对有线电视网络也提出了具体时间表。

（6）中国广播电视网络有限公司挂牌成立。

2014年5月28日，中国广播电视网络有限公司在国家新闻出版广电总局西门正式挂牌。成为继移动、电信、联通后的"第四网络运营商"。

（7）各地加快融媒体中心的建设。

2019年1月25日《求是》杂志发表《加快推动媒体融合发展，构建全媒体传播格局》的文章，各地融媒体中心的整合和建设速度进一步加快。

（8）广电5G时代。

2019年6月6日，中国广播电视网络有限公司获得了5G运营牌照。

10.1.2　有线电视系统的基本组成

有线电视系统（包括数字有线电视系统）从功能上来说，可以抽象成如图10-2所示的系统模型，由信号源、前端、传输系统、用户分配系统四部分组成。

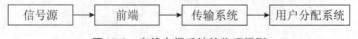

图10-2　有线电视系统的物理模型

图10-2中，信号源中的各种设备负责提供系统所需的各类优质信号；前端是整个系统的信号处理中心，将信号源输出的各类信号分别进行处理和变换，并最终形成传输系统可传输的射频信号；传输系统将前端产生的射频信号进行优质稳定的远距离传输；而用户分配系统则负责将信号高效地分配并传送到千家万户。

1. 传统有线电视系统

所谓的传统有线电视系统，是指采用邻频或隔频传输方式，只传送模拟电视节目的单向有线电视系统，由前端、干线传输系统以及用户分配网等组成。图10-3是传统有线电视系统示意图。

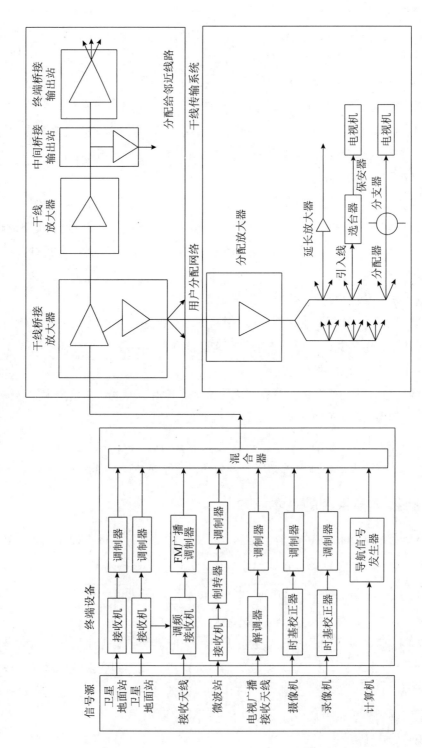

图10-3 传统有线电视系统示意图

2. 下一代广播电视网络

下一代广播电视（Next Generation Broadcasting，NGB）网络由技术平台、传输网络、用户终端和运营支撑系统组成。

NGB网络集电视、电信和计算机网络功能于一体，网络中除了传输广播电视节目外，还传输以数据信号为主的其他业务，以适应信息技术的不断发展和网络业务的需求。下一代有线电视网络的基本结构如图10-4所示。

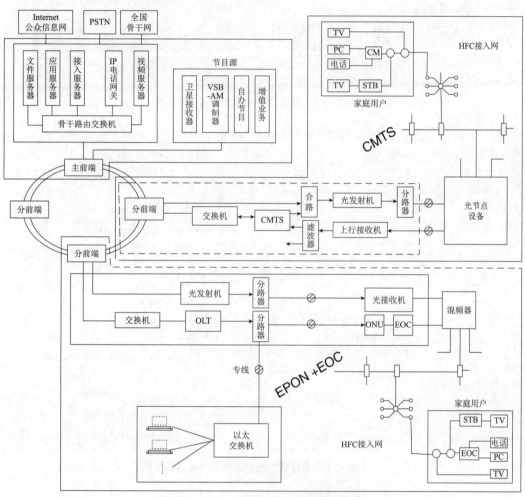

图10-4　下一代有线电视网络的基本结构

10.1.3　有线数字电视系统

有线数字电视系统由前端、传输系统和用户分配网组成，图10-5为有线数字电视系统框图。其中前端又由信源、编码、复用、加扰、调制、中间件管理、CA与用户管理等组成。图10-6为有线数字电视系统前端框图。

DVB-C采用带宽窄、频带利用率高、抗干扰能力较强的调制方式。同时，由于信道信噪比较高，误码率较低，纠错能力要求不是很高，因此，DVB-C的信道部分采用RS码和卷积码交织技术与正交幅度调制（QAM）。

QAM调制器对传输流采用16QAM、64QAM、128QAM或者256QAM方式进行调制，用于通过有线电视（CATV）系统传输多路数字电视节目，它可与卫星电视系统相适配，将卫星电视统一接收，通过有线传播。

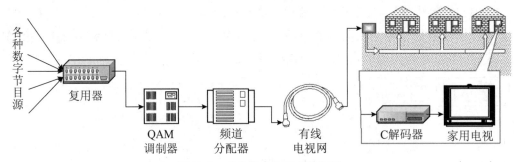

图10-5　有线数字电视系统框图

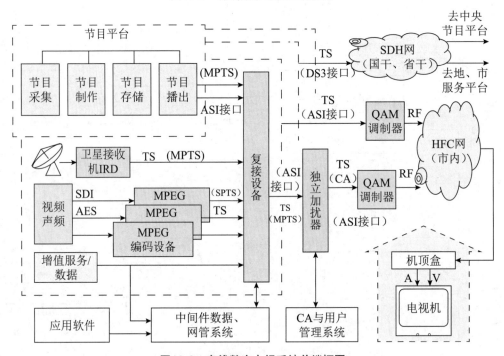

图10-6　有线数字电视系统前端框图

10.1.4　数字多路微波分配系统

多路微波分配系统（Multichannel Microwave Distribution System，MMDS）以一点发射、多点接收的方式，将视频、声频广播信号以及数据信号传输到各有线电视台或终端用户，初始的MMDS主要用来传输模拟电视信号，后来由于数字技术的引入，MMDS的应用范围更广，节目传输质量和数量都有了更大的提升。严格来说，MMDS不应该算作有线电视系统的一部分，但在有线电视系统中常常用来作为一些偏远且人口较少的地区的光缆覆盖的一种有力补充。

1. 微波及微波传输的特点

微波频率比一般的无线电波频率高，通常也称为"超高频电磁波"，波长一般为1mm～1m，频率范围为300MHz～300GHz，方向性强，实际应用的频率为2500～2700MHz，采用空间波传输方式，特点如下。

（1）波段资源丰富，波段占有频率范围很宽。

（2）发射效率高。

（3）传输质量高。

（4）适应性和灵活性强。

2. 数字MMDS的组成

数字MMDS由前端系统、传输与发送系统、用户端接收系统和用户管理系统组成。其基本功能与有线电视相关系统类似。图10-7为MMDS的系统结构框图。

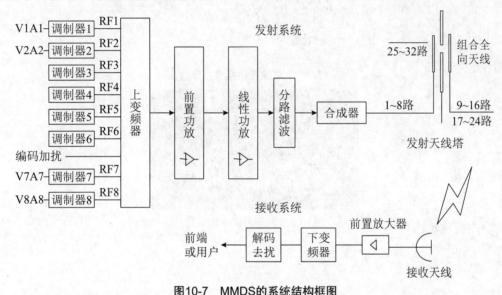

图10-7　MMDS的系统结构框图

10.2　卫星电视广播传输系统

卫星电视广播系统如图10-8所示，是由设置在赤道上空距地面35786km的地球同步通信广播卫星（图10-9），接收地面的电视中心通过卫星地面站发射的电视信号，然后再把电视信号转发到地球上指定的区域，由地面上的设备接收。卫星电视广播系统具有覆盖面大、三颗卫星可以覆盖全球（图10-10）、费用低、节目质量高、传输容量大、运用灵活、适应性强等优点。

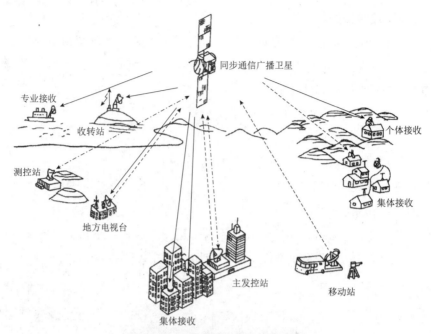

图10-8　卫星电视广播系统示意图

图10-9　同步通信广播卫星

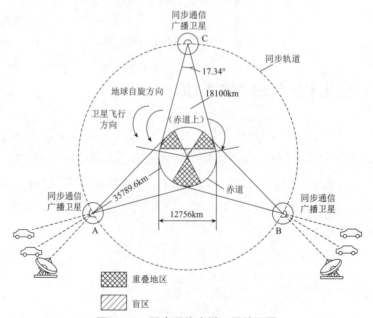

图10-10　同步通信广播卫星的配置

10.2.1　卫星广播常用术语

1. 本振频率

Ku频段高频头的本振频率各不相同，直播卫星高频头的本振频率为10750MHz，双本振为多个频率10600MHz（9750MHz、11300MHz等本振频率）。C波段高频头的本振频率为5150MHz，双本振多个频率5750MHz。

2. 卫星信号的极化

卫星信号分为线极化和圆极化两类。

（1）线极化：分为水平极化（H）和垂直极化（V）。

（2）圆极化：分为左旋极化（L）和右旋极化（R）。

3. 上行频率

上行频率是指发射站把信号发射到卫星上所使用的频率，由于信号是由地面向上发射，所以叫上行频率。

4. 下行频率

下行频率是指卫星向地面发射信号所使用的频率，不同的转发器所使用的下行频率不同。

5. 符号率

符号率又叫符码率，指单位时间内数据传输的数据量，与信号的比特率及信道参数有关，单位为baud/s或symbol/s。卫星电视的符号率越高，一个载波信号携带的节目数越多。

10.2.2　卫星广播电视信号的处理

1. 卫星电视广播轨位和频段

卫星电视广播采用微波进行通信，具有频率资源相对丰富、星载天线及地面天线尺寸小以及穿越大气层能力强的特点。

国际电信联盟将世界划分为3个区域：一区为欧洲、非洲、俄罗斯以及伊朗西部边界以西的亚洲国家；二区为南、北美洲；三区为亚洲大部分国家和地区及大洋洲，我国属于三区。

（1）我国卫星电视广播的轨位。

2000年国际电信联盟的世界无线电通信大会（简称WRC-2000）又对一、三区卫星广播业务（简称BBS）重新进行规划，在新的规划中，我国有4个轨位，分别为62°E、92.2°E、122°E、134°E。

（2）我国卫星电视广播的波段。

C波段：下行频率为3.4~4.2GHz，C波段特点是雨衰量小、可靠性高、服务区大。

Ku波段：下行频率为11.7~12.2GHz，Ku波段频率高、容量大、卫星辐射功率大。

卫星电视中频频率：950~1450/2150MHz。

2. 卫星电视广播信号的调制

在模拟调制信号时，采用宽带调频、调相的方式，现已不再使用。

目前卫星电视广播信号主要采用数字调制的方式，具体地说就是BPSK和QPSK调制，但随着转发器放大电路线性水平的不断提高，也有采用正交调幅（QAM）方式的，这样可以有效提高频谱的利用效率。

数字信号经过复用后形成传输流，进行信道编码，内码采用卷积码，外码采用里德-所罗门分组码，再经过BPSK/QPSK/QAM调制，最后上变频后在卫星C/Ku波频发送。

10.2.3 卫星信号传输标准

DVB-S：卫星广播数字系统标准。卫星传输具有覆盖面广、节目容量大等特点。数据流的调制采用四相相移键控调制（QPSK）方式，可用于多套节目的复用。DVB-S标准几乎为所有卫星广播数字电视系统所采用。我国也选用了DVB-S标准。

ABS-S：我国第一个拥有完全自主知识产权的卫星信号传输标准，在性能上与代表卫星通信领域最新发展水平的DVB-S2相当，部分性能指标更优，而复杂度远低于DVB-S2，更适应我国卫星直播系统的开展和相关企业产业化发展的需要。

10.2.4 卫星电视广播系统的组成

卫星电视广播系统主要由上行发射与测控系统、卫星转发系统、地面接收站三部分组成。

1. 上行发射与测控系统

对节目制作中心送来的信号进行处理，经过调制、上变频和高功率放大，通过定向天线向卫星发射上行C/Ku波段信号，同时也接收由卫星下行转发的微弱的微波信号，监测卫星转播节目的质量。图10-11为卫星地面站系统框图。图10-12为卫星地面站照片。

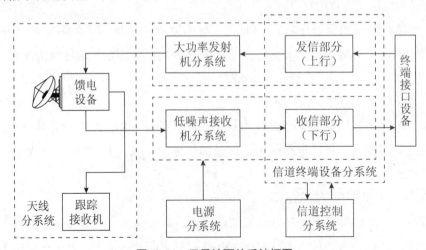

图10-11　卫星地面站系统框图

（a）监测机房　　　　　　　　　　　（b）上行及监测天线

图10-12　卫星地面站照片

2.卫星转发系统（星载系统）

卫星转发系统由通信分系统、控制分系统、遥测与指令分系统、电源分系统和温控分系统五部分组成，如图10-13所示。

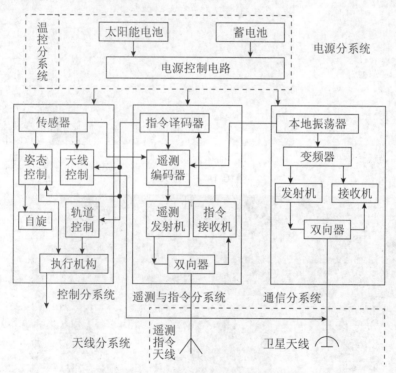

图10-13　电视广播卫星的星载系统

（1）通信分系统：通信分系统分为转发器和卫星天线两部分。转发器是卫星上用于接收地面发射来的信号，并对该信号进行放大，再以另一个频率向地面进行发射的设备，一颗卫星上可以有多个转发器。

（2）控制分系统：控制分系统由各种可控的调整装置，如各种喷气推进器、各种驱动装置和各种转换开关等组成。

（3）遥测与指令分系统：地球上的控制站需要经常不断地了解卫星内部设备的工作情况，有时要通过遥测指令信号控制卫星上的设备产生一定的动作。

（4）电源分系统：由太阳能电池和化学电池共同组成。太阳能电池通常采用硅太阳能电池板，化学电池则可以保障通信卫星在星蚀期间仍能正常工作，采用可以充放电的二次电池。卫星上的电源要求体积小、重量轻、效率高和可靠性高，并能长时间保持足够的输出。

（5）温控分系统：控制因为行波管等高功放和电源系统等部分产生热量而引起的温升。

3. 地面接收站

卫星地面接收站由天馈系统、高频头、功率分配器和卫星接收机等组成。图10-14所示为卫星天线，图10-15所示为馈源和功分器，图10-16所示为卫星接收机，图10-17所示为卫星接收机原理框图。

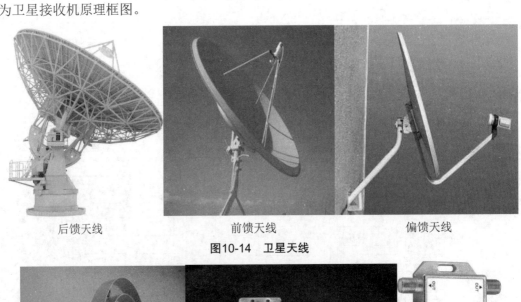

后馈天线　　　　　前馈天线　　　　　偏馈天线

图10-14　卫星天线

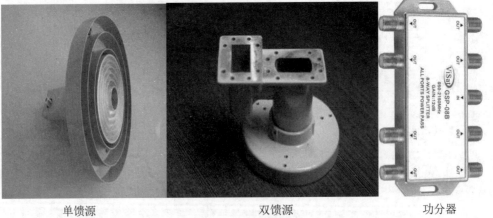

单馈源　　　　　双馈源　　　　　功分器

图10-15　馈源和功分器

工程机　　　　　家用机

图10-16　卫星接收机

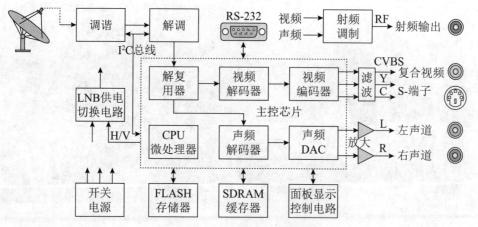

图10-17　卫星接收机原理框图

4. 地面接收的四种方式

（1）转播接收：主要用来接收卫星下发的电视信号，作为信号源供设在该地区的电视台或转播台进行转播。转播接收设施较复杂，接收到卫星转发的微弱信号后，必须经过放大、变频、调制转换，将卫星传送的调频信号变换为残留边带调幅信号，然后再经过变频和功率放大，通过天线发射出去，或是通过电缆将信号分送到各用户供各家电视机收看。

（2）集体接收：比个体接收天线大，接收到卫星节目后经过各种匹配装置供多台电视收看。

（3）个体接收：用户使用小型天线和简易接收设备收看卫星电视节目。

（4）监测接收：主要用来接收卫星下发的电视信号，作为信号质量和覆盖效果，以及卫星姿态的跟踪和监测之用。

10.2.5　卫星直播车

1. 卫星直播车的概念

卫星直播车特指装载全套卫星新闻采集（Satellite News Gathering，SNG）设备的专用车，通过卫星通信传输平台，把现场所采集到的视频及声频信号，通过车内系统处理后，发射到同步通信卫星，再传送回电视台或新闻机构总部，电视台或新闻机构总部可以直接转播或经过编辑后播出。它实际是一个移动式发射站，在现场（包括会议现场、文艺体育现场直播、突发事件等）进行图像（包括伴音）的采集与处理，并利用卫星传输不受地域限制的优势，即时传送信号到电视台或卫星接收站进行实时播出，为观众提供现场实况报道。卫星直播车突破了原来传统ENG（Electronic News Gathering system，电子新闻采集系统）的地形和应用区域限制，目前卫星直播车已经被广泛地应用于重大新闻报道、会议直播、文艺体育现场直播及现场指挥等。图10-18所示为卫星直播车，图10-19所示为高清卫星直播车局部系统框图。

（a）卫星车外形

（b）内部布局

图10-18　卫星直播车

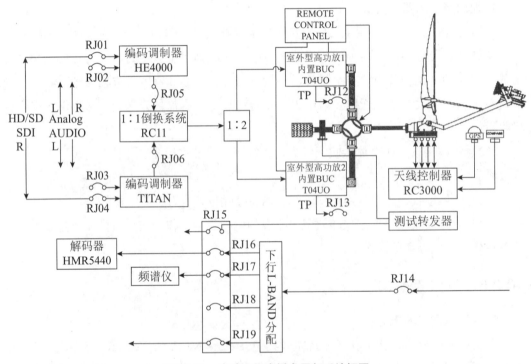

图10-19　高清卫星直播车局部系统框图

　　卫星车的应用起源于20世纪80年代末和90年代初，由于数字化处理技术的高速发展，以及整体系统成本的不断降低，已经成为各电视台和传媒机构的重要传输手段。

2. 卫星车系统组成

　　卫星直播车实际是一个移动播发平台，麻雀虽小五脏俱全，主要由以下几部分组成。

　　1）摄像机

　　车上的摄像机是按照不同的制作要求配备的。根据导演的意图，摄像机安置在现场的不同位置。摄像机输出的电视信号通过电缆传送到转播车上。

2）视频切换器

具有多路电视信号输入和一路以上输出，可以对两路或者两路以上的视频信号进行多层次画面的特技组合，以供导演进行有选择的切换。

3）卫星微波发射设备

经切换器输出的信号，经调制处理后，通过电缆传送给天线功放，再发送给卫星天线，然后再发送给指定的卫星转发器。

4）数字录像机

切换输出的信号同样也发送给数字录像机，它可以对节目进行不间断的录制，并能进行各种现场编辑工作。在体育节目转播中配备的慢动作控制盒，可以遥控录像机进行慢动作重放。

5）同步机

同步机可产生各种定时和基准信号，使各电视设备的扫描系统同步进行工作。

6）音响设备

音响设备包括传声器、调音台、录音机、声频插口板、声频分配器等。现场的节目声由传声器转变成电信号，然后通过声频电缆传送到转播车上，再经过声频插口板、声频分配器传送给录像机、微波发射机和监听扬声器。

7）监视系统

每台摄像机在车上配有相应的监视器，供导演选择画面和技术人员监视技术质量。

8）通话系统

在节目制作过程中，为了确保导演指挥和各岗位人员协调工作，必须配备专用的有线和无线通话系统。

9）电源空调系统供电系统

一般由外接市电和车内自带的发电机供电，空调系统要确保车内的工作条件和设备的稳定。

10.3　网络传输与覆盖

10.3.1　固定网络视声频传输与覆盖

固定网络视声频传输与覆盖最有代表性的是IPTV（Internet Protocol Television，网络电视）。IPTV利用宽带网基础设施，以多媒体计算机或网络机顶盒加上电视机作为主要终端设备，集互联网、多媒体、通信等多种技术于一体，通过互联网络协议（IP）向家庭用户提供包括数字电视在内的多种交互式数字媒体服务。

1. IPTV的定义

国际电联IPTV框架工作组给出的定义是，IPTV是在IP网络上传送电视、视频、文本、图形和数据等，提供QoS/QoE（Quality of Service，服务质量/Quality of Experience，体验质量）、安全、交互性和可靠性的可管理的多媒体业务。

2. IPTV的优点

（1）用户可以得到高质量的数字媒体服务。

（2）用户可有极为广泛的自由度选择宽带IP网上提供的视频节目。

（3）实现媒体提供者和媒体消费者的实质性互动。

（4）为网络发展商和节目提供商提供了广阔的新兴市场。

3. IPTV和有线数字电视的比较

（1）IPTV和有线数字电视网络前端是类似的，都有同样的视频编码格式MPEG2，MPEG4、H.264以及H.265等；都可以实现付费电视的有条件接收。

（2）IPTV的承载网络完全是双向的，IPTV业务更具互动性，更适合承载游戏类、网络交易以及网络互动教育等节目。

（3）IPTV业务采用IP技术，更利于与其他系统融合，如与语音系统结合实现可视电话、与证券系统结合形成网络证券、与银行系统结合完成网络交易和网络支付、与政务系统结合进行政务信息查询等。

4. IPTV的系统组成

IPTV系统主要由IPTV服务器（前端）、IPTV管理系统、传输网络以及IPTV客户端四部分组成，如图10-20所示。图10-21为典型的IPTV组网结构图。

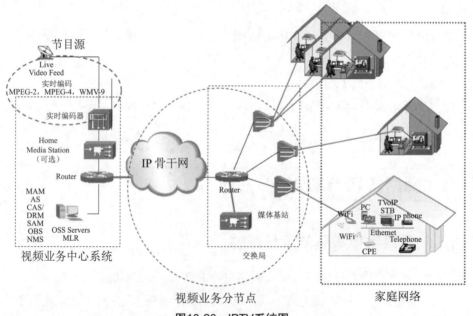

图10-20　IPTV系统图

IPTV服务器是在网络进行视频信号广播的专用设备，可用于卫星电视节目广播、实况播送等。

IPTV网络是一个可承载IP数据业务的网络，主要负责IPTV数据包的传输和分发。

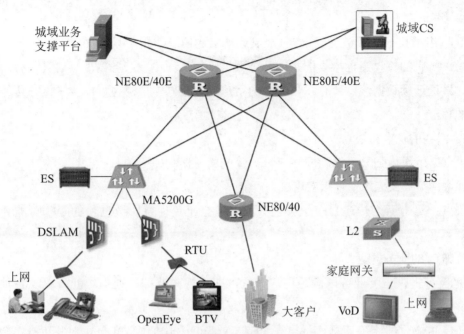

图10-21 典型的IPTV组网结构图

IPTV管理系统具有管理IPTV所需的各项功能，如可按照运营商所需的运营模式设置的预订管理、频道管理、视频加密管理、用户认证管理和影视资产管理等。

IPTV客户端可以采用IP机顶盒或者PC配合媒体播放软件接收IPTV。

5. IPTV的播出方式

IPTV业务开展可采用单播和组播两种模式，如图10-22所示。

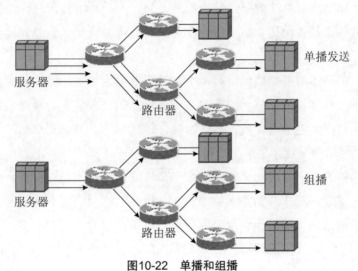

图10-22 单播和组播

1）单播模式

IPTV单播需要在服务器和每个用户之间建立单独的数据通道，如果同时给多个用户传送内容相同的声视频节目，必须相应地复制多份相同的数据包，一旦有大量用户希望获得数据包的同一份拷贝时，将导致服务器负担沉重，会造成延迟大或网络拥塞。

2）组播模式

IPTV组播模式下服务器仅仅向1个组地址发送信息，用户只需加入这个组就可以接收信息，所有的接收主机接收的是同一个数据流。这样单台服务器能够对几十万台客户机同时发送连续数据流，所有发出请求的用户端共享同一信息包，减少了网络传输的信息包的总量。

3）组播的优点和缺点

优点：效率增强，可控制网络流量，降低服务器和CPU的负担；性能更优化；消除流量冗余；分布式应用使多点应用成为可能。

缺点：尽力而为传递会产生丢包；不能完全避免拥塞；数据包的复制可能会无序发生。

6. IPTV的业务类型

IPTV可提供三类业务以满足用户需求，即电视类业务、通信类业务以及各种增值业务。

（1）电视类业务有直播广播电视（BTV）、点播电视（VOD）、时移电视、个人视频录制、远程教育（eTV）等。

（2）通信类业务主要有基于IP的语音业务、即时通信服务、电视短信等。

（3）增值业务指电视购物、互动广告、在线游戏、家居银行/电视商务等。

10.3.2　移动网络覆盖和Media-Web

移动数字媒体是指以移动数字终端为载体，通过无线数字技术与移动数字处理技术运行各种平台软件及相关应用，以文字、图片、视频等方式展示信息和提供信息处理功能的媒介。

目前移动数字媒体的主要载体以智能手机及平板电脑为主，随着信息技术的发展和通信网络融合，一切能够借助移动通信网络沟通信息的个人信息处理终端都可以作为移动媒体的运行平台，如电子阅读器、移动影院、MP3/MP4、数码摄像机、导航仪、记录仪等都可以成为移动数字媒体的应用平台。

数字移动媒体的三个关键词是媒体、数字和移动。特别要强调的是，媒体不仅仅是媒介，也指依托媒介，制作并销售影响力的社会组织，这应该是理解新媒体的最关键的概念，一定不能把新媒体等同于新媒介。所谓数字是区别于传统的概念；第三个关键词移动是区别于固定，从技术的理解，应该是无线传输，移动不是变动，移动也不是简单的流动，是随时随地收信息的普遍的需求。

广电方式的移动网络覆盖以Media-Web广电多媒体互联网业务平台为代表，它是基于UHFDTMB单频网大规模覆盖，网络通过Media-Web服务器和WiFi终端接入小区、汽车和家庭，Media-Web无线网支持视频直播、双向多媒体点播服务、互联网信息精细化分类的数据推送，网络带宽不受因特网"出口"的限制。具体细节将在12.1节进行阐述。

10.4 同步广播

同步广播又称为同频广播或者单频网广播，其核心是频率同步、时间（相位）同步、调制度同步及保证必要的最低接收场强，被称为"三同一保"，同步广播分声频同步广播和视频同步广播。

同步广播的第一个优点是可以解决大面积情况的小功率覆盖问题，广播频率专业化情况下分区覆盖（如交通频率应用于道路沿线的交通信息）；地形、地理等原因造成的覆盖率低，改善人口密集区域情况下的收听，一般使用小功率同步布点。第二个优点是建网容易、建网费用低、投资回收快、听众无须更换接收机。第三个优点是易于规划，提高频谱利用率，消除阴影区，在改善场强不均匀方面，使用低高度垂直极化天线，极大地减少对空辐射和根部近场辐射，节约能源，满足电磁环境卫生标准，避免对航空频段造成干扰。同步广播的缺点也是存在的，一方面是本身的技术缺陷，相干区的技术处理难度大，并且这种情况不可避免；另一方面是管理和维护不集中，造成设备安全运行保障性不够强。

10.4.1 同步声频广播

1. 中波同步广播

1）人工延时调整型

中波同步广播在我国已经进行了一定时间的试验，近几年，随着GPS/北斗技术的广泛应用和数字电视广播单频网技术的发展，中波同步广播也有了一些新的发展思路。

中波同步广播主要解决同频、同节目电台的相干服务区出现的问题，概括起来有如下三个要素。

（1）同频：各个发射站点载波频率差小于0.015Hz，其相对精度为（1～3）×10^{-8}。

（2）同相：两个同步发射站点中间的交会区所允许的最大延时差小于70μs。

（3）同调制度：中波调制信号的调制度偏差小于15%。

目前大多数中波同步广播系统的结构框图如图10-23所示。

为保证同步广播的正常进行，中波同步广播系统采取了以下措施。

（1）中波发射系统应用同步激励器，提供频率精确的载波信号，以保证同频的要求。

（2）系统采用卫星传输，在节目前端加入声频处理器，对节目信号进行统一的处理，在各个发射机前不再使用声频处理器，来保证调制度的一致。

（3）在各中波发射站点，接收声频信号，并进行声频时延均衡，补偿链路延时差，以保证同相。这个过程是比较复杂的，也是不能轻易达到的。

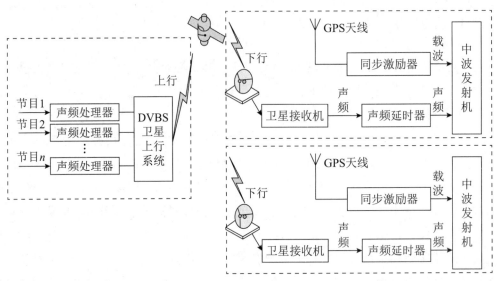

图10-23 中波同步广播系统框图

2）延时自动同步

延时自动同步是基于DVB-T数字电视单频网理论的"延时自动同步"技术的声频传输系统，其原理框图如图10-24所示，包括同步声频编码器和同步声频解码器两部分。

（1）同步声频编码器。

同步声频编码器的主要功能是完成立体声声频信号的输入和信源压缩，并实现对数据信息的复用，获取GPS时间信息，插入时间标签，生成传输流（TS），进行ASI接口匹配，最后下行传输。

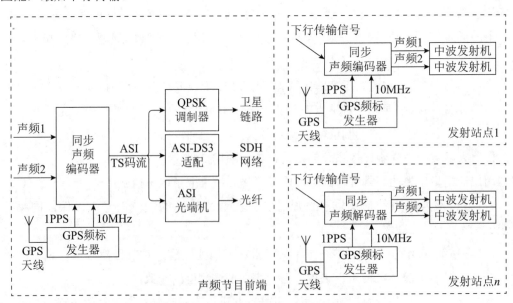

图10-24 "延时自动同步"系统原理图

（2）同步声频解码器。

同步声频解码器可以适用于DVB-S系统、DVB-C系统、ASI等不同输入接口的物理传输链路。其主要功能是接收下行信号，进行TS流解复用，分离出声频流，获取TS流中的时间戳信息；对比本地GPS时间信息，计算声频链路延时，进行延时补偿，最终输出声频信号。它可使各个发射站点送入发射机的声频相位一致，保证了"同相"；同时，解码器还具有对输出声频附加延时设置的功能，用于校正射频传输延时差。

同步声频编/解码器的使用，不仅完成了声频信号的传输功能，同时还完成对链路延时的自动测量和实时补偿，保证了声频相位的确定性和稳定性。

2. 模拟调频同步广播

模拟调频同步广播系统架构与前面介绍的中波同步广播系统架构基本类似。由于模拟调频同步广播整体技术水平的局限，调频同步广播系统的实际效果还有待进一步提高，其原因主要有如下几点。

（1）由于采用模拟调频激励器，调制度同步很难实现精确同步；共源技术虽然解决了调制度精确同步问题，但需要对射频信号进行传输，又无法兼顾时间同步问题。

（2）节目传输受实际传输链路的限制，时间（相位）同步基本不能保证；此外对立体声导频同步没有规定，该同步系统对立体声效果较差。

（3）对标准中要求的"三同"一般只能做到"一同"或者"两同"，无法实现真正同步，导致实际覆盖效果不理想。

与中波同步广播一样，同频同步广播也要求多个台站采用同一频率、同一时间发送同一套节目。由于各个台站传输链路不同，即使全部采用同一种链路，也存在时延抖动、传输路由参数等变化问题，很难保证恒定的传输时延，所以时间同步是一个技术难点。

图10-25为调频同步广播系统原理框图，系统采用单频网适配技术，在声频传输链路上插入1PPS（Pulse Per Second，秒脉冲）时间基准，通过SFN适配器解决自动延时调整问题，使系统实现自动时间同步。此外该系统可以实现防插播功能，基本原理为在前端"SFN服务器"中插入识别码，到激励器中解出，可剔除中间环节插入的非法信号。

常用的系统同步方案目前有E1传输链路同步方案图和卫星/有线传输链路同步方案，其中图10-26为E1传输链路下同步系统原理图。图10-27为卫星/有线/微波传输链路下同步系统原理图。

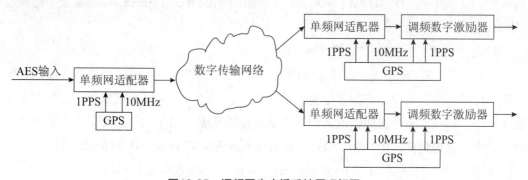

图10-25 调频同步广播系统原理框图

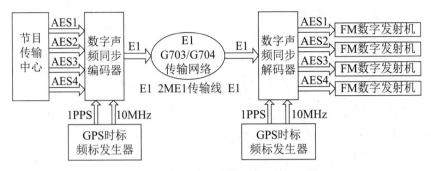

图10-26　E1传输链路下同步系统原理图

卫星/有线/微波传输链路

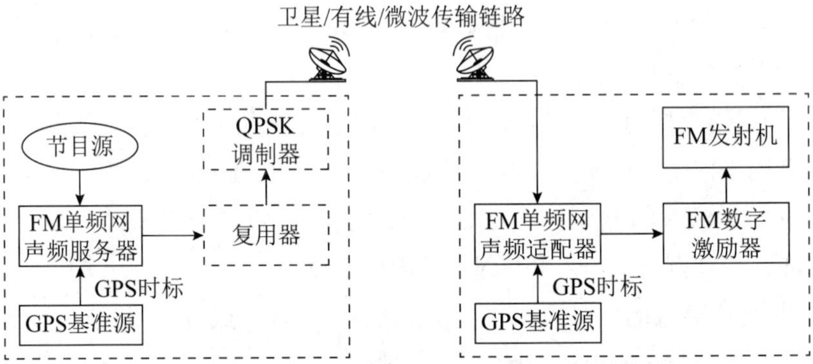

图10-27　卫星/有线/微波传输链路下同步系统原理图

10.4.2　电视广播单频网

1. 地面电视基带同步单频网

地面电视基带同步单频网（Single Frequency Network，SFN）是指由多个位于不同地点、处于同步状态的发射机组成的地面数字电视覆盖网络。覆盖网络中的各个发射机以相同的频率、在相同的时刻发射相同（码流）的、已调射频信号（比特），以实现对特定服务区的可靠覆盖（交叠覆盖）。其特点是分散调制，分散同步基准（GPS/北斗），节目信号为基带信号。数字电视单频网要求频率同步+调制时间同步+调制比特同步。

地面数字电视单频网根据信号的传输途径又可以分为基于地面传输的数字电视单频网和基于卫星传输链路的DTMB（Digital Terrestrial Multimedia Broadcasting，数字电视地面多媒体广播）单频网。

1）基于地面传输的数字电视单频网

基于地面传输的数字电视单频网的系统图如图10-28所示。此系统以地面有线或微波网络为传输平台，将中心的数字电视传输流复用后，经单频网适配器处理后分发到各地面发射台。单频网适配器的作用是把来自全球定位系统（GPS/北斗）的标准频率和时间插入数字电视传输流当中，为单频网提供标准频率和时间信号。插入GPS/北斗时钟后的TS流中含有MIP（Mega-frame Initialization Packet，兆帧初始化包）。

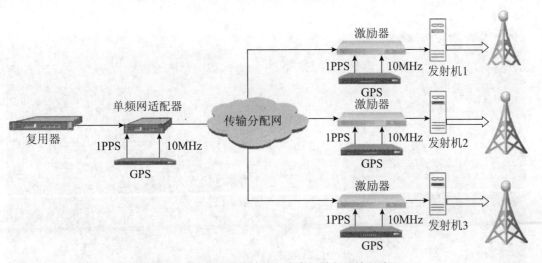

图10-28　基于地面传输的数字电视单频网的系统图

2）基于卫星传输链路的DTMB单频网

基于卫星传输链路的DTMB单频网的系统图如图10-29所示。其基本结构与图10-28类似，只是基带信号是通过卫星链路来传输的，这里可能会受到卫星摄动的影响，在系统实际工程设计中是需要重点考虑的，特别是大型数字电视广播单频网的设计。

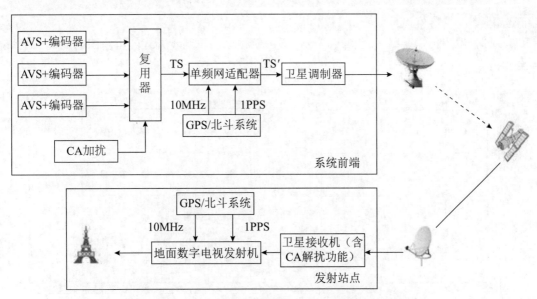

图10-29　基于卫星传输链路的DTMB单频网的系统图

2. 射频已调波同步单频网

射频已调波同步单频网系统如图10-30所示，其特点是播出中心输出到各发射台的信号是射频已调波，这样就比较好地解决了同频和调制度相同的问题，剩下就是时间同步的问题。射频已调波同步单频网的主要优势如下。

1）同步性能优势

射频已调波同步单频网的共源调制方式优于基带同步单频网分散调制方式，因此覆

301

盖性能优于基带同步单频网。

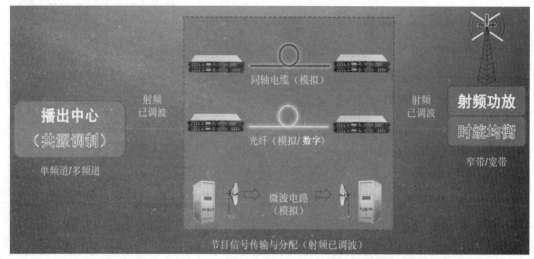

图10-30　射频已调波同步单频网系统

2）性价比优势

射频已调波同步单频网支持多频道电视与多频点广播的宽带应用，可以实现低成本扩展无线覆盖。

3）误码率优势

（1）理想传输链路（无噪声）条件下，射频已调波同步方式的星座图明显优于基带同步方式，如图10-31所示。

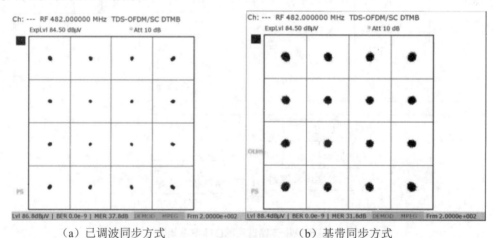

（a）已调波同步方式　　　　　　　　　　（b）基带同步方式

图10-31　理想传输链路星座图

（2）引入外界传输噪声的情况下，射频已调波同步方式的星座图同样优于基带同步方式，如图10-32所示。

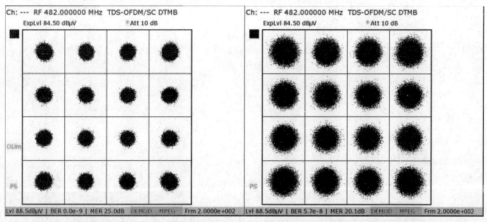

<table>
<tr><td>Ch: --- RF 482.000000 MHz TDS-OFDM/SC DTMB</td></tr>
</table>

（a）已调波同步方式　　　　　　　　　（b）基带同步方式

图10-32　引入干扰后星座图

10.5　思考题

（1）简述地面广播电视系统的传播特点。

（2）简述地面广播电视系统的组成。

（3）模拟电视图像信号的两种调制方式是什么？

（4）负极性调制的优点是什么？

（5）我国电视标准规定，一个频道的频带宽度是多少MHz？图像中频是多少MHz？

（6）简述有线电视系统的基本组成。

（7）NGB是什么意思？

（8）简述我国卫星电视广播的波段。

（9）简述卫星电视广播系统的组成。

（10）简述卫星车系统的组成。

（11）简述IPTV系统的组成。

（12）简述IPTV的播出方式。

（13）什么是"三同一保"？

（14）同步声频广播分哪几种？

（15）同步广播常用的系统同步方案有哪几种？

（16）SFN是什么意思？

融合与创新篇

第11章　融媒体平台建设

为了规范各地融媒体平台的建设，2015年12月，国家新闻出版广电总局同时发布了《广播电台融合媒体平台建设技术白皮书》和《电视台融合媒体平台建设技术白皮书》。县级融媒体中心建设的基础性技术文件《县级融媒体中心省级技术平台规范要求》《县级融媒体中心建设规范》于2019年1月15日发布。

11.1　省级融媒体平台

省级融媒体技术平台总体架构见图11-1，采用开放的云架构，具有松耦合、资源池化、高可扩展等特性，具备满足业务发展快速迭代升级的能力，可采用微服务架构方式实现。平台的存储、计算、网络能力应适配省域内县级融媒体中心的接入需求。它基于多租户的管理机制与技术手段，实现不同网络、不同业务之间的云主机隔离和安全控

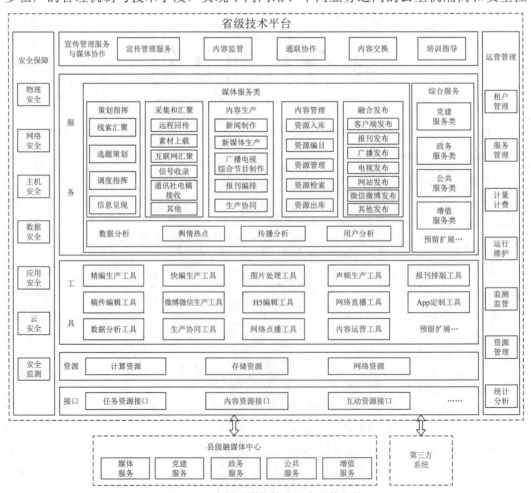

图11-1　省级融媒体技术平台总体架构

制；根据不同用户、不同业务的计算、存储、网络负载情况，实现资源的动态分配和弹性伸缩。同时具备系统容灾能力和数据备份手段。

平台包括基础资源、工具、服务、运营管理、宣传管理服务与媒体协作和安全保障等部分，基础资源主要包括基础的计算、存储和网络资源等，为工具和服务提供基础支撑。工具主要包括精编、快编、微博微信、数据分析、App定制、生产协同等工具，服务包括媒体、党建、政务、公共、增值等服务。宣传管理服务与媒体协作主要包括宣传管理服务、内容监管、通联协作、内容交换和培训指导等功能。

运营管理包括租户管理、服务管理、计量计费、运行维护、监测监管、资源管理以及统计分析等功能。

安全保障体系包括物理、网络、主机、应用、数据、云服务等安全以及安全监测等。平台通过业务数据接口与县级融媒体中心以及互联网汇聚等第三方系统互联互通，支撑县级融媒体中心开展业务。

11.2 融媒体中心

11.2.1 融媒体中心的概念

融媒体中心，通常认为是一种新型的传媒单位，是在国家体制和统一改革格局下建立的新型传媒单位，是整合本行政级广播电视、报刊、新媒体等资源，开展媒体服务、党建服务、政务服务、公共服务、增值服务等业务的融合媒体平台。市、县（区）级融媒体中心是我国的基层媒体传播体系"神经末梢"，在主流舆论阵地上起着"最后一公里"的作用。2018年11月8日，习近平同志在全国宣传思想工作会议上强调：**"要扎实抓好县级融媒体中心建设，更好引导群众、服务群众"**，2019年1月25日，习近平同志在人民日报社进行调研时指出，**"要抓紧做好顶层设计，打造新型传播平台，建成新型主流媒体，扩大主流价值影响力版图，让党的声音传得更开、传得更广、传得更深入"**。截至2022年8月18日，全国2585个县级融媒体中心建成运行。

11.2.2 融媒体中心的构成

通常市、县（区）级融媒体中心的工作职能包括指挥调度、媒体采编和生产、技术运营与维护等，相应地需要设置几个专班（分中心）：指挥调度专班、采编和生产专班、技术（运营）专班等。

指挥调度专班负责构筑立体组织联动体系，可实现重大活动统一指挥、日常选题统一管理的上下联动机制；实现选题成员协同工作，部门小组分工合作，共同打造精品内容的左右联动机制；实现前方记者与后方编辑即时交流，充分沟通，确保新闻实时性的前后联动机制。

通过指挥调度专班，可实现多种选题申报方式，记者可基于线索一键申报选题，也可自建选题，支持申报选题审核，总指挥、责编等领导可以直接派题，无须审核可录入选题标题、描述、所属栏目等信息，也可在地图上选择选题地理位置，便于领导决策。

通过媒体采编和生产专班，可实现新闻一次采集，电视、微博、微信、网页/App等全渠道通发，可对全媒体稿件统一管理，稿件可直接复制引用，提高写稿效率，支持稿件的权限控制和多级审核机制，确保内容安全播出。

通过技术（运营）专班，可实现对中心各种形式的传输手段和网络技术监测、管理以及资源的调度和管理，同时协调本中心网络与外来（应急、气象、水利等）平台的互联互通。

融媒体技术（运营）专班是以云计算、大数据等现代信息技术为基础打造的，目前大多数是基于融合发展的云架构。通过能力建设、开放接口、流程重构，支持采编和生产专班快捷生产以及新业务的弹性部署。在满足传统业务流程的同时，满足媒体融合发展的多业务流程，满足新业务运营的基础性要求，能够为新业务提供统一的内容支撑、技术服务、数据分析、运营计费等服务的一体化技术业务平台，能有效地支撑媒体融合发展背景下融媒体中心创新业务的快速发展。

融媒体技术（运营）专班按传统归属关系可以分为广播平台、电视平台、纸媒平台和网站，但就其未来的发展方向看，其功能和作用的界线将随着融合技术的发展愈来愈模糊。

11.2.3　建设思路

市、县（区）级融媒体中心整合了本行政级广播电视、报刊、新媒体等资源，开展媒体、党建、政务、公共、增值等服务业务的融合媒体平台。其建设彰显了围绕中心、服务大局，强化引导功能和服务功能，在基层社会治理、引导主流舆论、乡村文化振兴等方面的积极作用。各地县级融媒体中心在融合与创新的同时不忘初心，在"媒体+政务、媒体+服务、媒体+商务以及媒体+文化"方面进行了有益探索，取得了一定成果。其中"媒体+政务"成为提升地方治理能力的有力抓手；"媒体+服务"对接了"智慧城市"建设的方方面面；"媒体+商务"形成了各具特色的商业模式；"媒体+文化"丰富了百姓生活，助力了乡村振兴。

市、县级融媒体中心的技术系统由采集和汇聚、内容生产、综合服务、策划指挥、数据分析、内容审核、融合发布、网络安全、运行维护和监测监管等几部分组成，系统如图11-2所示。

市、县（区）级融媒体中心建设应本着从封闭到开放，从单维度服务到多维度服务，从单一"造船出海"到"造船""借船"并举，从紧耦合到模块化设计的思路进行建设。

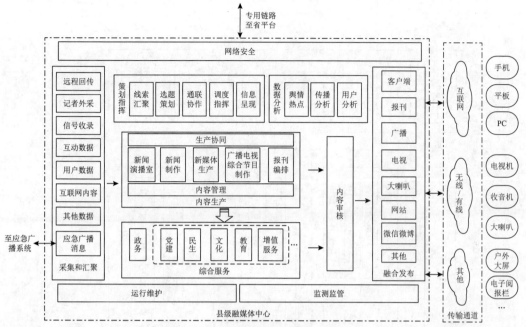

图11-2 市、县级融媒体中心总体架构

11.2.4 平台的云架构

融媒体平台架构的演变取决于政策方向、云标准化程度、应用软件、云化进程、网络带宽和计算能力的变革，以及融媒体平台自身的发展情况等复合因素。从平台角度而言，其相关业务具有封闭运行的特点，构建私有云是必然的选择。然而融媒体平台的云化应更加具有开放性，如何充分利用公有云资源，更加贴近互联网和移动互联网以支撑业务需求，是融媒体平台建设过程中必须考虑的问题。同时为了更好地在公有云中建立融媒体平台特色应用，且确保融媒体平台内容的安全和版权保护，有必要构建专属云模式。图11-3为某融媒体中心平台解决方案。

1.公有云

公有云服务是指利用专业厂商建设的基础设施构建的融媒体业务和应用系统。公有云作为融媒体业务应用的解决方案，既有弹性，又具备低成本高效益的特征，可以更加灵活、及时地应对业务需求的变化。

2. 私有云

私有云服务是指融媒体平台采用自主建设方式构建的业务和应用系统。传统的电台、电视台采用私有云服务更能掌控云基础架构，既保有传统数据中心可控、可信、可靠的安全特性，业务应用与内容安全皆在融媒体平台内进行组织和管理，但同时又具备公有云的服务质量、性能、弹性应用等优点，并且可随时改善安全与弹性。

私用云的优点：数据安全；SLA（Service Level Agreement，服务等级协议）稳定；充分利用现有硬件资源和软件资源；不影响现有IT管理的流程。

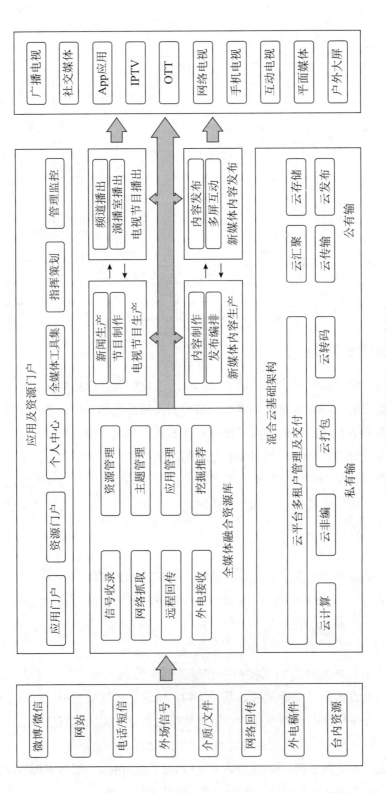

图11-3　某融媒体中心平台解决方案

3. 专属云

专属云服务结合公有云及私有云的特点优势，采用物理上隔离的专属资源池，由专业厂商负责建设、运维，但又由特定用户专用，用户独享计算、网络和存储资源，且可以掌控关键服务及数据，实现较大程度的可管可控。专属云服务方式对安全性要求高、系统稳定运行要求高、资源使用灵活性要求也高的业务更加适合。

11.2.5　三微一端

2019年1月25日，习近平同志在人民日报社新媒体中心听取了人民日报微博、微信公众号、客户端建设情况汇报后强调：**"要加强传播手段建设和创新，发展网站、微博、微信、电子阅报栏、手机报、网络电视等各类新媒体，积极发展各种互动式、服务式、体验式新闻信息服务，实现新闻传播的全方位覆盖、全天候延伸、多领域拓展，推动党的声音直接进入各类用户终端，努力占领新的舆论场。""要抓紧做好顶层设计，打造新型传播平台，建成新型主流媒体，扩大主流价值影响力版图，让党的声音传得更开、传得更广、传得更深入。""要依法加强新兴媒体管理，使我们的网络空间更加清朗。"**

"三微"即微博、微信、微视频，一端为新闻客户端。

2023年8月发布的第52次《中国互联网络发展状况统计报告》显示，截至2023年6月，我国网民规模达10.79亿人，手机网民超10.65亿，互联网普及率达76.4%。

微博传播的公开性，使其影响力不容小觑。微信覆盖了90%以上的智能手机，2022年第四季度微信月活跃用户为13.13亿，超过60%的用户每天打开微信超过10次。人民网舆情监测室发布的《2022年互联网舆情分析报告》指出，微信已成为社会舆论的新引擎，网民结构正日益向中国总人口还原。截至2023年6月，即时通信、网络视频、短视频用户规模分别达10.47亿人、10.44亿人和10.26亿人，用户使用率分别为97.1%、96.8%和95.2%。视频传播的直观性以及网民的使用黏性，使微视频舆论不容忽视。正在成为移动互联网的重要入口，用户量、传播力或迎来更大突破，网络社交媒体的格局也会随之重塑。

过去人们进入舆论场多是通过口耳相传、组织传播或者大众传媒，个体意见的表达具有间接性。"三微一端"时代，个体进入舆论场则具有主动性、直接性的特点，以微博、微信、微视频和新闻客户端为代表的传播渠道，不仅是个体与外界交流的窗口，还是个体构建社会关系的平台；个体不仅通过平台生产舆论内容，还产生社会交往。每个个体都可以决定是打开还是关上生产"舆论"的阀门，都可以决定自己和谁交往、如何交往，这种"决定"是信息流动、舆论产生的关键。每个个体是舆论产生的节点，这些关键节点改变了过去舆论生产的线性模式，以关系为中心的网状模式使舆论影响更大、范围更广。

以微博、微信、微视频和新闻客户端为载体和传播渠道的舆论的生成与传播，既有积极的社会作用，也有消极的社会影响。对于消极方面，要通过政治、法律、技术、社会等多方面予以干预。就目前来看，加大政务微博、政务微信等的建设力度，对已出现的问题进行规制，显得尤为重要。

11.3 应急广播

应急广播系统是指当发生重大自然灾害、突发事件、公共卫生与社会安全等突发公共危机时，造成或者可能造成重大人员伤亡、财产损失、生态环境破坏与严重社会危害，危及公共安全时，可提供一种迅速快捷的信息传输通道，使人民群众的生命财产损失降到最低限度的电子和网络系统。目前大部分是设置各地的融媒体中心，甚至属于融媒体中心的一个重要组成部分。2013年12月3日国家应急广播中心正式挂牌，有关部门也制定了相关的应急广播的技术规范和标准。

11.3.1 国外的应急广播

1. 美国的应急广播体系

美国有一套完整的应急广播体系，有较规范和严格的操作流程。其技术特点为覆盖面广，技术结构简单，单向传输，双信源输入，可靠性高。图11-4为美国的应急广播响应流程。

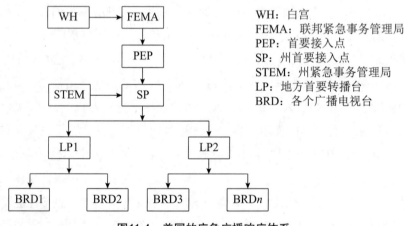

WH：白宫
FEMA：联邦紧急事务管理局
PEP：首要接入点
SP：州首要接入点
STEM：州紧急事务管理局
LP：地方首要转播台
BRD：各个广播电视台

图11-4　美国的应急广播响应体系

2. 日本的应急广播体系

日本的应急广播体系较为先进和完备，于1985年开始建立"紧急报警系统（EWBS），通过广播电视发送紧急信息。该系统依托日本广播放送协会（NHK），由国家级、地区级和市级三级组成，链接全国各广播电台、电视台、有线电视系统、地面数字广播、数字卫星广播和移动广播系统，按照紧急事件的级别和发生区域向指定地区公众迅速发布报警信息，其发布流程如图11-5所示。其技术特点：紧急预警信息在电台电视台自动生成，新闻中心随时准备播报灾害相关新闻、调用各类信号；传输网络分级分区域控制；终端具有自动唤醒功能。

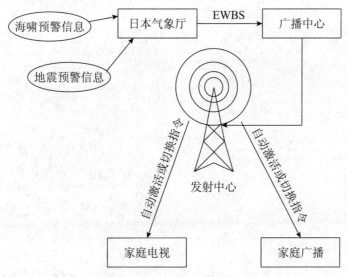

图11-5　日本的应急广播发布流程

11.3.2　我国的应急广播体系

1. 应急广播体系建设的目标和原则

我国的应急广播体系目前还没有统一的建设模式，部分地区的应急广播系统也是由各地方政府自行建设，缺少统一的协调和管理。所以目前建设的应急广播体系应该本着统筹多种广播技术手段，构建覆盖广泛、手段多样、上下贯通、统一联动、快速高效、安全可靠的国家应急广播体系，实现应急广播分类型、分级别、分区域、分人群的有效传播。下面具体介绍这几个原则。

（1）注重顶层设计，以实现全国联网，减少重复投资。

（2）立足现状，适度超前，让今天的投资明天同样可以发挥作用。

（3）综合规划，协调推进，充分发挥各种手段的作用。

（4）平战结合，提前部署，建立较为合理的运营管理系统，实现效益的最大化。

2. 应急广播体系的技术思路

（1）制作播发：制作和生产应急广播节目和信息，发布应急广播指令。

（2）调度分发：产生应急广播节目信息，生成资源调度方案，发送至传输覆盖网。

（3）传输覆盖：接收验证，适配封装，自动切换，播出插入。

（4）终端接收：接收应急广播的声频节目和应急广播的文本信息。

3. 全国应急广播平台的组成

经过10来年的建设，我国的应急广播体系目前已经基本成型，全国应急广播系统总体架构如图11-6所示。

全国应急广播系统由国家、省、地市、县四级组成，各级应急广播系统由应急广播平台（包括应急广播制作播发平台和应急广播调度控制平台）、传输覆盖网、快速传送通道、应急广播终端和效果监测评估系统等组成。在确保安全可控的情况下，应急广播调度控制平台可以单独设立，也可以与应急广播制作播发平台、传输覆盖网合并设立。

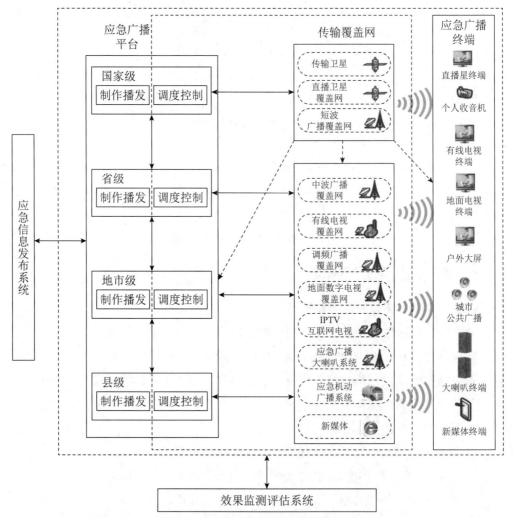

图11-6　全国应急广播系统总体架构

关于应急广播的技术流程，如图11-7所示，在这个系统中最高层是国家应急平台，它通过国家应急发布平台、国家应急广播中心以直播卫星、各地广播电台（电视台）转播以及手机电视的方式将信息发布到各受众。

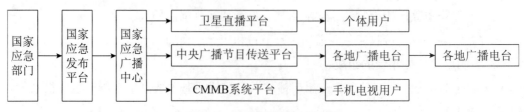

图11-7　应急广播的技术流程

各级地方也应该建立符合相应级别和要求的应急广播平台，与上一级地方应急广播平台或国家应急广播平台相衔接。在应急情况下，地方应急广播平台可将本辖区制作的应急广播节目、应急信息和调度控制指令送往上一级应急广播平台，可申请上一级应急广播平台使用可覆盖本辖区的相关应急广播设施进行应急信息发布，启动权限由国家应急广播条例规定。图11-8为地方应急广播系统架构。

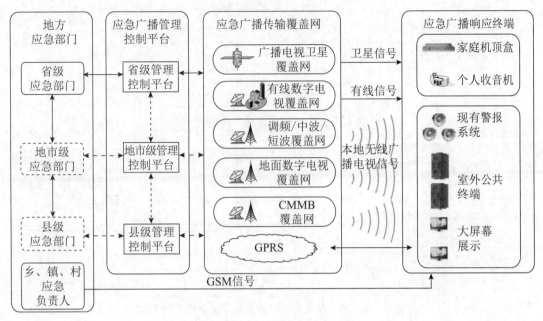

图11-8 地方应急广播系统架构

11.3.3 应急广播平台

应急广播平台处理的主要信息有应急信息、应急广播信息和应急广播消息等。

应急信息包括突发事件、社会治理以及减灾救灾信息，各级党委政府政令、领导人讲话、公告信息和其他相关应急信息。

应急广播信息是指应急广播系统接收应急信息，经过解析、处理以及制作后生成的信息。

应急广播消息是指各级应急广播平台之间，以及应急广播平台到广播电视频率频道播出系统、各类应急广播传输覆盖资源和终端之间传递的播发指令等相关数据。

1. 应急广播制作播发平台

应急广播制作播发平台负责本级应急信息的接收、制作、处理、播发，并确保信息内容安全和播出秩序安全。少数民族地区的应急广播制作播发平台应具备多语言制作播发能力。

2. 应急广播调度控制平台

应急广播调度控制平台接收本级应急信息发布系统的应急信息、本级应急广播制作播发平台的应急广播信息，以及上下级应急广播调度控制平台的应急广播消息，快速处理并结合本级应急广播资源情况生成应急广播消息，通过广播电视传输通道进行播发。

应急广播调度控制平台由接入处理、调度控制和基础服务等部分组成，可独立部署，也可根据情况与本级制作播发平台集中部署。

省、市、县级应急 广播调度控制平台的典型架构如图11-9所示。

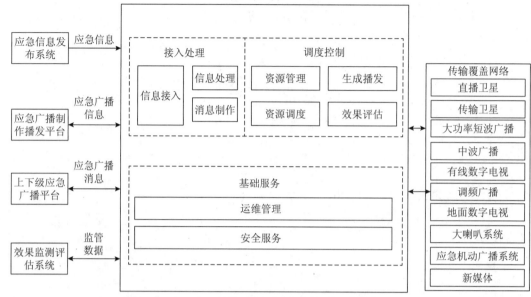

图11-9　省、市、县级应急广播调度控制平台的典型架构

11.3.4　调度控制平台功能

1. 信息接入

（1）具备应急信息发布系统、制作播发平台和上级应急广播调度控制平台的信息接入、验证和播发反馈等功能。

（2）需紧急处理的应急信息（如地震预警、速报等），由应急部门直接发送至应急广播调度控制平台，其余信息应通过应急广播制作播发平台接入。

2. 信息处理

（1）具备对接入的应急信息、应急广播信息和应急广播消息依据标准数据协议规范进行信息解析和存储。

（2）具备通过系统界面、短信等进行信息提示和告警功能。

3. 消息生成

自动文字转语音的功能。

根据播发需求、播发策略生成应急广播消息的功能。

4. 资源管理

（1）管理应急广播系统资源的功能，主要包括直播卫星、传输卫星、中短波广播、调频广播、有线数字电视、地面数字电视、应急广播大喇叭系统县乡村前端、应急机动广播系统、新媒体、各类应急广播适配器和应急广播终端信息。

（2）资源信息同步功能和资源状态信息收集功能，可监管本级及下级应急广播资源的状态信息。

（3）资源类型及资源编码设置功能。

5. 资源调度

（1）调度管理功能。

（2）根据事件级别、播发需求和资源状况，根据调度预案，生成资源调度方案和应急广播消息指令的功能。

（3）调度方案管理功能，查看所有等待调度、正在播发的应急广播消息状态，以及历史播发的调度方案信息。

6. 播发控制

（1）应急广播消息播发控制功能，通过光缆或微波等传输通道将应急广播消息发送到对应的应急广播传输通道、大喇叭系统县级前端的应急广播适配器，并接收应急广播适配器的接收处理反馈结果。

（2）监控应急广播消息传输状态的功能。

7. 效果评估

（1）应急广播消息播发过程和播发结果监测功能，及时向应急信息发布系统及上级应急广播调度控制平台反馈播发结果。

（2）实际播发效果数据收集分析功能，可对应急广播消息的播发覆盖率、播发时效等指标进行评估，形成效果评估报告。

（3）对原始应急信息、应急广播信息、应急广播消息等内容的检索与查询，支持简单检索和各种查询条件相组合的复杂检索。

8. 安全服务

（1）按照等级保护标准构建应急广播调度控制平台的安全体系，其中省级按照三级等保建设，市、县按照二级等保建设。采用数字签名和数字证书技术，对接入的应急信息、应急广播信息和应急广播消息进行安全校验，对播发的应急广播消息进行签名保护，应急广播系统使用的密码算法、技术、产品和服务应满足国家和行业相关法律法规和标准的要求。

（2）鼓励应急广播系统采用指纹、人脸识别等新技术进行用户访问控制。

9. 运维管理

（1）应急广播调度控制平台播发记录综合管理功能。

（2）演练计划制订及管理功能，并根据计划执行应急演练功能。

（3）系统运行参数的配置管理功能。

（4）系统操作人员、角色、权限的配置管理功能。

（5）系统操作日志的记录和查询功能。

（6）系统数据库的定期备份、故障恢复等功能。

（7）系统运行状态监控功能，对系统的关键进程、设备和网络的运行状态进行实时监控，出现故障可及时报警。

11.3.5 传输覆盖网

应急广播传输覆盖网是在现有各级广播电视传输通道基础上进行相应改造，实现应急广播消息的传输与覆盖。

我国应急广播传输覆盖网包含传输卫星、直播卫星、中短波、调频、有线数字电视、地面数字电视、应急广播大喇叭系统、应急机动广播系统和新媒体等多种通道，各地建设时应充分考虑当地广播电视传输通道现状，结合当地地域特点和应急信息发布需求，选择有效的传输覆盖手段，构建反应迅速、传送可靠、互为备份的传输覆盖网。

11.3.6 快速传送通道

快速传送通道是基于卫星、无线、有线等方式建立的应急信息快速接入处理和高效传输覆盖系统，负责紧急类应急信息的快速传送。

11.3.7 应急广播终端

应急广播终端分为通用终端和专用终端，主要包括收音机、机顶盒、电视机、大喇叭、显示屏以及其他视听载体等。

应急广播主动发布终端是指可以被卫星、有线、无线等通道传送的应急广播消息唤醒、激活、控制和播出的终端。

11.3.8 效果监测评估系统

应急广播效果监测评估系统应具备对应急广播播发状态、发布效果等的监测能力，并将本级监管信息报至上级效果监测评估系统，实现对四级应急广播系统的分级监管、逐级上报。

11.4 思考题

（1）省级融媒体平台通常包括哪几部分？

（2）融媒体中心的基本概念是什么？

（3）融媒体中心通常有哪些职能，由哪些专班构成？

（4）融媒体中心平台的云架构由几部分组成？

（5）简述我国应急广播平台的组成。

第12章 融合创新

在融媒体技术领域，由于技术的不断创新，不断地有新的技术手段应用于媒体信息的传播，因此，本章将介绍一些融媒体方面的新技术。

12.1 NGB-W技术

NGB-W（NGB-Wireless，下一代广播电视无线网络）作为新一代的智能融合媒体网络，结合广播电视无线传输和无线宽带通信的技术优势，是下一代广播电视网的重要组成部分，具有广播、组播、单播，双向互动、超高速带宽、可管、可控、可信的能力，采用开放的业务平台，可承载多种多样的三网融合业务，为用户提供精细化服务，从而实现对现有无线广播电视网络体系的全面升级换代。NGB-W的一个典型应用是广电互联网Media-Web，如图12-1所示。

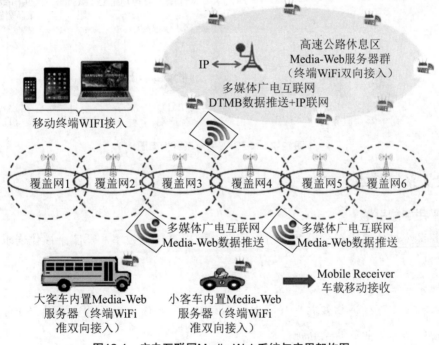

图12-1 广电互联网Media-Web系统与应用架构图

12.1.1 系统架构

NGB-W网络可以实现网络全国覆盖，各区域网络通过骨干网实现业务和用户数据的共享传输，并通过使用统一的运营支撑系统，实现全网漫游和网间结算。与有线电视系统类似，NGB-W网由前端系统、传输系统以及终端系统组成。图12-2为NGB-W平台系统框架图。

前端系统是以智能引擎为核心驱动的NGB-W业务和管理体系，由内容服务平台、集成播控平台、智能引擎平台与安全管控平台组成。传输系统衔接前端系统和终端系统，完成单向广播业务和双向交互业务的高效率传输任务。

终端系统由电视机、笔记本电脑、平板电脑、智能手机等多种形式的终端组成。终端可直接接收NGB-W单向广播信号，也可通过无线局域网（WLAN）方式接入NGB-W网络。终端采用智能操作系统，可支持NGB-W应用的下载安装和使用。

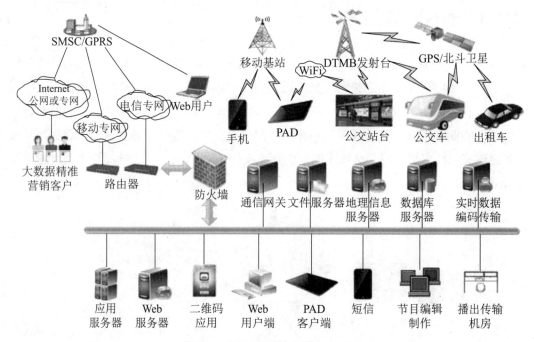

图12-2　NGB-W平台系统框架图

12.1.2　系统特点

1. 采用智能引擎

业务系统与传输系统采用智能引擎驱动，可提高传输效率，适应个性化需求，提升服务质量。

2. 业务聚合

由于有了广播信道与双向交互信道的协同工作，系统可以承载三网融合新业态，在终端实现各类媒体业务的无缝融合。

3. 发射台站与交互基站的协同覆盖

根据信息传播的二八原则，发射台站与交互基站共同构建信号的同步传输网络，实现对网络节点和终端的NGB-W广播信号智能协同覆盖，整个系统在智能引擎的统一调度下，广播负责传送共性内容，交互基站传送个性内容，可节省双向流量，降低网络运营经济成本，如图12-3所示。

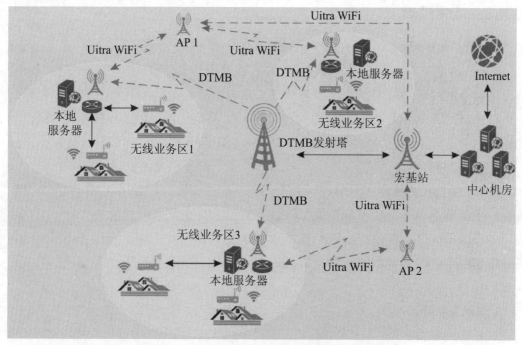

图12-3 发射台站与交互基站协同覆盖NGB-W网络

4. 分层覆盖

广播信号由广播台站完成大区域覆盖，由交互基站对网络节点进行信号中转或终端补点覆盖，形成NGB-W单向广播信号的分层覆盖机制。交互基站还肩负实现对网络节点单元的双向接入控制，实现对用户的双向多级覆盖。

5. 分布式节点接入

根据负荷需要，采用分布式节点接入方式，通过多种类型的网络节点单元配置，在覆盖区域中灵活部署网络节点，应对各类NGB-W业务应用场景的需求，方便用户接入，并提供高质量的业务服务。

6. 基于IP 的传输和交换

系统采用基于IP的分组传输模式传输和交换数据，具有较强的灵活性与适配性，与其他控制协议具有良好的兼容特性，并有一定QoS（Quality of Service，服务质量）控制能力。

7. 可管、可控、可信

（1）可管是采用相应审核和过滤对内容进行感知的监管，可对非法内容进行及时的检测、告警、过滤和追溯。

（2）可控是对网络安全和业务质量进行控制，保证核心网络设备不受非法攻击，隔离病毒感染通道，禁止非法接入。

（3）可信一是能够保护合法版权，防止非法接收、非法复制和非法传播；二是终端用户接收的内容安全可信，用户隐私信息受到保护。

12.1.3　应用领域

1. 基础广播电视

基础广播电视作为最普及、最便捷、最直接的信息工具和载体，深刻影响着社会和人民群众的生活，是国家现代服务业及国家信息化建设的重要组成部分，在国计民生和社会发展中扮演着重要角色。因此NGB-W网络仍然要继续承载基础广播电视业务。

2. 交互广播电视

交互广播电视业务是基NGB-W网络开发的另一主要服务，包括电视信息服务类、电视应用服务类和电视交易服务类，该系统不仅丰富了数字电视服务和百姓文化生活，还为用户提供了极大的使用便利。这时NGB-W网络终端就不仅仅是电视终端，还是信息终端、应用终端和支付终端，逐渐实现从"看电视"到"用电视"的观念转变。

3. 移动互联接入

NGB-W网络能够为个人和集团客户提供宽带无线接入业务，移动互联接入业务主要有宽带移动互联接入、宽带多媒体通信两类。其中宽带移动互联接入业务是基于NGB-W为用户提供高速的宽带接入服务，如OTT TV、电子邮件、网页浏览等；宽带多媒体通信业务包括点对点的多媒体通信业务、跨屏终端之间的通信业务，如语音视频聊天、电视短信和电视邮箱等。

4. 物联网业务

物联网业务包括公共安全管理、智能交通综合管理、社区及家庭服务、节能减排、地下管网管理、机动车智能识别和停车场管理。

5. 跨行业应用

NGB-W网络作为具备双向高带宽、安全可靠、可管、可控、可信、开放的架构和平台体系等特性的泛在网，可以实现跨行业的可管、可控的应用服务，如为市政网、教育网、企业网等提供专网应用服务。跨行业应用充分利用NGB-W的网络特性，为广电之外的行业提供开放的网络服务，既利于国计民生，又能够通过和重大行业需求的结合，产生直接的经济效益和社会效益。

6. 应急广播

当发生自然灾害、事故灾难、公共卫生和社会安全等突发事件，造成或者可能造成重大人员伤亡、财产损失、生态环境破坏和严重社会危害，危及公共安全时，NGB-W的广播电视业务平台可以应急广播的形式向公众通告政府公告或紧急事件预（告）警，来达到及时有效控制、减轻和消除突发事件引起的社会危害，保护人民群众生命财产安全之目的。

12.2 超高清和3D电视

12.2.1 HDR和UHD

HDR(High Dynamic Range Imaging，高动态范围图像)是一种提高影像亮度和对比度的处理技术，可以将每个暗部的细节变丰富，暗的地方更暗，丰富更多细节色彩，让视频、游戏等画面呈现极佳的效果，使用户在观影、玩游戏时更接近真实环境中的视觉感受。传统SDR（标准动态范围为0.1~100尼特），画面中高于100尼特的和低于0.1尼特的部分将被丢弃。HDR技术可使最高亮度达到数千尼特，最低亮度达到0.0005尼特，极大地拓展画面中亮度高于100尼特以及低于0.1尼特部分的细节，同时让整幅画面看上去更加通透明快、细节丰富，两者的效果对比如图12-4所示。就HDR技术来讲，有HDR10、HDR10+、HLG、杜比视界、单层杜比视界（Dolby Vision MEL）和双层杜比视界（Dolby Vision FEL）等。

UHD(Ultra High Definition Television，超高清电视)电视是HD（High Definition，高清）、Full HD（全高清）的下一代技术。国际电信联盟发布的"超高清UHD"标准的建议，将屏幕的物理分辨率达到3840×2160及以上的称为超高清，是普通Full HD（1920×1080）的四倍。4K和8K电视就属于这个范畴。

图12-4　SDR与HDR的效果对比

12.2.2 4K电视

4K电视是指电视屏幕分辨率达到3840×2160，能够接收、解码、显示相应的分辨率视频信号的电视，属于UHD范畴，4K电视相当于在全高清电视的基础上，横向和竖向均翻了一倍，整体分辨率是全高清电视的四倍，然而，单纯分辨率指标的提高，还不足以代表整个画面影像的高水准。4K影像的高质量是由几个重要的指标组成的，分辨率是其中很重要的一个指标，除此之外，色域空间、宽容度、感光度等指标也代表着4K的综合表现力。可以说4K电视的画面从技术层面上有了真正高质量的提升。

要欣赏4K节目，除了有4K显示设备外，内容发行渠道和方式也不容忽视，目前常见的渠道有：

（1）卫星电视直播，国外已经开播，国内还没开通。

（2）有线电视直播，需解决带宽矛盾。

（3）蓝光碟片发行，需解决价格、版权、加密等诸多问题。

（4）互联网络在线传输，需解决带宽矛盾。

12.2.3　8K电视

顾名思义，8K超高清电视就是分辨率能够达到7680×4320，又有相应的解码芯片支撑的电视，其像素数量是4K电视的4倍、全高清电视的16倍。2016年1月，在美国拉斯维加斯的全球消费电子展上，8K超高清电视大行其道，譬如海信、长虹、康佳、LG和三星等公司都推出了95英寸以上的8K电视，这些8K电视有一个共同特点，即都属于Super Hi-Vision技术的定义标准，并且还将画面帧率提高到120f/s，同时部分电视生产商家还采用四色技术，即在红、绿、蓝三原色基础上添加黄色元素，能够使画面色彩更具有张力，色彩平衡也较好，这样的超高解析度的图像几乎达到了以假乱真的效果。

通常认为一部4K电影容量要300GB，那么一部8K电影的容量可能很容易达到TB数量级，这其实是个误解。实验表明，如果一部4K电影采用15Mb/s码率的H.265编码技术，一部普通电影（时长1.5～2h）的容量大概是15～20GB，如果采用H.266编码，则容量可能还要小近一半。

目前高清电视传输接入方式主要有HDMI、视频电子标准协会VESA发布的DisplayPort以及superMHL等。其中DisplayPort和HDMI 2.0都不能满足8K@120f/s，比如像HDMI 2.0可支持18Gb/s，但也仅够满足传输4K@60f/s，这里只有superMHL接口可以支持8K@120f/s。

由于超高清的分辨率，在观看影像时会带给人们身临其境的感官享受，图像的每一个细节都可以看得很清楚，即便走得很近，依然看不到屏幕上的任何像素。

目前8K电视在片源方面还存在较大的问题，没有节目源的8K电视和普通电视没有任何区别。2020年的日本东京奥运会采用了8K信号直播，成为8K视频商用的开端。

12.2.4　3D电视

3D（Three Dimensional）电视是三维立体影像电视的简称。它利用人的双眼观察物体的角度略有差异，因此能够辨别物体远近，产生立体视觉的原理，把左右眼所看到的影像分离，从而使用户借助立体眼镜或无须借助立体眼镜（裸眼）体验立体感觉。英国天空体育频道于2010年1月31日首次使用3D技术对英超曼联—阿森纳比赛进行电视直播。中国首个3D电视试验频道于2012年春节正式播出。

3D显示技术可以分为裸眼式和眼镜式两类。

1. 裸眼式 3D

裸眼式3D可分为光屏障式、柱状透镜和指向光源三种。裸眼式3D技术最大的优势是摆脱了眼镜的束缚，在观看时，观众需要和显示设备保持一定的距离，才能看到3D效果的图像（3D效果受视角影响较大），3D画面和常见的偏光式3D技术及快门式3D技术在分辨率、可视角度和可视距离等方面尚有一定的差距。

1）光屏障式

光屏障式3D技术也被称为视差屏障或视差障栅技术，其原理和偏振式3D较为类似，由夏普欧洲实验室工程师费时十余年研究成功。

光屏障式3D技术的实现方法是使用一个开关液晶屏、偏振膜和高分子液晶层，利用液晶层和偏振膜制造出一系列方向为90°的垂直条纹。这些条纹宽几十微米，通过它们的光形成垂直的细条栅模式，称为"视差障壁"。而该技术正是利用了安置在背光模块及LCD面板间的视差障壁，在立体显示模式下，应该由左眼看到的图像显示在液晶屏上时，不透明的条纹会遮挡右眼；同理，应该由右眼看到的图像显示在液晶屏上时，不透明的条纹会遮挡左眼，通过将左眼和右眼的可视画面分开，使观者看到3D影像，如图12-5所示。主要优点是与LCD液晶工艺兼容，因此在量产性和成本上较具优势。主要缺点是画面亮度低，分辨率会随着显示器在同一时间播出影像的增加成反比降低。

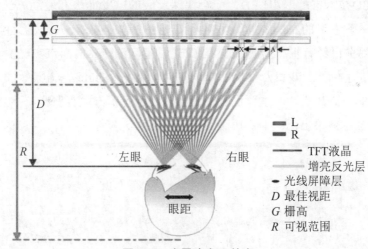

扫码看彩图

图12-5 光屏障式3D技术

2）柱状透镜

柱状透镜（Lenticular Lens）技术也被称为双凸透镜或微柱透镜3D技术，其最大的优势便是其亮度不会受到影响。柱状透镜3D技术的原理是在液晶显示屏的前面加上一层柱状透镜，使液晶屏的像平面位于透镜的焦平面上，这样在每个柱透镜下面的图像的像素被分成几个子像素，这样透镜就能以不同的方向投影每个子像素。于是双眼从不同的角度观看显示屏，就看到不同的子像素，如图12-6所示。不过像素间的间隙也会被放大，因此不能简单地叠加子像素。让柱透镜与像素列不是平行的，而是成一定的角度，这样就可以使每一组子像素重复投射视区，而不是只投射一组视差图像。主要优点是3D技术显示效果更好，亮度不受影响；主要缺点是相关制造与现有LCD液晶工艺不兼容，需要投资新的设备和生产线，并且分辨率不高。

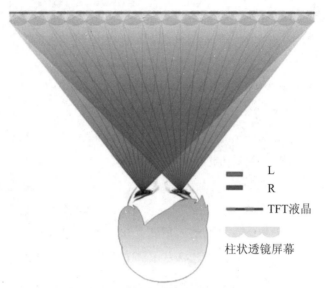

扫码看彩图

图12-6　柱状透镜3D技术

3）指向光源

指向光源3D技术搭配两组LED，配合快速反应的LCD面板和驱动方法，让3D内容以排序方式进入观看者的左、右眼，互换影像产生视差，进而让人眼感受到3D效果，如图12-7所示。目前已经有生产商研发成功3D 光学膜，该产品的面市实现了无须佩戴 3D 眼镜，就可以在手机、游戏机及其他手持设备中显示真正的3D立体影像，极大地增强了基于移动设备的交流和互动。主要优点是分辨率、透光率方面有保证，不会影响既有的设计架构，3D显示效果出色；主要缺点是产品不成熟。

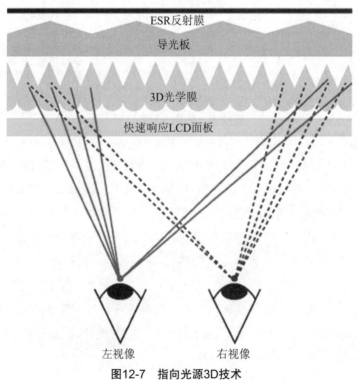

扫码看彩图

图12-7　指向光源3D技术

2. 眼镜式3D

在眼镜式3D技术中，可以细分为三种主要类型：色差式、偏光式（不闪式）和主动快门式，也就是平常所说的色分法、光分法和时分法。

1）色差式

配合使用的是被动式红-蓝（或者红-绿、红-青）滤色3D眼镜，如图12-8所示。这种技术历史悠久，成像原理简单，实现成本相当低廉，眼镜成本仅为几元钱，但是3D画面效果也是最差的。色差式3D先由旋转的滤光轮分出光谱信息，使用不同颜色的滤光片进行画面滤光，使得一个图片能产生两幅图像，人的每只眼睛都看见不同的图像。这样的方法容易使画面边缘产生偏色。由于效果较差，色差式3D技术没有被广泛使用。

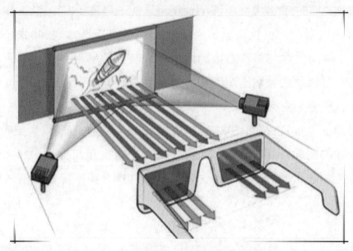

扫码看彩图

图12-8　色差式3D技术

2）偏光式

利用光线有"振动（偏振）方向"的原理来分解原始图像，先通过把图像分为垂直向偏振光和水平向偏振光两组画面，然后3D眼镜左右分别采用不同偏振方向的偏光镜片，这样人的左右眼就能接收两组画面，再经过大脑合成立体影像，如图12-9所示。在同一屏幕下显示两个画面，两只眼睛分别接收两个在屏幕上各占一半的画面导致清晰度

扫码看彩图

图12-9　偏光式3D技术

减半，3D效果也随之减半。

偏光式3D系统市场中较为主流的有RealD 3D、MasterImage 3D、杜比3D三种，RealD 3D技术市场占有率最高，且不受面板类型的影响，可以使任何支持3D功能的电视还原出3D影像。

偏光式3D电视方式最接近实际感受立体感，也是最自然的方式。能够同时看两个影像，把分离左侧影像和右侧影像的特殊薄膜贴在3D电视表面和眼镜上。通过电视分离左右影像后同时送往眼镜，通过眼镜的过滤，把分离的左右影像送到两只眼睛，大脑再把这两个影像合成，就让人感受到了3D立体感。该方式主要优点是没有闪烁，能体现让眼睛非常舒适的3D影像；可视角度广，画面效果、色彩表现力都较好，可以在没有角度限制的情况下享受完美震撼的3D影像；能够用轻便舒适的眼镜享受3D影像；体现没有重叠画面的3D影像；体现没有画面拖拉现象的高清晰3D影像，能够体现240张/s的3D合成影像。主要不足是由于分别供给左眼和右眼的两幅图像被同时呈现在显示面板上，因此需要按行交错或者列交错的方式分别向左眼和右眼提供只有显示面板一半分辨率的图像。鉴于市面上大部分的高清电视产品其物理分辨率只有1920×1080，因此，这些偏光式3D技术产品只能向用户提供实现960×1080（适用左、右半宽的3D视频）或者1920×540（适用上、下半高的3D视频）分辨率的3D图像。如果需要向用户提供1920×1080的全高清图像，使用偏光式3D技术的产品需要将显示面板的物理分辨率提升一倍至1920×2160（行交错方式）。

3）主动快门式

主动快门式3D技术（Active Shutter 3D）需要配合主动式快门3D眼镜使用，如图12-10所示。这种3D技术的原理是根据人眼对影像频率的刷新时间来实现的，通过提高画面的快速刷新率(至少达到120Hz)，左眼和右眼各60Hz的快速刷新才能让人对图像不会产生抖动感，并且保持与2D视像相同的帧数，观众的两只眼睛看到快速切换的不同画面，并且在大脑中产生错觉，便观看到了全高清的立体影像，原理如图12-11所示。主动快门式3D技术有残影少、3D效果突出的优点，而且该技术实现起来比较容易，屏幕成本较低，不论是电视、电脑屏幕还是投影机，只要更新频率能达到要求，就能导入这项技术，市面上大部分的3D产品都采用这项技术。

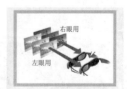

图12-10 快门式3D适配视频眼镜　　　图12-11 主动快门式3D技术原理图

这种技术的主要缺点：亮度损耗大，戴上3D眼镜后，实际亮度约降低一半；高速开闭眼镜，容易造成人眼疲劳，甚至引发眩晕等现象；灯光的闪烁对观看3D画面影响大，还可能会引起"串扰现象"，造成影像模糊；只能水平观看3D影像；眼镜成本太高；各厂商的3D眼镜不能通用；眼镜要及时充电或更换电池；对面板的刷新率（帧率）要求较高，主动快门式3D电视的刷新率需要达到普通电视的两倍。

12.3 大屏显示技术

12.3.1 大屏电视

1. 曲面电视

曲面电视（Curved TV）是指屏幕带有一定曲率，拥有一定曲面形态的电视机，因为屏幕弧度的关系，曲面电视在表现立体效果方面比普通电视好很多，同样大小的屏幕宽度下，曲面比平面有更大的画面，可以欣赏到更宽阔的画面，如图12-12所示。这种技术出现的时间已经比较长了，经过几次重大的工艺和技术变革后，已经开始逐渐超越传统平板电视，成为未来电视技术的一个发展方向。

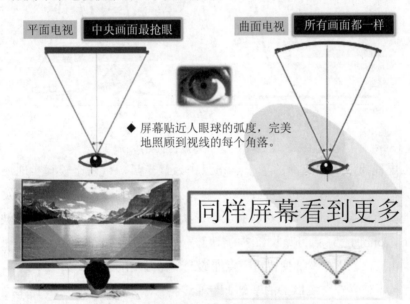

图12-12 曲面电视与平面电视的视觉差别

曲面电视的屏幕目前有LCD和OLED等，它们在技术上各有一定的优势，也各有一定的不足，水平排列的液晶分子的LCD屏在曲面状态下变形之后，会使屏幕显示出现诸多的问题；OLED主要问题是寿命不够长。

为了更好地展现曲面电视在视野上的优势，目前曲面电视的长宽比放弃了原来平板大屏电视的16∶9，而改用了视野更开阔的21∶9。

2. 量子点电视

量子点电视又称QLED电视，量子点（Quantum Dot，QD）由锌、镉、硒和硫原子构成，是晶体直径为2～10nm的纳米材料，其光电特性独特，受到光电刺激后，会根据量子点的直径大小，发出各种不同颜色的纯正单色光，能够改变光源光线的颜色，如

图12-13所示。量子点可以在LCD电视的LED背光上形成一层薄膜，用蓝色LED照射就能发出全光谱的光，从而对光线进行调节。可以对背光进行精细调节，进而大幅提升色域表现，让色彩更加鲜明。

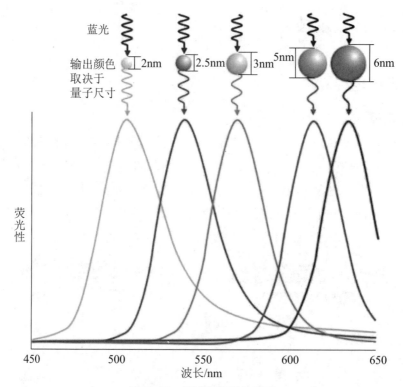

图12-13 发光与波长的关系

量子点电视使用色彩纯净的量子点光源作为背光源，可以比较真实地还原图像色彩。量子点有一个与众不同的特性：每当受到光或电的刺激，量子点便会发出有色光线，光线的颜色由量子点的组成材料和大小形状决定。一般颗粒小则吸收长波，颗粒大则吸收短波。2nm的量子点可吸收长波的红色，显示出蓝色，8nm的量子点可吸收短波的蓝色，呈现出红色。这一特性使得量子点能够改变光源发出的光线颜色。

量子点技术建立在传统LCD的基础上。通过将量子点层置于背光和LCD之间，借助量子点技术，电视可以达到具有广泛的色彩覆盖效果。

3. OLED电视

OLED（Organic Light Emitting Diode，有机电激光显示）属于一种电流型的有机发光器件，是通过载流子的注入和复合而致发光的现象，发光强度与注入的电流成正比。OLED在电场的作用下，阳极产生的空穴和阴极产生的电子会发生移动，分别向空穴传输层和电子传输层注入，迁移到发光层。当二者在发光层相遇时，产生能量激子，从而激发发光分子，最终产生可见光。

OLED器件的结构如图12-14所示，由阴极、电子注入层、电子传输层、发光层、空穴传输层、空穴注入层和阳极等组成。OLED器件发光过程可分为电子和空穴的注入、电子和空穴的传输、电子和空穴的再结合、激子的退激发光。具体过程如下。

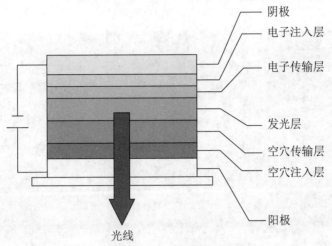

光线

图12-14 OLED器件的结构

（1）电子和空穴的注入。处于阴极中的电子和阳极中的空穴在外加驱动电压的驱动下向发光层移动，在向发光层移动的过程中，若器件包含电子注入层和空穴注入层，则电子和空穴首先需要克服阴极与电子注入层及阳极与空穴注入层之间的能级势垒，然后经由电子注入层和空穴注入层向电子传输层和空穴传输层移动。

（2）电子和空穴的传输。在外加驱动电压的驱动下，来自阴极的电子和阳极的空穴会分别移动到电子传输层和空穴传输层，电子传输层和空穴传输层分别将电子和空穴移动到发光层的界面处；与此同时，电子传输层和空穴传输层分别将来自阳极的空穴和来自阴极的电子阻挡在器件发光层的界面处，使得发光层界面处的电子和空穴得以累积。

（3）电子和空穴的再结合。当发光层界面处的电子和空穴达到一定数目时，电子和空穴会进行再结合，并在发光层产生激子。

（4）激子的退激发光。在发光层处产生的激子会使得发光层中的有机分子被活化，进而使得有机分子最外层的电子从基态跃迁到激发态，由于处于激发态的电子极其不稳定，会向基态跃迁，在跃迁的过程中能量以光的形式被释放出来，进而实现OLED的发光。

OLED电视比LCD电视更轻薄，亮度高、视角宽、功耗低、响应快、清晰度高、柔性好、发光效率高。

12.3.2　高分辨LED

普通LED全彩屏由于其点距比较大，一般为5~30mm，主要被应用于室外大屏广告发布，适合远距离观看。用于电视演播室的LED大屏则要求分辨率高，点距一般为1.2mm，甚至更小，有部分厂家已经做到1.0mm以下，这样高分辨率的LED大屏就可以被应用于电视演播室做背景显示，这样拍摄出的背景图像不会出现大量的像素点。图12-15为某演播室内的LED高分辨显示屏。

由于点距变小，单位面积内的LED数量大幅增加，同时单位造价也非常高，目前根据点距的不同，每平方米的造价为8万元～20万元。

图12-15　某演播室内的LED高分辨显示屏

12.3.3　大屏拼接技术

大屏拼接是针对单个显示屏不能满足显示需要，由多组显示单元（模组）组合固定，组成一张大的显示屏，可由拼接器控制显示单元、重新组合、任意划分等多种显示模式。大屏拼接的三大主流技术有DLP（Digital Light Processing，数字光处理）拼接、LCD拼接、PDP拼接。大屏幕拼接系统的架构主要分为拼接显示单元、拼接处理器、拼接接口设备和拼接墙软件四部分，显示单元负责终端显示，拼接处理器是拼接墙的核心，主要功能是把视频信号分割为多个显示单元，将分割后的显示单元信号输出到多个显示终端，并用多个显示屏拼接组成一个完整的图像。拼接接口设备包含声视频矩阵、VGA矩阵等，主要连接各类输入及输出设备，对拼接墙的显示内容进行控制和切换。拼接墙软件负责实现拼接墙的画面显示设定及各种功能，以及显示内容的编辑处理，甚至是内容的在线更新。整个拼接屏系统架构如图12-16所示。

1. DLP拼接

DLP投影技术使用DMD（Digital Micromirror Device，数字微镜晶片）作为主要关键处理元件来实现数字光学处理过程。这种技术首先对影像信号进行数字处理，然后再把光投影出来。其原理是将UHP灯泡发射出的冷光源通过冷凝透镜，再通过Rod（光棒）将光均匀化，经过处理后的光通过一个色轮，将光分成R、G、B三色（或者R、G、B、W等更多色），再将色彩由透镜投射在DMD芯片上，最后反射，经过投影镜头在投影屏幕上成像。

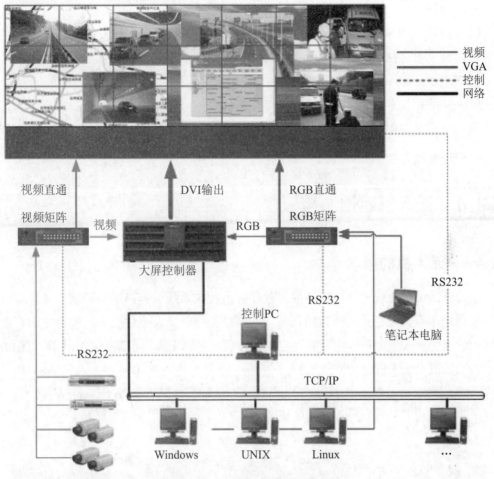

图12-16　整个拼接屏系统架构

　　DLP拼接有硬边拼接、简单重叠和边缘融合，如图12-17所示。DLP拼接的优点是价格比较便宜；缺点是体积与重量过大，长时间不间断工作会加快灯的老化。

（a）硬边拼接　　　　　　　　　　　　　　（b）简单重叠

（c）边缘融合

图12-17　三种拼接方式比较

2. LCD拼接

LCD拼接采用液晶显示屏进行拼接，其优点为分辨率高、厚度薄、重量轻、能耗低、寿命长、无辐射；缺点是拼接缝稍大。

3. PDP拼接

PDP拼接采用等离子显示屏进行拼接，其优点为颜色鲜艳、亮度高、对比度高、机身超薄。缺点是耗电与发热量很大，有灼伤现象，画质随时间递减，并且每块拼接屏之间存在色差。

12.4 无人机航拍

12.4.1 无人机的概念

无人机是通过无线电遥控设备或机载计算机程控系统进行操控的不载人飞行器。无人机更适用于有人飞机不宜执行的任务。在特技摄像、突发事件应急、预警方面有很大的作用。航拍无人机的种类主要有固定翼无人机、多轴无人机和遥控直升机等，图12-18所示为三轴航拍无人机。

图12-18 三轴航拍无人机

12.4.2 无人机航拍飞控技术

无人机航拍飞控是一个集单片机技术、航拍传感器技术、GPS导航航拍技术、通信航拍服务技术、飞行控制技术、任务控制技术、编程技术等多种技术于一体，并依托于硬件的高科技产物，因此要想设计好一个飞控系统，缺少上面所述的任何一项技术都是不可能的，较多的飞行经历和经验能在设计初期提供很多避免问题的方法，使得试飞进展能够更顺利。

12.4.3　航拍无人机的核心部件

航拍无人机核心部件主要包括智能控制板、发动机、高清摄像头、LED显示器、感应器、遥控器和机翼等。

12.4.4　航拍无人机的基本功能

航拍无人机的基本功能有电视特技拍摄、新闻报道拍摄、研究传染病、急救、防止非法捕猎等。图12-19所示为无人机航拍照片。

图12-19　无人机航拍照片

12.5　思考题

（1）NGB-W前端和终端由哪些部分组成？

（2）4K、8K电视的分辨率分别是多少？

（3）3D显示技术分几大类？具体还可以细分成几种？

（4）列举几种大屏显示技术。

（5）无人机航拍控制的关键技术有哪些？

参考文献

[1] 陈庆丰.新一代中波同步广播系统[J].广播电视信息，2011，5：77-79.

[2] 何清，陈宏.城市广电媒体融合探索[J].电视技术，2015，39（6）：101-103+128.

[3] 崔巨峰.应急广播系统实现概述[J].广播与电视技术，2011，12：40-44.

[4] 王联.NGB-W系统综述[J].电视技术，2014，38（17）：13-17.

[5] 赵晶，徐喆.大数据时代：媒体的发展现状及其趋势[J].今日传媒：学术版，2013（9）：47-50.

[6] 张强，孙贵平.电台全媒体中心的发展趋势[J].广播与电视技术，2013，40（10）：68.

[7] 刘显荣，卢易.5G+4K+AI技术在智慧广电融媒体建设中的运用实践探究[J].电视技术，2021，45（9）：17-20.

[8] 中国江.基于5G时代融媒体发展趋势的探讨[J].传媒论坛，2021，4（23）：29-31.

[9] 谢新洲，朱垚颖.县级融媒体中心技术应用与发展趋势[J].青年记者，2019，2：9-11.

[10] 孙华斌.广播电视融媒体技术发展及应用[J].电视技术，2022，46（12）：175-177.

[11] 周绍懿.人工智能技术在融媒体领域中的应用[J].传媒论坛，2021，4（22）.

[12] 张杰.区块链技术在融媒体行业中的应用探讨[J].电视技术，2021，45（7）：6-8.

[13] 杨梅.区块链技术推动我国融媒体发展研究[J].传媒，2021，03：38-40.

[14] 段志伟，刘萱.元宇宙视域下融媒体发展趋势探讨[J].科技传播，2023，01：108-111.

[15] 李海东，周茂.区块链技术在融媒体平台的应用探究[J].中国传媒科技，2021（11）.

[16] 赵汝超.vMix在"潍坊杯"足球赛事转播中的字幕应用[J].影视制作，2019，25（11）：55-62.

[17] 黄晓新，刘建华，郝天韵.全国县级融媒体中心能力建设研究报告[J].传媒，2023，6（12）：9-12.

[18] 刘显荣，卢易.5G+4K+AI技术在智慧广电融媒体建设中的运用实践探究[J].电视技术，2021，45（9）：17-20.

[19] 张少东.实时图文渲染技术在电视节目包装中的应用[J].现代电视技，2014，（05）：90-93.

[20] 温怀疆，陆忠强，史惠等.下一代广播电视网NGB技术与工程实践[M].北京：清华大学出版社，2015：1.

[21] 高吉祥.广播电视技术概论[M].成都：西南交通大学出版社，2011：9.

[22] 张菁，张天驰，陈怀友.虚拟现实技术与应用[M].北京：清华大学出版社，2011：6.

[23] 胡小强.虚拟现实技术[M].北京：北京邮电大学出版社，2005：3.

[24] 布尔代亚，G.C，夸费，P.虚拟现实技术[M].魏迎梅，栾悉道，译.北京：电子工业出版社，2005.

[25] 蒋慧钧.新闻媒体物联网的应用场景与技术应对[C].北京：中国新闻技术工作者联合会2013年学术年会论文集，2013，7.

[26] 县级融媒体中心建设规范[S].北京：中共中央宣传部，国家广播电视总局，2019.

[27] GYT 321—2019，县级融媒体中心省级技术平台规范要求[S].北京：国家广播电视总局，2019.

[28] 应急广播系统建设技术白皮书（2020版）[S].北京：国家广播电视总局，2020.

[29] 广播电台融合媒体平台建设技术白皮书[S].北京：国家新闻出版广电总局，2015，12.

[30] 电视台融合媒体平台建设技术白皮书[S].北京：国家新闻出版广电总局，2015，12.

[31] https：//www.gov.cn/xinwen/2019-01/25/content_5361197.htm[EB/OL].[2019.01.25]习近平主持中共中央政治局第十二次集体学习并发表重要讲话.